U0647520

受浙江大学文科高水平学术著作出版基金资助

"十三五"国家重点出版物出版规划

国家出版基金项目
NATIONAL PUBLICATION FOUNDATION

大国大转型
中国经济转型与创新发展丛书
中国（海南）改革发展研究院组织编著

中国"放管服"改革

理论逻辑与实践探索

"DELEGATION,
REGULATION
SERVICE"
IN CHINA
THEORETICAL
LOGIC
AND
PRACTICAL
EXPLORATION

张占斌 孙 飞 等◎著

ZHEJIANG UNIVERSITY PRESS
浙江大学出版社

图书在版编目(CIP)数据

中国"放管服"改革:理论逻辑与实践探索 / 张占
斌等著. —杭州:浙江大学出版社,2021.6
(大国大转型:中国经济转型与创新发展研究丛书 /
迟福林主编)
ISBN 978-7-308-21487-2

Ⅰ.①中… Ⅱ.①张… Ⅲ.①行政管理－体制改革－
研究－中国 Ⅳ.①D63

中国版本图书馆 CIP 数据核字(2021)第 114200 号

中国"放管服"改革:理论逻辑与实践探索
张占斌 孙 飞 等著

总 编 辑	袁亚春
策 划	张 琛 吴伟伟 陈佩钰
责任编辑	陈佩钰 陈思佳 宁 檬
封面设计	雷建军
出版发行	浙江大学出版社
	(杭州市天目山路 148 号 邮政编码 310007)
	(网址:http://www.zjupress.com)
排 版	浙江时代出版服务有限公司
印 刷	浙江省邮电印刷股份有限公司
开 本	710mm×1000mm 1/16
印 张	17.5
字 数	235 千
版 印 次	2021 年 6 月第 1 版 2021 年 6 月第 1 次印刷
书 号	ISBN 978-7-308-21487-2
定 价	78.00 元

总 序

"十四五":以高水平开放形成改革发展新布局

迟福林

当今世界正处于百年未有之大变局。经过40多年的改革开放,中国与世界的关系发生历史性变化。作为新型开放大国,中国如何看世界、如何与世界融合发展?处于调整变化的世界,如何看中国、如何共建开放型经济体系?这是国内外普遍关注的重大问题。作为经济转型大国,我国既迎来重要的战略机遇,也面临着前所未有的挑战。"十四五"时期,我国经济正处于转型变革的关键时期,经济转型升级仍有较大空间,并蕴藏着巨大的增长潜力,我国仍处于重要战略机遇期。

在这个大背景下,推进高水平开放成为牵动和影响"十四五"改革发展的关键因素。面对百年未有之大变局,中国以高水平开放推动形成改革发展新布局,不仅对自身中长期发展有着重大影响,而且将给世界经济增长和经济全球化进程带来重大利好。未来5~10年,中国以更高水平的开放倒逼国内全面深化改革将成为突出亮点。

以制度型开放形成深化市场化改革的新动力。在内外环境明显变化的背景下,开放成为牵动和影响全局的关键因素,开放与改革直接融合、开放引导改革、开放是最大改革的时代特征十分突出。"十四五"时期,适应经济全球化大趋势和我国全方位开放新要求,需要把握住推进高水平开放的重要机遇,以制度型开放加快市场化改革,并在国内国际基本经贸规则的对接融合中优化制度性、结构性安排。由此产生全面深化改革的新动力,推进深层次的体制机制变革,建立高标准的市场经济体制,进一步提升我国经济的国际竞争力。

以高水平开放促进经济转型升级。 "过去 40 年中国经济发展是在开放条件下取得的,未来中国经济实现高质量发展也必须在更加开放条件下进行。"从经济转型升级蕴藏着的内需潜力看,未来 5 年,我国保持 6% 左右的经济增长率仍有条件、有可能。有效释放巨大的内需潜力,关键是推动扩大开放与经济转型升级直接融合,并且在这个融合中不断激发市场活力和增长潜力。由此,不仅将为我国高质量发展奠定重要基础,而且将对全球经济增长产生重要影响。

以高水平开放为主线布局"十四五"。 无论内外部的发展环境如何变化,"十四五"时期,只要我们把握主动、扩大开放,坚持"开放的大门越开越大",坚持在开放中完善自身体制机制,就能在适应经济全球化新形势中有效应对各类风险挑战,就能化"危"为"机",实现由大国向强国的转变。这就需要适应全球经贸规则由"边境上开放"向"边境后开放"大趋势,优化制度性、结构性安排,促进高水平开放,对标国际规则,建立并完善以公开市场、公平竞争为主要标志的开放型经济体系。由此,不仅将推动我国逐步由全球经贸规则制定的参与国向主导国转变,而且将在维护经济全球化大局、反对单边主义与贸易保护主义中赢得更大主动。

2015年,中国(海南)改革发展研究院与浙江大学出版社联合策划出版"大国大转型——中国经济转型与创新发展丛书",在社会各界中产生了积极反响,也通过国际出版合作"走出去"进一步提升国际影响力。今年,在新的形势和背景下,在丛书第一辑的基础上,又集结各位专家的研究力量,围绕"十四五"以及更长时期内我国经济转型面临的重大问题继续深入研究分析,提出政策思路和解决之道。

在原有基础上,丛书第二辑吸纳了各个领域一批知名专家学者,使得丛书的选题视角进一步丰富提升。作为丛书编委会主任,对丛书出版付出艰辛努力的学术顾问、编委会成员、各位作者,对浙江大学出版社的编辑团队表示衷心的感谢!

本套丛书涵盖多个领域,仅代表作者本人的学术研究观点。丛书不追求学术观点的一致性,欢迎读者朋友批评指正!

2019年11月

目　　录

第一章 "放管服"改革历程回顾、主要成绩与宝贵经验

回顾近十年的改革历程,党中央、国务院把"放管服"改革作为全面深化改革"当头炮""先手棋",紧紧围绕简政放权、强化事中事后监管和优化政府服务三个方面持续转变政府职能,取得了令人瞩目的成绩,逐步构建了职责明确、依法行政的政府治理体系。本章主要回顾了中国"放管服"改革的历程、取得的主要成绩和宝贵经验。

党的十八大以来，党中央、国务院洞察国际政治经济变化大势，深刻把握社会主义市场经济条件下政府与市场关系的内涵，着眼于政府治理体系和能力的现代化，把"放管服"改革摆在了改革开放的突出位置，统筹谋划，科学部署，全力推进，取得了令人瞩目的成绩，赢得了社会各界的高度关注和赞赏。

第一节 "放管服"改革历程回顾

2012 年 11 月，党的十八大提出要深化行政审批制度改革，继续简政放权，推动政府职能向创造良好发展环境、提供优质公共服务、维护社会公平正义转变。这是简政放权的纲领性指引。2013 年 2 月，党的十八届二中全会通过《国务院机构改革和职能转变方案》，要求以职能转变为核心，继续简政放权、推进机构改革、完善制度机制、提高行政效能。同年 11 月，党的十八届三中全会通过《中共中央关于全面深化改革若干重大问题的决定》，要求进一步简政放权，深化行政审批制度改革，最大限度减少中央政府对微观事务的管理。这是党的十八大之后简政放权进一步的动员令。2017 年 10 月,党的十九大对深化行政体制改革、转变政府职能作出重要部署,强调要深化简政放权,创新监管方式,增强政府公信力和执行力,建设人民满意的服务型政府。2018 年 2 月,党的十九届三中全会审议通过的《中共中央关于深化党和国家机构改革的决定》指出,要深入推进简政放权,提高资源配置效率和公平性,大幅降低制度性交易成本,营造良好营商环境。这为下一步持续转变政府职能、建设人民满意的服务型政府指明了方向、提供了行动指南。

为全面贯彻落实党中央对"放管服"改革的有关决策部署,2013 年 5 月至 2019 年 6 月,国务院分别召开了国务院机构职能转变动员电视电话会议(2013 年 5 月)、地方政府职能转变和机构改革工作电视电话会议(2013 年 11 月)、简政放权放管结合优化服务——深化行政体制改革切实转变政府职能电视电话会议(2015 年 5 月)、深化简政放权放管结合优化服务推进行政体制改革转职能提效能电视电话会议(2016 年 5 月)、全国深化简政放权放管结合优化服务改革电视电话会议(2017 年 6 月)、全国深化"放管服"改革转变政府职能电视电话会议(2018 年 6 月)、全国深化"放管服"改革优化营商环境电视电话会议(2019 年 6 月)等 7 次电视电话会议,专题研究部署政府职能转变,持续推进"放管服"改革。回顾近十年的改革历程,"放管服"改革紧紧围绕简政放权、强化事中事后监管和优化政府服务三个方面持续转变政府职能,形成了党的十八大以来行政体制改革的系统方案。

一、持续深入推进简政放权

党的十八大以来,国务院各部门和各级地方政府认真贯彻落实中央关于简政放权的决策部署,努力把该"放"的彻底放开、该"减"的彻底减掉、该

"清"的彻底清除,力求不留尾巴、不留死角、不搞变通,简政放权继续加快向前推进。

(一)最大限度减少行政审批

上一届政府成立之初,国务院部门各类审批达 1700 多项,投资创业和群众办事门槛高,不仅抑制了市场活力,而且容易滋生腐败,企业和群众对此反映强烈。对此,中央和地方各级政府大力深化行政审批制度改革,最大限度取消行政审批事项。截至 2019 年 10 月,国务院先后分 17 批取消和调整行政审批事项 1324 项,取消和下放了近 80% 的行政审批事项(见表 1-1)。多数省份行政审批事项减少 50% 左右,有的达到 70%。中央层面清理并取消了非行政许可审批事项,多数地方政府也基本完成非行政许可清理任务,非行政许可审批彻底终结。

表 1-1 **2012 年以来取消和调整的行政审批事项**

(含取消的非行政许可审批事项、中央政府指定地方实施的行政审批事项、调整为政府内部审批事项)

单位:项

批次	文件	取消				调整(保留了审批事项)				合计
		取消	单独取消非行政许可审批事项	取消指定地方实施的行政审批事项	调整为政府内部审批事项	下放省级管理部门	改变审批项目管理方式(由社会组织或中介机构管理)	减少审批部门	合并到其他事项	
1	国发〔2012〕52 号	171				117		9	17	314
2	国发〔2013〕19 号	71				20				91

续 表

批次	文件	取消				调整(保留了审批事项)				合计
		取消	单独取消非行政许可审批事项	取消指定地方实施的行政审批事项	调整为政府内部审批事项	下放省级管理部门	改变审批项目管理方式(由社会组织或中介机构管理)	减少审批部门	合并到其他事项	
3	国发〔2013〕27号	21				8				29
4	国发〔2013〕44号	53				29				82
5	国发〔2014〕5号	55				9				64
6	国发〔2014〕27号	36				17				53
7	国发〔2014〕50号	41				17				58
8	国发〔2015〕11号	75				19				94
9	国发〔2017〕46号	40		12						52
10	国发〔2018〕28号	11								11
11	国发〔2015〕27号		49		80					129
12	国发〔2015〕57号		62							62

续 表

批次	文件	取消				调整（保留了审批事项）				合计
		取消	单独取消非行政许可审批事项	取消指定地方实施的行政审批事项	调整为政府内部审批事项	下放省级管理部门	改变审批项目管理方式（由社会组织或中介机构管理）	减少审批部门	合并到其他事项	
13	国发〔2016〕9号		152							152
14	国发〔2017〕7号		39							39
15	国发〔2017〕46号	40		12						52
16	国发〔2018〕28号	11								11
17	国发〔2019〕6号	25				6				31
小计		650	302	24	80	242		9	17	合计 1324
总计		取消：1056				调整：268				

资料来源：根据国务院相关文件整理。

（二）不断深化商事制度改革

商事制度改革是推进快、成效明显、人民群众评价较高的一项改革，成为简政放权改革的一大亮点。工商登记由"先证后照"改为"先照后证"，国务院分三批将 134 个前置审批改为后置审批（见表 1-2），前置审批精简了 85％；企业注册登记时间，由过去一个月左右缩短为 3～5 天，有的地方立等即取；注册资本由实缴制改为认缴登记制；在全面实施"三证合一、一照一码"基础上,推进"五证合一""多证合一",对个体工商户实行"两证合一",进一步简化了证照手续,降低了企业准入门槛和生产经营成本;简化市场主体住所(经营场所)登记手续、推行电子营业执照和全程电子化登记管理等措施,全面建成国家企业信用信息公示系统,努力营造便捷准入、公平竞争的市场环境。商事制度改革以来,新增市场主体数量大幅增长,不少地方呈现"井喷式"增长。新增市场主体中,小微企业、私营企业、个体工商户等快速增长。

表 1-2 工商登记前置改后置
单位:项

统计指标	国发〔2014〕27 号	国发〔2014〕50 号	国发〔2015〕11 号
数量	31	82	21
合计	134		

数据来源:根据国务院相关文件整理。

(三)不断优化审批流程

在现有法律法规框架下,各地普遍不等不靠,积极开拓创新,依托办事大厅和互联网,多种形式简化整合审批流程,大都做到了"一窗受理、一次告知、并联审批、限时办结"。例如,国家发改委已建立全国投资项目在线审批平台,实现了在线申报、平台赋码、信息共享,2020 年底前与地方"纵向贯通"。天津市通过优化审批流程,审批办理时限大幅缩短,平均承诺办理时限从法定时限 21.6 个工作日减少到 5.4 个工作日,实际平均办理时限减少到 3.5 个工作日。广东省佛山市整合住建、规划、消防、气象、环保、人防、卫生、安监、水务等 9 部门,实现建设工程联合验收。这些举措为优化审批流程探索出了一些非常有意义的经验。

(四)着力深化收费清理改革

新一届政府不断加大减税和普遍性降费力度,先后出台了《国务院关于清理规范税收等优惠政策的通知《降低实体经济企业成本工作方案》等文件,大力清理行政事业性收费、政府基金等,重点查处利用行政权力垄断经营、强制服务、强制收费等违法行为。各地也积极推进收费清理改革。从 2019 年国务院大督查反馈的情况看,各地把减税降费作为抓好经济工作的关键举措,通过实打实的政策措施,让纳税人和缴费人得到真金白银的实惠,实体经济减负、企业群众普遍受惠等一系列红利不断释放。例如,天津市大力推进清费减负,非税收入占一般公共收入比重同比降低 7.7 个百分点。内蒙古出台减税降费政策,实现了省定涉企行政事业性收费零收费。海南省"压减"与"盘活"并举,全面推进减税降费工作,2019 年 1—7 月,海南省新增减税降费 76.29 亿元,其中新增减税 62.58 亿元,社会保险费减免 13.66 亿元,减税降费成效明显。山西省朔州市 2019 年 1—8 月减税额度相当于上年同期税收的 9.24%,全年减税额度达到上年税收的 10%。为减轻企业负担,国务院还分 5 批取消和下放了 118 项评比达标表彰评估项目,其中取消了 112 项(见表 1-3),大幅减轻了企业在这方面的负担。

表 1-3　取消和下放管理层级的评比达标表彰评估项目　　　　单位:项

统计指标	国发〔2013〕19 号	国发〔2013〕27 号	国发〔2013〕41 号	国发〔2014〕50 号	国发〔2015〕11 号
数量	10	3	76	19	10
合计	118				

资料来源:根据国务院相关文件整理。

(五)积极推进资质资格改革

国务院加大职业资格许可和认定事项清理力度,建立职业资格目录清单管理制度,目录之外不得开展资格认定工作。分 7 批取消了 429 项职业资格,占总数的 70% 以上(见表 1-4)。建立和实施国家职业资格目录清单,清单之内除准入类职业资格外一律不与就业创业挂钩。

表1-4　取消职业资格许可和认定事项　　　　　　　单位:项

统计指标	国发〔2014〕27号	国发〔2014〕50号	国发〔2015〕11号	国发〔2015〕41号	国发〔2016〕5号	国发〔2016〕35号	国发〔2016〕68号
取消数	11	67	67	62	61	47	114
合计	429						

数据来源:根据国务院相关文件整理。

(六)权责清单编制步伐加快

各地按照国务院要求,认真梳理和清理行政权力、行政责任和其他事项,依照法律法规保留的行政权力和负有的行政责任普遍制定了权责清单,31个省份已经公布了行政权力清单。

二、强化事中事后监管

随着以注册资本登记制度改革、"先照后证"改革、"三证合一"改革等为主要内容的放宽市场准入举措的深入推进,传统的以审批为主要手段的监管模式已不能满足需要,客观上要求市场监管部门适应"宽进"新形势,从对企业登记事项的直接监管转变到对企业公示信息真实性、有效性、合法性、及时性的监管上来,从事前形式审查转变到事后实质抽查上来,从突出监管执法转变到突出信用监管和综合行政执法并重上来。为此,各级政府充分利用云计算、大数据等现代网络信息技术,在"宽进"的同时做到"严管",重点解决政府部门"重审批轻监管"、在市场监管方面缺位和不到位问题,逐步建立起了以信息公示为基础、以信用监管为核心的新型市场监管机制,通过企业自治、行业自律、政府监管、社会监督,实现"一处违法、处处受限"。

（一）构建市场主体信息公示制度

工商登记注册最基本的社会功能是公示商事主体的经营状况和能力，确立商业信誉，降低交易成本，增进交易安全，提高交易效率，便利国家对商事主体的管理，维护经营秩序。及时、准确、全面公示市场主体信息，实现登记机关、政府部门乃至全社会的信息共享是落实"严管"举措，发挥信用约束作用，让失信者寸步难行、守信者畅通无阻的基础。

一是将企业年检制度改为企业年度报告公示制度。这是《注册资本登记制度改革方案》部署的与注册资本登记制度改革相配套的重要改革任务，是企业监管制度的重大创新。企业年度检验是企业登记机关依法按年度根据企业提交的年检材料，对与企业登记事项有关的情况进行定期检查的监督管理制度。在我国市场经济体制建立初期，企业年度检验制度为保障交易安全、促进市场经济健康发展发挥过积极作用。但注册资本登记制度改革后，市场准入门槛显著降低，面对大幅增加的企业数量，企业年度检验制度这种市场监管部门一家"背书"的管理方式已经难以适应"宽进严管"的要求。改革的主要内容是将年度报告公示作为企业的一项法定义务。企业应当每年在规定期限内（1月1日至6月30日）通过市场主体信用信息公示系统向市场监管部门报送年度报告并向社会公示，供社会公众查询，企业对年度报告的真实性和合法性负责。变企业对市场监管部门负责为向社会负责，企业减轻了负担、提高了诚信意识，政府部门降低了行政成本、提高了监管的针对性。这对于促进企业自律、形成社会共治、优化市场监管起到了积极作用。

二是建立企业即时信息公示制度。《企业信息公示暂行条例》要求企业在规定期限内（信息形成之日起20个工作日）通过企业信用信息公示系统向社会公示其经营过程中即时产生的出资情况、股权变更、行政许可、知识产权等信息。即时信息公示是对年报信息公示的有益补充，有助于市监管部门和社会公众掌握更为详细丰富的企业信息。

三是规范政府部门的企业信息公示工作。《企业信息公示暂行条例》要求市场监管部门在履行职责过程中产生的注册登记备案、动产抵押登记、股权出质登记、行政处罚等信息，按时限要求通过企业信用信息公示系统向社会公示。同时规定其他政府部门在履行职责过程中产生的对行政许可准许、变更、延续信息、行政处罚信息等，也要通过企业信用信息公示系统或其他系统公示。原工商总局制定下发了《关于开展工商行政管理行政处罚信息公示情况检查的通知》（办字〔2016〕49 号），通过自查、交叉检查和督查，督促各地依法公示行政处罚信息，加大违法企业的违法成本，构建社会共治新格局。此外，《企业信息公示暂行条例》还赋予市场监管部门公示企业信息抽查结果、经营异常名录、严重违法企业名单等信息的责任，目的是全面展示市场主体的信用状况，为信用约束发挥作用奠定基础。

（二）加快推进企业信用信息公示系统建设

企业信用信息公示系统建设是落实信息公示制度、实现信息公示共享的技术基础，作为商事制度改革的关键，新型市场监管机制的构建，把以云计算、大数据等为代表的现代网络信息技术作为重要基础。因此，从这种意义上讲，企业信息公示系统建设成功与否一定程度上决定着商事制度改革的成败。因此，从《注册资本登记制度改革方案》开启商事制度改革开始，以及此后的《企业信息公示暂行条例》《国务院关于"先照后证"改革后加强事中事后监管的意见》等重要法规和文件，都对公示系统建设作出了部署。李克强总理在 2015 年 3 月 20 日视察原工商总局的时候，对建设全国统一的企业信息公示平台提出了明确要求。从时间演进的角度看，企业信息公示系统的建设经历了从部门行为上升到政府行为（或者说国家行为）的过程。

一是建设市场监管系统的全国企业信用信息公示系统。《注册资本登记制度改革方案》提出"构建市场主体信用信息公示体系"的要求。其实，在启动注册资本登记制度改革之前，市场监管部门就已经着手市场主体信息公示系统建设并试运行，积极为注册资本登记制度改革打牢技术支撑。按照"统一领导、两级实施，统一建设、资源共享，统一管理、保障安全，统一服务、注重成效，目标一致、方向相同、层级衔接"的总体要求，根据统一的标准规范，地方由省级市场监管部门统一规划、统一建设，避免重复性建设；中央市场监管部门按照"物理分散、逻辑集中、差异屏蔽"的原则，统筹规划建设全国互联互通一体化的企业信用信息公示系统，确保企业信用信息公示统一规范。2014年10月1日，全国企业信用信息公示系统正式上线运行。公示的内容包括：依据《企业信息公示暂行条例》规定，市场监管部门公示的企业注册登记备案、动产抵押登记、股权出质登记、行政处罚、经营异常名录、严重违法企业名单、抽查检查结果等信息，企业公示的年度报告、即时信息，以及市场监管部门以外其他政府部门公示的行政许可、行政处罚信息等。

二是建设国家企业信用信息公示系统（"全国一张网"）。市场监管系统的全国企业信用信息公示系统，本质上还是一个部门的内部系统，仅归集公示了市场监管部门掌握的信息和企业自行申报的部分信息，还未能归集公示相关政府部门、行业组织、中介机构等涉企信息，对于打破"信息孤岛"、推动由单一部门监管向各部门协同监管和全社会协同共治转变的作用有限。因此，建设跨部门、全国统一的企业信用信息公示系统就成为当务之急。李克强总理在视察监管部门时，明确提出建设全国统一的企业信息公示平台要求。李克强总理、王勇国务委员多次对"全国一张网"建设作出重要指示。原工商总局作为《企业信息公示条例》明确的牵头建设部门确定了规划、立项、可研综合谋划和加快推进的基本思路，对现有全国企业信用信息公示系统进行升级改造，扎实推进国家企业信用信息公示系统建设。一方面，结合市场监管部门法定职能，充分考虑各地区各部门企业信息归集、公示、共享需要和信息化建设实际,组织编制了《国家企业信用信息公示系统信息化工程可行性研究报告(代项目建议书)》和《国家企业信用信息公示系统信息化工程设计草案》并报送国家发展改革委立项。另一方面,下发了《关于在部分省市先行开展国家企业信用信息公示系统建设的通知》《国家企业信用信息公示系统 2016 年信息化技术初步设计方案》《国家企业信用信息公示系统 2016 年信息化数据规范(暂行)》《关于加快推进国家企业信用信息公示系统建设工作的通知》,对地方公示系统建设作出部署,明确了建设目标、思路和主要任务,要求各省(区、市)市场监管部门按照总局统一标准规范对现有企业信用信息公示系统进行整合、升级、改造,加快推进公示系统建设。目前该系统已建成并投入使用。

(三)加强信用监管

市场经济就是信用经济,加强信用监管是规范市场秩序的治本之策。这要求监管部门树立信用监管理念,从依靠传统行政监管手段向注重运用市场主体信用监管手段转变。2015 年 9 月 29 日,国务院常务会议审议通过了由原工商总局代国务院起草的《关于"先照后证"改革后加强事中事后监管的意见》(简称《意见》)。这是国务院出台的关于商事制度改革的又一份重要文件,是构成商事制度改革"放、管、服"三位一体总体布局的关键环节,为构建以信用为核心的新型市场监管体系、进一步加强事中事后监管明确了原则和任务。市场监管等部门落实《意见》要求,以信息公示为基础,进一步加强信用监管。

一是履行"双告知"职责。"双告知"是指在办理登记注册时,市场监管部门根据工商登记后置审批事项目录告知申请人需要申请审批的经营项目和相应的审批部门,并由申请人书面承诺在取得审批前不擅自从事相关经营活动。在办理登记注册后,工商部门运用信息化手段,对经营项目的审批部门明确的,将市场主体登记注册信息及时告知同级相关审批部门;

对经营项目的审批部门不明确或不涉及审批的,将市场主体登记注册信息及时在企业信息共享平台上发布,相关审批部门或行业主管部门应及时查询,根据职责做好后续监管工作。原工商总局印发《关于落实〈国务院关于"先照后证"改革后加强事中事后监管的意见〉做好"双告知"工作的通知》,指导全国市场监管系统切实履行"双告知"职责,主动向申请人宣传改革精神,做好前端引导和积极服务,同时积极协助审批部门推进改革,实现工商登记和审批监管的有序衔接。具体措施:(1)先告知申请人。在办理登记注册时,工商登记窗口工作人员要按照省级人民政府公布的《工商登记后置审批事项目录》,提醒市场主体的法定代表人或其授权人,其拟从事的事项中如有需要获得有关部门批准后方可开展经营活动的,应当尽快到相应审批部门办理审批手续。市场主体的法定代表人或其授权人了解后,现场签署《承诺书》,承诺其已经清楚相关事项及审批部门,并承诺在未取得许可审批之前不开展相关经营活动。(2)告知相关审批部门。在办理登记注册后,市场监管部门将在内部业务系统自动生成市场主体登记注册信息,并运用信息化手段,通过企业信用信息公示系统或企业信息共享平台自动将信息告知相关审批部门,对经营项目的审批部门不明确或不涉及审批的,相关审批部门或行业主管部门应及时查询,根据部门职责做好后续工作。

二是开展"双随机"抽查。"双随机"抽查就是随机抽取检查对象、随机选派执法检查人员的抽查制度。具体来说,就是建立健全市场主体名录库和执法检查人员名录库,通过摇号等方式,从市场主体名录库中随机抽取检查对象,从执法检查人员名录库中随机选派执法检查人员。目的是规范监管部门的自由裁量权,克服选择性执法,实行阳光执法、文明执法,促进市场主体自觉守法,营造公平竞争的发展环境。李克强总理对企业信息公示的抽查和后续监管工作非常重视,要求各市场监管部门建立"双随机"抽查机制。国办下发的《关于推广抽查规范事中事后监管的通知》和《意见》,

都对建立"双随机"抽查机制提出要求、作出部署。自启动商事制度改革以来，市场监管部门废除市场巡查制，积极探索重点检查和随机抽查工作机制。市场监管部门印发的《企业公示信息抽查暂行办法》《关于做好企业公示信息抽查工作的通知》等，对抽查内容、抽查分类、抽查方式、抽查比例、检查名单的确定，实地检查的规范要求，抽查结果的处理等内容进行明确和规范。部署开展了全国范围内对市场监管部门公示的企业登记注册信息、行政处罚信息，对企业公示的年报信息和即时信息情况进行抽查，促进了市场主体守法自觉性，夯实了公示信息质量基础。市场监管部门总结了"双随机"抽查试点工作经验，研究起草了《全面推进工商行政监管方式改革实施"双随机"抽查工作的意见》，部署在各业务条线开展"双随机"抽查工作。

三是建立经营异常名录和严重违法失信企业名单制度。前者主要针对不履行信息公示义务的企业，目的是督促企业履行年报公示和即时信息公示义务。后者则主要针对违反市场监管相关法律法规且情节严重的企业，不仅包括不履行信息公示义务而被列入经营异常名录届满3年仍未履行相关义务的行为，而且包括除了网络交易违法失信行为之外的所有违反市场监管相关法律法规且情节严重的行为，目的是明确监管重点、实施信用约束。(1)经营异常名录制度。根据《企业信息公示暂行条例》《企业经营异常名录管理暂行办法》的规定，未按期公示年度报告的，未在规定责令的期限内公示有关企业信息的，公示企业信息隐瞒真实情况、弄虚作假的，通过登记的住所或者经营场所无法联系的四种情形，将被工商部门列入经营异常名录，并在市场主体信用信息公示系统上向社会公示。市场监管部门扎实推进经营异常名录制度建设和实施，2015年11月底建成全国统一的经营异常名录数据库，初步实现对经营异常企业跨部门、跨地域、跨层级的联合惩戒。经营异常名录管理已成为加强事中事后监管的重要抓手。被列入经营异常名录的市场主体在银行贷款、政府招投标、开设网店、评选先进甚至商品房出售等方面都受到限制,"一处失信,处处受限"的局面正在形成。同时,经营异常名录管理也提供了救济手段,可以通过补报年报、履行即时信息公示义务、纠正虚假公示信息、通过登记住所或经营场所重新取得联系被移出经营异常名录。(2)严重违法失信企业名单制度。严重违法失信企业名单管理,是指对列入严重违法失信企业名单的企业实施信用约束、部门联合惩戒,并通过企业信用信息公示系统向社会公示。2015年12月30日,依据《企业信息公示暂行条例》等法律法规,原工商总局公布了《严重违法失信企业名单管理暂行办法》(简称《办法》),并决定于2016年4月1日正式实施。这是国务院部委第一部关于"黑名单"管理的部门规章。《办法》共21条,主要规定了立法宗旨、严重违法失信企业和严重违法失信企业名单管理的含义、管辖、严重违法失信企业名单列入情形和列入程序、严重违法失信企业名单移出情形和移出程序、惩戒措施、异议和救济等内容。2016年3月31日,原工商总局出台了《关于做好严重违法失信企业名单管理工作的通知》(办字〔2016〕48号),建立了严重违法失信企业名单相关工作制度,确定了总局严重违法失信企业名单数据库的结构,明确了列入和移出的操作程序,强调了信息技术保障,为严重违法失信企业名单制度的顺利实施打下了坚实的基础。

(四)加强协同监管

协同监管是实现"一处违法,处处受限"监管格局的必要条件。要求所有监管部门树立协同监管理念,从单一部门、单一地区的监管执法向跨部门、跨地区的协同监管与联合惩戒转变。

一是推进信息共享。信息共享是协同监管的基础。市场监管部门积极推动依托国家企业信用信息公示系统,建立政府部门企业信息归集、公示、共享机制,将企业的信用信息、各部门的监管信息等归集关联到企业名下,实现资源共享,将能够反映企业实际经营状况的各方面信息直接向社会公示。国家发改委牵头推进全国信用信息共享平台和"信用中国"网站建设,提高信息共享水平。全国信用信息共享平台先导工程已于 2015 年 10 月底正式上线运行。目前,平台累计归集各部门和各地方自然人、法人和其他社会组织基础信息、行政许可和行政处罚信息、红黑名单信息、企业信用分类管理信息等各类信用信息数亿条,实现了信用查询、红黑名单、异议投诉、守信联合激励和失信联合惩戒等功能,初步建立了信息更新机制。"信用中国"网站于 2015 年 6 月 1 日开通,开通当日访问量突破 120 万人次,受到了社会广泛关注和好评。平台归集了部门、地方可向社会公开的信用信息后,向社会公众提供查询服务。依托全国信用信息共享平台,推动实现"信用中国"网站数据支持和管理规范化、科学化。

二是加强联合惩戒。主要措施是建立健全跨部门联动响应机制和失信惩戒机制,在经营、投融资、取得政府供应土地、进出口、出入境、注册新公司、招投标、政府采购、获得荣誉、安全许可、生产经营许可、从业任职资格、资质审核等工作中,将信用信息作为重要考虑因素,对被列入经营异常名录、严重违法失信企业名单、重大税收违法案件当事人名单、失信被执行人名单、行贿犯罪档案等失信主体依法予以限制或禁入,形成"一处违法,处处受限"的联合惩戒机制。按照原工商总局、最高人民法院等部门签署的《"构建试信惩戒失信"合作备忘录》和原工商总局与最高人民法院联合下发的《关于加强信息合作规范执行与协助执行的通知》要求,原工商总局建立"老赖"(失信被执行人)名单库,对最高法院提供的"老赖"依法进行法定代表人任职资格限制。原工商总局与最高人民检察院联合下发了《关于工商、市场监管部门向检察机关提供信息加强合作的意见》,就各级市场监管部门向检察机关提供企业登记监管信息,支持全国检察机关运用信息手段查处贪污贿赂、渎职侵权等职务犯罪案件作出明确规定。国家发改委会同税务总局牵头 21 个部门签署了《关于对重大税收违法案件当事人实施联合惩戒措施的合作备忘录》,会同原工商总局牵头 38 个部门签署了《失信企业协同监管和联合惩戒合作备忘录》,会同证监会牵头 22 个部门签署了《关于对违法失信上市公司相关责任主体实施联合惩戒的合作备忘录》,明确了对重大税收违法案件当事人,工商、上市公司领域失信企业当事人实施联合惩戒的领域和措施,并召开媒体通气会进行宣传解读。随着这些备忘录的签署和实施,大大增加了违法失信成本,提高了社会震慑力。

信用监管不仅需要部门协同,也需要社会参与,关键是要树立"大监管"理念。"严管"不仅是登记事项的监管,而且包括企业经营、竞争、交易、侵犯消费者权益等各种行为的监管。严格依法监管不仅是市场监管部门和其他相关政府部门的责任,而且包括司法机关、行业组织、企业的责任,甚至交易竞争行为人的责任。最重要的是要树立社会化监管理念,充分调动和发挥各方维护市场秩序的积极性,形成市场"大监管"格局,促进市场公平竞争,维护市场秩序。

三、不断优化政府服务

持续优化政务服务,努力建设服务型政府,是政府行政改革的根本遵循,也是深入推进"放管服"改革的总指向。"放管服"改革始终坚持以问题为导向,突出政府的公共服务职能,以"宽放"促"释放",以"善管"保"宽放",以"优服"托"宽放",健全政府公共服务职责体系和职权配置,不断提高公共服务质量和效率,为基层群众提供公平、可及的服务,持续推动大众创业、万众创新,激发市场活力和社会创造力。

(一)持续提升政务大厅服务水平

当前,各地在改革中不断拓展政务服务中心功能,延伸服务。

一是政务大厅不断扩面升级,实现了从 1.0 版本到 4.0 版本的飞跃。政务大厅既是市场主体和老百姓办事的主要平台,也是政府联系人民群众的重要桥梁。在很多地方,与群众密切相关的服务和审批事项全部已经入驻政务大厅,做到了整合城乡与整合各部门、服务一条龙,实现了"进一个门办多件事"的高效服务。除了常规的政府部门如工商、质检、环保、公安等的进驻,还进驻了、公交公司、国家电网、自来水公司、供电公司、天然气公司、公积金中心、贫困人口一站式结算(精准扶贫、低保办理等)、婚姻登记、住房保障中心、房产交易中心、残联、养老经办中心、城乡居民养老保险、机关事业单位养老保险、工伤保险、医保办(异地结算与报销)、合疗办、民政医疗救助、农机服务中心、银行收费中心、不动产登记、老龄办、劳动监察大队、人才交流中心、广电网络公司、公证处、绿化所、市容所、市政所、12345市民服务热线、价格认证中心等便民利民的窗口,可谓应有尽有,较好做到了群众"少跑腿",提高办事效率的服务宗旨。

二是政务大厅逐步实现线上线下融合发展。政务服务大厅是群众办事的主要渠道和"互联网＋政务服务"的线下支撑。从各地推行"互联网＋政务服务"的情况看,凡是线下实体政务大厅与网上办事平台实现一套系统办事、一体化运行的,均取得了较好效果。政务服务大厅后续建设的一个重要环节以"一网通办""只进一扇门"为目标,致力于打造纵横全覆盖、事项全口径、内容全方位、服务全渠道的线上线下一体化政务服务平台,推动线上线下融合发展。一些地方把线上的电子市民中心和线下的政务服务大厅进行一体化规划、发展,统一服务规范,实现线上线下互补、互动。同时,充分利用大数据、互联网、物联网、云计算、区块链、人工智能等技术手段,实现技术升级、流程再造,改善网上办事的体验。

三是不断优化充实政务服务大厅"一站式"功能。努力推动更多的群众关注度高、办理量大的审批事项进驻实体大厅。依托网上平台,实时汇入网上申报、排队预约、现场排队叫号、服务评价、事项受理、审批(审查)结果和审批证照等信息,实现线上线下功能互补、无缝衔接、全过程留痕,为企业和群众办事线下"只进一扇门"提供有力支撑。完善区、县、乡镇综合性政务大厅集中服务模式,推动将垂直管理部门在本行政区域办理的政务服务事项纳入综合性政务大厅集中办理,加快实现"前台综合受理、后台分类审批、综合窗口出件",实现企业和群众必须到现场办理的事项"只进一扇门"。

四是不断提升实体大厅服务意识和服务质量。强化"用户至上、体验为王、极致简约"的互联网思维,创新服务模式,提升大厅服务质量。加强对进驻部门单位的管理,提升软服务能力。充分考虑不同区域的差异性,越往基层,越要体现便民服务性,兜好服务底线和"最后一公里"。一些地方通过政府购买服务方式,增加专业化服务队伍,建立无偿帮办的服务队伍,为企业设立和项目审批提供快捷服务。申请人在办理企业设立和项目审批时,均可自愿申请无偿帮办,项目咨询、现场打印、复印、数据信息录入等相关服务一律免费。一些地方在改革中注重加强员工队伍建设,这就要求工作人员不仅要熟悉制度,还要精通业务;不仅会审批,还要懂监管;不仅要明白办理事项中的某一个环节,还要了解其他环节;不仅要专,还要通。管理方式的创新大幅提高了对员工素质的要求。要加大对窗口人员的业务培训力度,努力提高审批人员"一岗多能、一人多专"的综合素质。强化工作人员激励考核机制,统筹好审批流程的设计、各处室之间业务量与薪酬分配的关系,逐步实现审批人员编制、身份、工资等的统一管理。

(二)"互联网+政务服务"发展迅速

随着互联网技术的发展,各地都在积极探索"互联网+公共管理""互联网+公共服务""互联网+公共政策"的现代服务模式。从最初的网上信息发布、行政审批事项网上申报,到一些事项在网上办事大厅的全流程办理,再到移动客户端成为新的网上服务形式,网上服务的内容越来越丰富。一些地方在改革中通过持续深入推进"互联网+政务服务",提高行政审批和政府服务质量。例如,广东省布局覆盖省、市、县、镇、村五级的网上政务服务网,政务数据中心共享平台初步实现了与68个省直单位和21个地市互联互通,60%的行政审批事项可以在网上办理,社会事项的50%可在网上办理,实现网上全流程办理率86%,网上办结率81.53%,企业和群众从网上申报到现场跑动次数不超过1次的事项达90%。浙江省建成了全省政务服务网,加快推进权力事项集中进驻、网上服务集中提供、政府信息集中公开、数据资源集中共享,除了涉密事项及国家部委统建系统外,省级部门已经实现网上行政审批的统一认证、统一申报、统一查寻,基本实现全省行政许可"一站式"网上运行。

一是不断提高审批事项网上办理比例,提升网上办事大厅服务能力。一些地方在现有基础上,除法律法规另有规定或涉密等外,力争所有审批事项均纳入网上平台办理,尤其是其他进厅单位、进厅窗口的服务事项。例如,天津市积极推进"互联网+政务服务",建成天津网上办事大厅和50个政务服务"无人超市",建立完善了"单一窗口、综合受理、部门协同"服务机制,95%以上政务服务事项实现"一网通办""最多跑一次"。免费为新开办企业发放印章1.7万枚,报销费用216万元。同时,拓展网上办事广度和深度,延长网上办事链条,实现从网上咨询、网上预约、网上申报到网上预审、网上办理、网上反馈、公共支付平台及移动端应用等"应上尽上、全程在线"。网上办事大厅以突出网上办事和为申请人提供在线申报服务为主旨,辅助提供行政审批相关信息服务,力求实用性。网上办事大厅可提供行政审批政务公开、办事指南、政策查询、网上投诉等功能,以方便申请人使用,并接受社会监督。通过建立政务服务举报投诉平台,统一受理企业和群众对办事不便利等突出问题的举报投诉,并及时开展核查处理,倒逼改革。推进实体大厅向网上延伸,对在实体大厅现场申报的材料、办理的事项,可以网上填报、审批的,尽量做到网上申报、后台处理。

二是围绕"办好一件事",进一步提升"一网通办"能力。"办好一件事"是以结果为导向、以群众感受为标准的政府自我改革,它的根本理念和目标是让人民群众有更多获得感。在改革中,一些地方将社会关注度高的关键事项作为突破口,充分利用"互联网＋"技术手段,以办好一件事为目标,优化流程,完善机制,推动改革。目前,"互联网＋"在人们的生活领域已经得到广泛应用,比如网上电子支付、网上银行、网上购物等,大大降低了交易成本,深受人民群众欢迎。要动员社会力量,打造若干为百姓服务的互联网平台,将群众的需求与供给更好地连接起来,尽量为百姓提供全方位的服务。要借鉴电子商务领域的"O2O"模式,大力推进互联网和实体大厅的相互融合,构建"线上线下、虚实一体"的公共服务平台。加快电子材料、电子公章等网上身份认证建设,明确电子化、网络化的合法性,为网上服务提供法律保障。通过上述努力,力争在不长的时间实现政府服务的"四个凡是":凡是群众需要政府提供的服务,应通过一个平台(窗口)提供;凡是能够多部门联合办理的,应提供一揽子、一站式服务;凡是信息能够跑路的,应不让群众跑腿;凡是在网上能够办理的,应尽量使用移动终端。

三是不断拓展政务服务移动应用。地方在改革中推动审批服务向"两微一端"等延伸拓展,大力推行移动掌上办事,为群众提供多样性、多渠道、便利化服务。结合国家政务服务平台建设,加强和规范政务服务移动应用建设管理,推动更多政务服务事项提供移动端服务。调动社会资源力量,鼓励开展第三方便民服务应用。

四是利用电子商务优势,提高欠发达地区政务服务水平。农村地区的电子商务发展相对落后,尤其北方地区,比如快递物流一些地区只到乡镇不到村级。农村电子商务体系为消费者提供的服务主要有网络购销、售后服务、质量追溯、线下体验以及信息发布等。为贯彻 2015 年中央一号文件《关于加大改革创新力度加快农业现代化建设的若干意见》,需加强农村电子商务平台建设。榆林市靖边县电子商务服务中心于 2015 年 7 月成立,电商服务中心可以为 70 家企业提供办公场所,由政府为企业和个人提供"五免政策",即"免费提供场地、免费提供信息、免费培训人员、免费提供网络、免费提供水电",有七种培训模式即初级、中级、高级、定向、高级研修、创业孵化、保姆式培训。靖边县为全国电子商务进农村综合示范县,村级电商服务站已遍布全县。电子商务公共服务中心目标是"大众创业的基地,万众创新的摇篮",打造"互联互通互赢,众创众筹众包"的平台,主要理念为电商扶贫、工业下行、农业上行,促进就业创业、农特产品线上销售、农村网络消费及经济增长。电商进村对于新农村建设、促进农民就业、推进城乡一体化进程具有重大意义。

(三)"最多跑一次"改革全面推广

近年来各地大力提升政府服务水平,在智能便捷、公平可及的服务方式上下足绣花功夫,利企便民程度不断提升,力争做到让信息多跑路、群众少跑腿,"一次不跑""最多跑一次"的行政办事效率让企业和民众点赞。在这些改革举措中,浙江省推行的"最多跑一次"改革成效显著。"最多跑一次"改革是通过"一窗受理、集成服务、一次办结"的服务模式创新,让企业和群众到政府办事实现"最多跑一次"的行政目标。浙江省坚决贯彻中央精神,深入推动放管服改革,结合省情,持续大胆探索创新,加快打造"审批事项最少、办事效率最高、政务环境最优"的省份,形成了放管服改革的浙江样本。2013年以来,浙江"放管服"改革迈出了三步:第一步是深化行政审批制度改革,大幅压缩审批事项,推进审批标准化和审批流程再造;第二步是推进"四张清单一张网"改革,规范政府权力,打造省域互联网政务生态系统;第三步是"最多跑一次"改革,将老百姓获得感作为检验改革成效的标准,为深化"放管服"改革注入持续动力。2018年6月,国务院办公厅印发《进一步深化"互联网+政务服务"推进政务服务"一网、一门、一次"改革实施方案的通知》(国办发〔2018〕45号),要求充分运用信息化手段解决企业和群众反映强烈的办事难、办事慢、办事繁的问题,进一步深化"互联网+政务服务",加快推动"最多跑一次"。近两年,一些地方"最多跑一次"

改革逐步向基层延伸。按照推进审批服务便民化"马上办、网上办、就近办、一次办"的要求,加强乡镇(街道)便民服务中心、村庄(社区)服务站点建设,推动基于互联网、自助终端、移动终端的政务服务入口全面向基层延伸,打造基层"一站式"综合便民服务平台,进一步提高基层响应群众诉求和为民服务的能力,推动实现"最多跑一次"省市县乡村全覆盖。

(四)基本公共服务不断加强

"放管服"改革注重扩大社会保障受益面,解决好困难群体的就业、社保、教育、医疗等基本民生问题。

一是兜牢基本民生保障底线。保障和改善民生是民政的基本职责。近年来,各地根据国务院部署,全面建立县级政府领导牵头的困难群众生活保障工作协调机制,因地制宜、因人施策研究解决群众生活困难,方法越来越科学,制度越来越暖心,从而将人民群众基本生活的兜底保障网织得更密、编得更牢。2014 年,国务院制定《社会救助暂行办法》,这是首部覆盖范围全面、体系完整的社会救助行政法规,建立健全了以最低生活保障、特困人员供养、受灾人员救助、医疗救助、教育救助、住房救助、就业救助、临时救助为主体,社会力量参与为补充的社会救助体系。2013—2018 年,中央财政累计投入城乡低保、医疗救助、特困供养、临时救助等资金 8400 多亿元,城乡低保标准年均分别增长 9.2%、14.7%。目前,我国每年有近 5000 万名困难群众得到经常性生活救助,1000 多万人得到临时性生活救助。为打赢脱贫攻坚战,民政部持续推进低保制度与扶贫政策衔接,将 1813 万名建档立卡人员纳入农村低保或特困人员救助供养,全国所有县(市、区)农村低保标准均动态达到或超过国家扶贫标准。全面建立困难残疾人生活补贴和重度残疾人护理补贴制度,每年惠及 1000 余万名困难残疾人和 1100 余万名重度残疾人。针对困境儿童、留守儿童最需要关爱和保护的现实需求,民政部牵头成立专门的部际联席会议制度,完成全国农村留守儿童摸底排查,并实行动态管理。同时,全面建立农村留守儿童关爱保护制度,帮助 78 万多名无人监护的农村留守儿童落实受委托监护责任人,为 18 万多名无户籍农村留守儿童登记落户,让 1.8 万多名失学辍学的农村留守儿童返校复学。继续健全孤儿基本生活保障制度,惠及 32.2 万名孤儿。拓展"孤儿医疗康复明天计划",累计为 12.2 万名残疾孤儿免费开展手术矫治和康复。

二是完善基本社会服务。近年来,各地不断改进管理方式、完善服务方法,让服务对象更多地感受到党和政府的温暖。为积极应对人口老龄化,民政部会同有关部门出台数十项具体政策措施,推动老龄事业和养老服务业加快发展。全国共有各类养老服务机构和设施 16.38 万个,养老服务床位 746.3 万张,民办养老机构的比重达 48%,社区养老服务设施覆盖全部城镇社区和 50% 以上的农村社区。同时,为让广大老年人住得更安心、顺心、舒心,民政部会同有关部委开展了提升养老院服务质量的专项行动,养老院涉及的安全质量隐患问题 90% 以上得到了解决。同时,全国所有省份都已建立高龄津贴制度,30 个省份建立服务补贴制度,29 个省份建立护理补贴制度。各地积极履行政府保基本职责,将符合条件的 454.7 万名农村特困人员和 27.7 万名城市"三无"人员纳入政府供养范围。通过在城市社区广泛开展日间照料、康复护理、助餐助行等服务,在农村建立留守老年人关爱服务体系,建设互助幸福院,社区养老服务设施覆盖全部城镇社区和 50% 以上的农村社区。目前,我国基本建立了以居家养老为基础、社区养老为依托、机构养老为补充、医养相结合的养老服务体系,为应对不断加剧的人口老龄化提供了重要支撑。

第二节 "放管服"改革取得的主要成绩

"放管服"改革是促进政府治理体系和治理能力现代化的必然要求,也是激发市场活力、增强内生动力、释放内需潜力的战略举措,是营造良好营商环境、实现高质量发展的迫切需要。实践证明,"放管服"改革推动了政府职能转变,带动了干部观念的更新,有效激发了市场活力,为经济社会持续健康发展做出重要贡献。

一、群众和企业办事便利度明显提升

"放管服"改革通过进一步取消和下放审批权限、减少审批环节、优化办事流程等措施,大大缩短了办结时限,为办事企业和群众节约了大量的时间成本,明显提升了群众和企业办事的便利度。例如,天津全面推行"马上办、网上办、就近办、一次办"服务,市、区、街乡镇三级共推出 1092 个"马上办"、1341 个"就近办"、2386 个"网上办"、2119 个"一次办"事项,实现了就近能办、多点可办、异地通办、少跑快办。滨海新区行政审批体制改革带来了审批效率的大幅提升。与改革前相比,滨海新区投资项目、企业设立、单办事项等行政审批用时分别减少了二分之一、三分之二、四分之三,平均审批速度提升了 75%。为"清堵点"提升服务快捷度、提高办事效率,增强群众获得感和满意度,南京市充分利用现代化电子技术,推广使用微信小程序,办事群众在排队等候时就可以将发票信息填好,办理业务时使用"扫一扫"功能,快速获取账户基本信息,充分利用排队时间,业务办理做到无需再等待,收费大厅不再排长队,最大限度利企便民。陕西省于 2015 年 6 月全面推进"三证合一"改革,市场主体申请资料由 36 份减少到 14 份,办结时限由 30 个工作日缩短到 5 个工作日,办事效率明显提高。在投资审批环节,审批效率也明显提高。四川省绵阳市在全省率先实现了工程建设项目从立项审批到竣工验收全过程的"并联审批",从用地预审到施工许可审批时间由原来法定时限 650 多个工作日压缩至 80 个工作日左右。湖南省的三一重工,2012 年改革前并购德国普茨迈斯特公司审批历时 4 个月;2014 年改革后并购奥地利帕尔菲格公司时,相关审批仅 1 周,比国外还快。在生产经营环节,湖南省有一家医药企业,3 月 8 日申请,3 月 10 日领取营业执照,然后边建设仓库、购买设备、招聘人员、洽谈业务,边申请许可证,4 月 17 日许可证取得后,即正式投入经营。

二、政府运行更为规范透明

按照决策权、执行权、监督权既相互制约又相互协调的要求,"放管服"改革进一步优化了行政权力结构,规范了行政权力运行机制,初步形成了权责统一、分工合理、决策科学、执行顺畅、监督有力的行政管理体制,为形成科学、稳定、高效、廉洁的行政权力配置结构和运行机制奠定了基础,为政府职能转变提供了可靠保障。同时,互联网技术的应用,大幅提升政府服务效率和透明度,促进了层级间、部门间业务协同。行政过程和政府行为置于"阳光"之下,有助于政府部门实现权力规范、高效、透明运转,倒逼了政府职能转变,带动了其他方面的相关改革,还有效促进了各层级、各部门的协调配合和业务联动,强化了制度衔接,有效推动构建跨部门、跨层级一体化的联合推进机制。

三、行政效率持续提高

在政府组织机构持续优化的基础上,各地聚焦群众办事难点、痛点、堵点,以服务高质量发展为目标,积极投身到创新服务、利企便民的新实践中,政府办事效率明显提升。例如,广东省佛山市积极推行"一窗式"办理,服务窗口减少15％,工作人员减少30％,企业注册登记时间压减到6个工作日;工程报建审批时间由200多个工作日压缩至45个工作日,工程竣工验收时间从半年压缩至13个工作日以内。一些地方还把政府服务优化延伸,聚焦企业群众办事体验,进行全方位、多角度的优化调整和拓展延伸,政府服务质量和服务态度持续提升。

四、营商环境明显改善

从2003年起,世界银行每年发布《营商环境报告》,评价各国(地区)国内交易的便利程度和商业活动的活跃程度。报告最终结果以"营商便利度指数"的形式表现出来,指数排名越靠前意味着该经济体的环境越有利于创业和企业经营。2013年以来,各级政府持续推进"放管服"改革,重要目的就是通过政府自我改革,着力降低制度性交易成本,营造良好的营商环境,激发市场活力和社会创造力。在后续改革中,各级各地政府立足于继续优化营商环境,着力破除制约企业和群众办事创业的体制机制障碍,切实提升政务服务质量和效率。通过这些年的改革,加快建立规范企业依法经营和诚信经营的制度,出台惩戒"为官不为"、鼓励"为官有为"的措施,使政府主动作为,靠前服务,引导帮助,解决困难,构建起了"亲""清"的新型政商关系。切实加大对民营企业的财产权保护,对侵犯民营企业的行为加大惩处力度,依法甄别纠正一批历史形成的涉及民企的冤错案件,并向社会公告、消除影响。通过开展政府清债、清欠行动,对拖欠民企的工程款、材料款、保证金、奖励资金等制定清偿行动计划,切实取信于民、取信于企,诚信政府建设更有力度。这些做法积极营造更加公平且有序竞争的营商环境。在市场主体快速增长、市场活力不断增强的同时,我国营商环境改善明显,激发了大众创业、万众创新的积极性。2019 年 10 月 24 日,世界银行发布《2020 年营商环境报告》,中国的全球营商便利度排名继 2018 年大幅提升 32 位后,2019 年又跃升 15 位,升至全球第 31 位。较 2013 年的第 96 位相比,大幅跃升了 65 位。世界银行称,由于"大力推进改革议程",中国连续两年跻身全球优化营商环境改善幅度最大的十大经济体。

五、群众获得感普遍较高

"放管服"改革明显缩短了办事时限,节约了办事成本,大幅提升企业和群众办事便利度,切实提高了企业群众的获得感。社会市场对改革取得的成效感受明显、充分认可、高度评价。有关调查结果显示,96.7%的受访企业认为"放管服"改革很有必要。93.5%的受访者对取消和下放行政审批事项改革表示"满意"和"基本满意"。从改革的成效看,大多数受访企业都表示对改革成效有切身感受。91.2%的受访者对两年来的改革表示"满意"和"基本满意"。74.5%的受访企业认为简政放权等改革"规范了政府行为,提高了政府效率"。62.8%的受访企业认为"与之前相比,审批事项少了,所需时间短了"。57.8%的受访企业认为简政放权等改革"激发了市场活力和社会创造力"。

第三节 "放管服"改革取得的宝贵经验

一、改革必须坚持以人民为中心的发展理念

人民有所呼,改革有所应。行政审批制度改革只有始终坚持以人民为

中心的宗旨,让老百姓得到切切实实的好处,才能获得广泛支持,改革才不会走回头路。

践行以人民为中心的发展理念是改革的逻辑起点。"放管服"改革注重把人民群众的需求作为制度设计的出发点,努力在全社会营造人人议改革、想改革、推改革的氛围,形成全社会推进改革的强大的正能量。"放管服"改革以行政审批制度改革为切入点,着力解决群众办事"多头跑""反复跑"的问题,改革始终紧盯群众办事的难点和堵点,以"人民所需"为起点,以"人民满意"为目标,对症下药,不断创新服务方法、优化服务环境、提升服务能力,办事群众体验感、满足感大幅提升,改革得到了办事群众的好评和拥护。

践行以人民为中心的发展理念是改革不断深入推进的巨大推动力。"放管服"改革只有始终坚持以人民为中心的宗旨,才能迸发出强大的生命力。切实提高"放管服"改革的社会获得感,切实调动群众与企业参与改革的积极性,才能最大地合力"榨取"部门改革的空间,生成持续推动"放管服"改革的不竭动力。"放管服"改革之所以能够不断深入推进,根本原因就在于群众掌握了改革的评判权,将人民需求转化为改革动力。改革过程从人民群众的办事体验出发,而不是从政府自身管理的需要出发开展行政审批体制改革,坚持问题导向,切实做到从"端菜"到"点菜"的转变。行政相对人凭借"放管服"这一高度简化的判断标准,评判改革成效,参与改革进程,享受改革成果,成为推动政府部门持续优化管理服务的不竭动力。为不断收集办事群众意见建议,发现和解决群众和企业办事难点和堵点,变被动等待为主动服务,一些部门"开门问需",邀请社会各界群众和企业代表召开"开门问需 你问我帮"开放式问政会。对在大厅办事中遇到的各类问题,能够当场解决的"立等即改",不能当场解决的制定整改清单,限时整改。对相关改革举措,改得好就固化,改不好再调适,在不断的调适优化中满足群众和企业需求。

践行以人民为中心的发展理念保证了改革不走回头路。推进"放管服"改革既"动别人的奶酪"，也"割自己的肉"，阻力既来自于自己，也来自于外部。逆水行舟，不进则退。只有让人民得到切切实实的好处，让人民参与到改革中来，这项改革才能持续不断地向前推进。有关部门在改革中坚持了"让实践来检验、让基层来评判、让群众来打分"的原则，让群众由改革的观望者变为改革的受益者、监督者、评判者、推动者，变群众观望为群众参与，不断推动改革创新。如果说行政体制改革属于"以政府为中心"的改革，是全面深化的重要支点；那么，"放管服"改革就属于以"以人民为中心"的改革，是以用户体验为判断标准的改革，是全面深化改革的强大杠杆，能够撬动改革合力。

二、抓住关键环节，解决主要矛盾，在改革的精准度上下功夫

"放管服"改革紧紧抓住了改革面临诸多问题的关键点，坚持解决主要矛盾优先，努力争取最大的改革成效。回顾"放管服"改革的整个过程，改革之所以能取得成效，重要原因在于抓住关键环节，在改革精准度上下功夫。

一是坚持取消优先，抓住权力下放这个核心命题。对于一些"挂起"的权力，与发展要求不相符合、市场能够自主调节的行政审批事项，能取消的一律取消。对于涉及企业投资、经营的审批事项、资质资格许可和认定事项等，特别是通过事中事后监管能够实现有效管理的事项，不断加大取消审批的数量，同时认真清理规范中央指定地方实施的行政许可事项，加大取消力度。地方政府也以规范清理权力清单和法规文件为抓手，重点清理过去设定的那些审批事项，力争再作更多取消。

二是抓住"含金量"这个关键，坚持提高放权质量。在"放管服"改革

中,总的原则是能取消的尽量取消、能下放的尽量下放。对于与企业生产经营、群众创新创业直接相关,有利于基层政府就近管理、发挥实效的行政审批事项,能够下放到位的坚决下放到位,最大限度减轻企业和群众负担。对于同一事项涉及多部门的审批权限,要实现各个部门同步下放。要注重从规模放权向系统性放权转变,在下放审批权的同时,积极配套下放关联事项,最大限度实现整个审批链下放。改革按照方便群众、有效承接、效率最优的原则,考虑权力下放的层级,而不是简单的层层下放、一放到底。一些基层难以承接的专业性强的权限,下放时要帮助基层提高承接能力,确保行政权力放得下、接得住、用得好。

三是敢于啃硬骨头,着力破除制度性、体制性壁垒。厘清政府与市场的边界,始终是深化"放管服"改革,转变政府职能,放开搞活市场的关键所在。目前政府管理经济,很大程度上还是习惯于计划经济时代的做法,重行政管理、轻市场调节,重事前准入审批、轻事中事后监管。针对这一问题,"放管服"改革转变政府治理理念,注重处理好政府与市场的关系,着力破除制度性、体制性壁垒,切实发挥市场在资源配置中的决定性作用,实现政府治理体系的现代化。

三、注重以法治思维和法治方式推进改革

法治思维是一种以法律规范为基准的逻辑化的理性思考方式。法治方式是法治思维实际作用于人的行为的外在表现。党的十八届四中全会决议明确提出,全面推进依法治国,总目标是建设中国特色社会主义法治体系,建设社会主义法治国家。我们推进政府职能转变,必须做到有法可依、有法必依,以法治思维和法治方式推进改革,杜绝改革的随意性,强化改革的规范性。在"放管服"改革中,各地数千项的行政权力几乎都有相应的依据,形成了一个以法律法规为核心,通过行政法规、部门规章、红头文

件、细则导引,层层"扩围、扩权、扩利"的现象。不消除这一问题,很多改革就是违法的,甚至形成了"一改革就违法"的尴尬局面,地方和基层畏首畏尾。改革要顺利推进,必须破除陈旧法律法规障碍。在推动改革过程中:一是梳理清理。组织专家和熟悉简政放权改革情况的同志,以法律为对照,对相关领域的法规、规章、文件、细则、导引等进行彻底清理和梳理,凡不符合法律规定的一律废止。二是修订完善。一些源头的法律,很多还是20世纪八九十年代制定的,随着市场经济的发展和时代条件的变化,当时符合实际的条款现在也未必合理。对这些法律再次进行深入清理审查,符合实际的法律条款保留,不符合当前实际的,依据《立法法》《行政许可法》,进行相应的修订修改,为深化简政放权改革提供法律保障。三是破除障碍。从法制源头上破除对改革的束缚,允许一些法律法规在特定范围内暂停执行,允许地方突破现有法律法规和体制框架的约束。

四、注重依靠互联网等技术手段推动改革

政府治理现代化是科学行政、依法行政和效能行政的有机统一。与传统治理相比,现代政府要从行政权力的有效配置转到公共服务的有效供给、从单向的管制走向网络化的协同共治。从技术层面看,互联网是推进政府治理现代化最有力的工具。电子政务是对政府治理方式的改良,"互联网+"是改革,而建设数字政府则是"革命"。数字政府是借助数据资源进行精准治理的政府,它不是取消实体政府,也不等于建设网上政府,而是实体政府和网上政府的深度融合。数字政府依托统一的政府数字平台,将"统一大平台"与"海量小前端"相融合,进而将协作推向大规模、实时化、自发化和社会化,这一变革的实质是从"以分工为前提的协作"到"以协作为前提的分工"。以建设数字政府为导向推进"互联网+审批"和"互联网+政务服务",打造全面整合、上下左右贯通的枢纽式数字平台,通过大幅提

升信息共享和互联网应用水平来提升行政审批和政府服务效率,降低企业和居民办事成本,使老百姓有更多的获得感。

一是提高政治站位,高度认识信息共享的重要性。党中央、国务院高度重视信息化建设在推动审批和政务服务中的作用。习近平总书记强调指出,要强化信息资源深度整合,打通信息壁垒,构建全国信息资源共享体系。李克强总理亲自推动政府数据共享,要求打破"信息孤岛"和"数据壁垒",消除"数据烟囱",加快政府信息系统互联互通,提高政务服务便利化水平。对做好这项工作,可以说是领导千叮万嘱、群众千呼万唤、各级千方百计。从各地情况看,影响数据共享的一个重要因素是部门间缺乏数据整合共享的内在动力和外部约束,部门对数据资源的权属观念较重,甚至有利益化倾向。必须认识到,打通信息孤岛是优化"互联网＋审批""互联网＋政务服务"的先手棋、当头炮,是必须高质量走好的"最先一公里",要将其摆在解放生产力、提高竞争力的战略和全局高度,作为党委、政府和各个部门的"一把手"工程,切实增强使命感、责任感、紧迫感,全力推进信息互联互通和资源共享。

二是构建政务服务枢纽平台,全面整合、贯通各部门相关数据,并对接国家政务服务网。构建统一的共享交换数据平台是数据汇聚、开放、挖掘和运用的前提,也是数字政府建设的基础工程。目前各地、各部门多数系统数据不能互联互通,"多套系统、多个流程、反复登录、重复录入"问题突出。搭建统一整合的"一张网",是这些系统互联互通的前提条件,也是数字政府建设的基础工作。"放管服"改革扎实推进相关基础信息库搭建和标准化建设,照党中央、国务院关于推进审批服务便民化有关要求,完成电子证照库、电子档案库、人口综合库、法人综合库、公共信用库等规范编制工作,加快电子证照、电子公文、电子印章应用推广和跨部门互认共享,实现"一次采集、一库管理、多方使用、即调即用"。建立健全政务信息资源数据采集、数据质量、目录分类管理、共享交换接口、共享交换服务、平台运行管理等方面的标准,实现同一事项、同一标准、同一编码。严格部门新增数据库的管理。按照"谁建设、谁负责"原则,抓紧清理僵尸信息孤岛、冗余数据烟窗。坚持整合是原则、孤网是例外,清理整合分散、独立的政务信息系统,实现跨部门、跨地区、跨层级可靠交换与安全共享,减少孤岛存量,遏制孤岛增量。

三是重引进先进技术,坚决淘汰落后生产力。实践证明,建设数字政府、搭建互联网平台必须有强大的技术支撑。浙江的"一张网"镶嵌在阿里巴巴的飞天系统上,因而成效显著。在数字政府建设中应当注重理念、技术的先进性。只有将先进的生产力引进来,才能有高效的产出。

推进"互联网＋政务服务"是贯彻落实党中央、国务院决策部署,把优化服务推向纵深的关键环节,对加快转变政府职能,提高政府服务效率和透明度,便利群众办事创业,进一步激发市场活力和社会创造力具有重要意义。各地对"互联网＋政务服务"改革的有益探索和实践创新,在规范政府服务方式、提升服务效率和透明度、降低行政运行成本和社会负担、方便企业和群众办事等方面都取得了显著成效,特别是在推进政府管理方式创新,促进服务政府、责任政府、法治政府和廉洁政府建设方面取得的效果,得到了社会各界的高度认可。为人民群众提供更好的服务,要紧紧抓住人民群众办事难这一突出问题,重点抓好"互联网＋政务服务"这项工作。

五、注重改革的系统化、集成化、协同化

"放管服"改革是一项体系工程,牵一发而动全身,谋一事而涉多部门。深入推进改革,争取更大的改革成效,需要大力增强改革的统筹性、系统性,把综合联动、协同推进作为系统改革的总抓手。

一是注重顶层设计和基层探索相结合。改革进入了深水区,要啃的都是"硬骨头",每前进一小步都需要有巨大的智慧和勇气,对改革的复杂程

度要有清晰认识。过去 10 年,我国已取消下放了 3000 多项行政审批事项,可以说容易取消和下放的行政审批事项都改革完了,剩下的都是难啃的骨头。"这就像跳高,到了一定高度后,再增加一厘米,跨越难度都成倍增加,突破价值也越大。"改革难度和复杂性同时加大,必须从战略高度整体谋划未来改革。顶层设计就是站在国家层面,明确改革所要解决的全局性的重大问题,设定改革的战略目标,设计好改革路径和改革次序,稳步推进改革,最大限度化解改革阻力,降低改革风险。同时,顶层设计需要有实践探索的配合。中国改革开放的一个重要经验就是先试点后推广,先摸着石头过河,然后架起桥、修上路。改革需要集思广益,需要不断地试错,在试错与纠错、摸索与发现中得到方法和经验。"放管服"改革注重鼓励基层探索创新,注重把基层创新探索作为突破改革难点的"破障器",赋予地方改革试点权,在政策措施上给予更大的探索空间,鼓励打造改革"试验田"。各地在改革中,围绕简政放权、放管结合、优化服务进行了很多的探索,对这些探索要有宽容的态度,允许试验,包容失败。从这层意义上说,顶层设计的是原则,实践探索的是方法,改革要将不变的原则和万变的方法结合起来,才能实事求是,去伪存真。

二是注重强化改革的整体性、协同性。一直以来,我们重点关注政府经济职能转变,而相对忽视了政府在社会建设、公共服务等领域的职能转变。近些年,收入分配、教育、环境、医疗卫生、社会保障等方面积累的问题逐渐显现出来,社会矛盾凸显。一方面,这说明我们需要改革的地方还很多,其他领域改革的滞后在很大程度上被经济改革取得的成绩所掩盖;另一方面,其他领域改革对经济改革的掣肘效应愈发明显,对改革的整体性、协同性和联动性要求更高。回顾改革过程,在改革内容上,注重从减少审批向放权、监管、服务并重转变;改革环节上,注重从注册登记环节率先突破转向注册登记、投资建设、生产经营全方位延伸;改革领域上,注重从权力增减转向机构整合、职能转变、治理转型纵深拓展。

三是增大社会力量对政府职能转变的"正激励"作用。由计划经济向市场经济的转型过程中,政府下放的一些职能需要由社会力量承接起来。但目前看,我们的社会力量还很薄弱,发育还不成熟,难以承接好政府下放的职能,这是许多领域改革难以深入推进的原因。同时,简政放权、转变政府职能的目标是由全能型政府向有限政府转变,在改革进程中,政府改革的动力既来自于自身,也来自于外部约束。在这种情况下,我们要培育社会组织发展,增强社会自组织能力,使其成为政府职能转变的外部约束力量,形成助推改革的外部动力机制。

四是重视第三方评估的作用。第三方评估具有客观中立,能够真正了解现状、发现问题的优势,因此,随着"放管服"改革持续深入推进,必将越来越多地被采用。这里的第三方评估是指与委托方和被评估方无隶属关系、利益关系的评估机构,它们因为专业性、权威性和良好声誉受到推崇。第三方评估关键是保持中立性,首先是精神独立,机构和人员独立,并能独立承担法律责任;其次是评估程序和评估结果独立,避免委托方和利益相关方干扰。例如,在政府大厅建设过程中,一些地方注重加强对政务服务的评估和监督,对照世界银行营商环境评价的标准设立评估指标,统一线上线下评估标准。加强督促检查,通过媒体监督、企业和群众打分、第三方评估等方式,变"相马"为"赛马",促使部门在排队比较中改进服务。同时,建立通报机制和奖惩机制,定期公开部门线上线下服务排名,把握好宣传的度,正确引导社会舆论,为加快推动线上线下服务融合、全面提升政务服务质量营造良好的环境。

六、必须有一批敢于担当、勇于创新的坚强干部队伍

"深水区"的每项改革,啃掉的每块"硬骨头",都需要有智慧、有魄力、有担当的人。"放管服"改革之所以能短时间内推出众多创新举措,正是得

益于有一支敢于担当、勇于创新、作风优良的干部队伍。每项改革举措都需要在一定程度上突破原有体制机制束缚,如果谁都不想出错,谁都不想做第一个吃螃蟹的人,改革创新工作就无法向前推进。一些地方在改革中注重鼓励创新,以改革成效为考核评价标准,大胆启用那些想干事、能干事、干成事的干部。通过营造改革创新、使命担当的组织文化,让干部队伍始终保有解放思想、大胆创新的勇气,始终肩负使命感,有担当精神,以此推动工作大踏步前进。同时,把作风建设视为生命线,持续推进队伍作风建设。通过建立 ABC 岗位工作制度,形成一岗多人、一人多岗干部培养机制等方式提高干部队伍的业务素养、担当意识和责任精神。正是有一大批高素质敢担当的干部队伍不断改革创新,"放管服"改革才能持续深入推进下去。

第二章 "放管服"改革的战略定位、历史逻辑和发展目标

> "放管服"改革体现了对经济体体制建设、对行政体制改革和政府治理能力现代化的战略价值实现,顺应了经济社会高质量的基本逻辑,进一步厘清政府与市场的关系,推进人民满意的服务型政府建设。本章主要阐释了"放管服"改革的战略定位、历史逻辑和发展目标。

改革开放伊始,我国就开始了以市场为导向的"放权让利"改革,努力将政府管得过多、过细的事务向各类企业、向社会组织、向广大百姓下放,努力建成一个亲民、利民、为民的政府。2012年党的十八大开启了新一轮简政放权的大幕,2013年新一届政府成立后,办的第一件大事就是简政放权,转变政府职能,推进行政体制改革。特别是党的十八届三中全会明确提出要使市场在资源配置中起决定性作用和更好发挥政府作用,简政放权工作进入新时代。按照党中央的统一部署,从中央到地方各级人民政府,以继续深化行政审批制度改革为突破口,积极推进"放管服"改革,并在改革实践中把简政放权、放管结合和优化服务结合起来。从改革实践看,"放管服"改革的整体推进,使得政府对微观经济运行的干预明显减少,企业作为市场竞争主体地位得到进一步巩固,市场在配置资源中的决定性作用明显增强,政府职能转变取得实质性进展,对经济发展、社会治理和政府治理现代化都发挥了重要推动作用。

第一节　"放管服"改革的战略定位

党的十八大以来，中国特色社会主义进入新时代，"放管服"改革成为中国特色社会主义新时代全面深化改革中的一项重要改革。"放管服"改革的对象是政府自身，涉及政府与市场、政府与社会的关系的调整。这一改革具有重大战略意义，分别体现为对经济体体制建设的战略价值、对行政体制改革和政府治理现代化的战略价值，以及对国家治理体系和治理能力现代化的战略价值三个层面。

一、"放管服"改革是理顺政府与市场关系，建立完善社会主义市场经济体制的推动力量

(一)通过"放管服"改革，让市场在资源配置中发挥决定性作用

1992 年，党的十四大提出我国经济体制改革的目标是建立社会主义市场经济体制。随着社会主义市场经济体制的基本建立，我国取得了令人瞩目的经济成就，国内生产总值稳居世界第二，人民生活水平不断提高。但市场化本身有一个过程，市场体系还不健全，市场发育还不充分，仍存在着很多问题：市场在资源配置中的决定作用还不充分，在经济发展中积累了大量的结构性矛盾，如供需矛盾、城乡矛盾、区域矛盾。各类市场主体缺乏活力，布局不合理、产权关系不顺、管理不善等问题导致国有企业活力不足；经营环境不公平、创新人才不足等问题导致私营企业活力不足。政府在经济生活中发挥作用的边界、形式还不能完全适应实践需求，政府缺位、越位、错位现象仍然大量存在。

在建设社会主义市场经济体制的过程中,我们对政府和市场关系的认识逐渐深化。传统计划经济体制下,政府对微观经济运行干预过多,影响资源配置效率,束缚了生产力的发展。因此,改革开放以来,我们的经济体制不断朝着市场化取向改革,与市场化取向的经济体制改革相伴随的是"放管服"改革。中央层面的一系列简政放权,极大地解放和发展了生产力,促进了地方经济的发展活力。但是,"放管服"改革并没有摆脱"放乱收死"循环的现象,即简政放权一开始,市场就会活起来,但是时间不长,又会出现乱象;乱象出现后,权力就再次上收,市场活力又丧失。这与成熟的社会主义市场经济体制有很大的距离。

2013 年,党的十八届三中全会提出,经济体制的"核心问题是处理好政府和市场的关系,使市场在资源配置中起决定性作用和更好发挥政府作用"。成熟的中国特色社会主义市场经济体制应该市场机制有效、微观主体有活力:市场机制有效,要求国家建立并贯彻执行相应的法律、制度和规则等保障价格、供求和竞争机制作用的有效发挥;微观主体有活力,必须深化国有企业的分类改革,同时支持民营企业发展,放宽服务业准入限制,防止市场垄断。凡是市场和社会能做而且能做好的,坚决放给市场、企业、社会,由企业和个人自主决策,依法自主行为。要建立这样的市场经济体制,最关键的是要正确处理好政府和市场的关系,厘清政府和市场的边界,核心是让市场在资源配置中起决定性作用和更好地发挥政府的作用,让价格规律、竞争规律、供求规律等市场性规律在资源配置中起决定性作用。凡是市场能调节、社会能承担的事务,政府相关审批权要坚决取消。为处理好政府与市场的关系,让市场在资源配置中发挥决定性作用,党的十八届三中全会以后,"放管服"改革进入新时代。

(二)通过"放管服"改革,推动建立更加规范的市场规则和有效的监管制度,维护公平竞争的市场环境

随着市场在资源配置中起决定性作用,企业公平竞争的期望越来高。公平竞争成为影响企业投资发展的重要因素,吸引投资、增强市场信心,需要更加重视市场竞争环境的改善。无论是外资企业还是内资企业,市场环境成为影响企业投资发展信心的重要因素。公平竞争环境对市场主体发展的作用越来越重要。增强国内市场的吸引力,提升企业投资发展的信心,需要进一步规范市场竞争秩序,改善营商环境,为企业公平竞争、优胜劣汰创造良好的市场条件。

在"放管服"改革的条件下,审批权下放会导致企业数量急剧增多,特别是基层的市场主体数量会急剧增多,市场规模会急剧扩大。取消行政审批也会导致市场主体资质参差不齐,市场经营方式千差万别,政府监管的复杂性和难度会进一步加大。同时,在当今信息化时代,新产业、新业态、新模式层出不穷,企业自主性、创新性不断增强,民主意识、法治意识不断提高。事中事后监管能力和水平已经成为能否巩固简政放权成果、能否继续深化"放管服"改革的先决制约条件。随着社会主义市场经济的发展和"放管服"改革的进一步推进,传统监管模式的弊端日益显现,政府的管理抑制了市场活力,也让很多监管行为引起了民众的误会和误解。同时,社会公众期盼的具有良好秩序的市场体系也难以建立。因此,需要在"放管服"改革的背景下创新和加强监管。由于市场经济与社会主义制度的结合是全新的事物,在我国发展历史并不长,与发达国家相比较,我国市场经济体制建设还处于初级阶段,出现市场秩序混乱现象在所难免。无论是生产者还是消费者,对市场经济运行规律认识、熟悉都需要时间。在垄断、信息不对称和经济外部性等情况下,市场机制也会出现失灵现象。市场秩序还不规范,还存在很多违法经营现象,一些企业缺乏诚信,生产假冒伪劣产品,危害公共安全,损害消费者权益和人民群众生命安全,克服这些不正当竞争无序现象,必须要加强和创新监管。

(三)通过"放管服"改革,优化营商环境,推动经济高质量发展

党的十八大以后,我国经济发展进入新常态,国内外形势错综复杂,国

际贸易投资仍然继续下行,国内经济增长速度换挡期、结构调整阵痛期、前期政策消化期"三期叠加"矛盾逐步凸显,经济发展面临新的巨大下行压力,释放改革红利仍是支撑经济健康发展的重要力量。改革开放 40 多年来,我国经济发展呈现各地方政府良性竞争、排浪式发展的典型特征,哪里的营商环境好,哪里的 GDP 贡献大,则哪里的人均 GDP 和城乡居民收入高。反之亦然,我国地方政府之间以营商环境建设为核心的竞争,不断提升地方生产力的发展水平,凡是营商环境好的地方,都呈现出投资者纷至沓来、地方生产总值不断提高、就业水平不断改善的特点。因而,从这一意义上讲,营商环境就是生产力。优化营商环境,可以激发市场和社会活力,保证经济发展速度。

加快推进"放管服"改革是优化营商环境的重要举措。李克强总理多次在"放管服"改革电视电话会议上提到中国在世界银行营商环境报告中的排名变化,并以此来衡量国内"放管服"改革的进展。实践证明,"放管服"改革所取得的重要成效之一,就是优化了营商环境。"放管服"改革可以为市场主体"松绑",可以为社会主体"加油",是激发市场和社会活力的必要条件。目前,我国地方政府竞争的焦点已经从硬环境建设转向营商环境等软环境建设,通过"放管服"改革,可以有效消除市场主体生产经营活动中的羁绊,破除生产要素合理流动与有效配置的障碍,调动全社会干事创业的无限创造力,进而形成区域竞争新优势。

从国际角度来说,"放管服"改革是营造国际一流营商环境,提高国际经济竞争力的需要。当前,我国经济形势稳中有变,一个典型的短期因素和外部因素就是,随着新冠疫情的影响、中美贸易摩擦和国际竞争格局的变化,国际市场环境更为严峻,我国经济发展面临着新挑战,经济下行压力持续加大。面对严峻形势,以营商环境优化为核心的国际竞争日益加剧,营商环境建设日益成为世界上各国之间、城市之间和区域之间竞争的核心和焦点,日益成为提升国际竞争力的重要抓手。2018 年 11 月,习近平总书记在首届中国国际进口博览会开幕式上的主旨演讲中强调要"营造国际一流营商环境"。2019年,李克强总理在全国深化"放管服"改革优化营商环境电视电话会议上指出,我国的营商环境要与国际先进水平对标,为应对日益加剧的国际营商环境竞争,必须深化"放管服"改革,打造国际化、法治化营商环境,提升我国营商环境的国际排名,促进国际竞争新优势的培育和提升。

二、"放管服"改革是完善中国特色社会主义行政体制,推动政府治理现代化的基本途径

经济基础决定上层建筑。随着社会主义市场经济的发展,建立一个能够适应社会主义市场经济发展要求的社会主义行政管理体制也被提上日程。中央大力推行"放管服"改革是魄力和决心之举,是推进政府治理体系和治理能力现代化的重要举措。

(一)通过"放管服"改革,转变政府职能,建设有限政府

李克强总理多次强调,"放管服"改革是转变政府职能的重要抓手,也是推进经济体制改革、处理好政府与市场关系的关键所在。只有简政放权,才能处理好政府与市场关系,提升政府治理能力。简政放权的目的就是要厘清政府与市场、政府与社会的权力边界,解决长期存在的政府越位、缺位和错位的问题,既要增强经济社会发展的活力,给企业松绑,又要促进政府全面正确履行职能,更好地发挥作用。

简政放权说到底是政府角色定位问题,是要重新界定政府、市场、社会边界和相互关系,重点是补缺位、纠错位、控越位,让政府归位,目的是推进政府职能深刻转变,让市场在资源配置中起决定作用和更好地发挥政府作用。政府和市场边界相对清晰,各自按照法律的边界来行事。对于市场而

言,法无禁止即可为;对于政府而言,法无规定不可为。"放管服"改革将重塑政府和市场的关系,为中国经济的转型升级提供必要的动力与政策环境。

(二)通过"放管服"改革,完善政府对市场的规制,建设有为有效政府

20 世纪 80 年代,新自由主义逐渐成为西方经济学的主流。新自由主义以自由化、私有化和市场化为政策主张,反对国家干预。受新自由主义的影响,拉美经历了"拉美陷阱",亚洲爆发金融危机,非洲经济增长大幅下降,美国遭遇金融危机,欧洲陷入债务危机。与这些国家相对比,我国之所以能够相对稳定发展,其根本原因是:我国实行的是社会主义市场经济,实现了市场经济与社会主义制度的紧密深度结合,坚持公有制的经济基础,充分发挥政府对经济社会生活的引导和干预,真正做到了有为政府。

通过"放管服"改革让政府"瘦身",不是要削弱政府的作用,而是要让政府更健康、更有效、更"有为"。政府的"有为"主要体现在通过监管维护市场秩序、服务于市场发挥决定性作用方面。市场经济体制改革以来,我国市场经济秩序规范性方面存在一定不足。随着行政审批、商事制度的改革,市场主体数量的急剧增加,又进一步增加了市场秩序混乱的风险。监管是政府"有为"的重要表现。要建设有效有为的政府,在放权以后还必须通过加强和创新监管,努力为各类市场主体创建良好的经济、政治、社会环境,提供经济社会发展所需要的软硬件基础设施,最大限度地避免市场失灵情况发生,保障市场在资源配置中发挥决定性作用,有效维护经济社会秩序的正常运行。

(三)通过"放管服"改革,建设整体性政府

"放管服"改革能够有力推动府际协同。"放管服"改革是一项涉及多个政府层级的系统工程,需要从顶层设计层面对其进行统一规划、协调推进。政府可以通过整体化的顶层制度安排自上而下逐级落实,确保改革的整体有序推进。对于改革中出现的跨领域、跨地区、跨层级的重点、难点问题,可由上级政府牵头,成立高规格协调小组,统筹全局推进改革。基层政府可在上级政府的支持和指导下建立数据跨区域共享共认和流通机制,降低内部交易成本。

"放管服"改革优化内部横向协调合作机制。"放管服"改革是一个有机整体,具有很强的系统性。例如,在削减审批事项后,对保留的事项简化审批流程,优化政府服务;取消、下放审批事项时,同步拿出事中事后监管的措施和方法,做到同步落实,放管结合,对涉及不同层面的审批事项,实行关联审批事项,实行全链条整体取消或下放,防止"你放我不放,你改我不改";不仅加强各层级政府各部门之间的信息平台建设,而且强调打破"信息孤岛",推动跨部门、跨地区、跨领域的信息互通共享。

三、"放管服"改革是坚持和完善中国特色社会主义制度,推进国家治理体系和治理能力现代化的战略抓手

全面深化改革的总目标是完善和发展中国特色社会主义制度,推进国家治理体系和治理能力现代化。事实上,"放管服"改革是全面深化改革的重要内容,是实现全面深化改革总目标的战略抓手。

(一)行政体制改革经由推动政府治理现代化推动国家治理现代化

一方面,政府治理现代化是国家治理现代化的基础。从政府治理与国家治理的关系来说,政府治理是国家治理的重要组成部分。马克思说,"行政是国家的组织活动"。行政的主体就是政府,政府是国家的有机构成,是

国家治理的重要主体。可以说,国家治理与政府治理之间是包含与被包含的关系。中共十九届四中全会《决定》指出:"国家行政管理承担着按照党和国家决策部署推动经济社会发展、管理社会事务、服务人民群众的重大职责。"这明确了行政机关在我国国家治理结构中的角色定位。相对于党和国家机构的角色,行政机关是党和国家决策部署的执行者和落实者,与党的领导体系、武装力量体系、群团工作体系相比,政府治理是国家治理体系中的具有特殊性的重要组成部分,更具有执行性、公共性。政府治理能力是衡量一个国家综合国力的重要指标,是国家竞争力的核心要素,其有效治理是提升国家治理能力现代化的具体实现。

另一方面,行政体制改革是政府治理现代化的必然要求。政府治理现代化需要行政改革来推动,行政部门承担着经济调节、市场监管、社会管理、公共服务、生态环境保护等诸多职能,是贯穿经济体制、政治体制、文化体制、社会体制、生态文明体制改革的连接点、交汇点和关节点。为什么要推进行政改革? 当今世界正发生百年未有之巨变,经济社会形势快速变化,科技发展一日千里。在我们发展中国特色社会主义、推进国家治理体系和治理能力现代化的征程中,必然面临错综复杂的国内外环境,也会遇到来自各方面的严峻挑战和各种风险。同时,我国行政体制自身还存在不少弊端。行政管理面临的公共事务越来越复杂,人民群众对公共管理水平的要求也越来越高,深化行政体制改革,才能更好发挥政府的经济调节、市场监管、社会管理、公共服务、生态环境保护等基本职能,才能推动政府治理能力现代化。正因为行政改革、政府治理和国家治理之间紧密的逻辑关系,我国行政改革经由推动政府治理现代化这一中间环节,进而成为国家治理体系和治理能力现代化的重要推动力量。

(二)从实践上来看,以"放管服"改革为契入点的行政体制改革始终是国家治理的重要内容和推动力量

共产党执政后,建立什么样的国家、怎样治理国家,是国际共产主义运

动的艰巨课题。新中国成立后,以毛泽东为代表的中国共产党人建立了人民民主专政的国家政权,搭建了中国特色社会主义的制度框架,为改革开放以后的国家治理打下了坚实的行政组织体系框架基础。十届三中全会后以邓小平为核心的党中央纠正了"左"的错误,确立了以经济建设为中心的基本路线。适应经济体制的变化,把行政改革作为撬动整个国家治理体系的关节点和重点领域。适应经济体制的变革,我国持续开展了 8 次行政体制改革。改革的重点是着力转变政府职能、理顺权责关系、创新管理方式、增强行政人员素质和专业化水平,创建了中国特色社会主义行政管理制度体系,推动了政府治理能力的提升。正因为有了行政改革推动政府治理能力的提升,我们才有条件、有可能进而制定整个国家治理战略,如:我们从国家战略上把坚持"以人民为中心"作为国家治理的根本动力,就是以建设人民满意的服务型政府为基础的;我们把实现改革、发展与稳定的统一作为国家治理的基本要求,就是对政府的公共服务和社会管理职能等多方面职能的统一为前提的;我们把建设法治国家、法治政府和法治社会相统一作为国家治理的基本方略,就是对依法行政、推进行政执法体制改革为条件的。总之,行政改革所推动的政府治理现代化是国家治理方略的基础和条件。党的十八大以来,我们的行政改革上升到国家治理的高度,2018 年,新一轮行政改革并没有单独进行,而是将行政改革与党和国家机构改革统一进行,目的就是进一步理顺政府机构与党和国家其他机构之间的关系,更好地发挥行政改革、政府治理在国家治理体系中的作用,为国家治理能力现代化打下坚实的组织基础。

党的十八大以来,"放管服"改革成为行政体制改革的契入点。"放管服"改革适应党和国家事业发展的需要,成为推动国家治理体系和治理能力现代化的重要战略抓手。我们通过"放管服"改革,推动政府强化了服务理念、转变了服务方式、提升了服务质量,有效推进了服务型政府建设。建设服务型政府更成为推进国家治理体系和治理能力现代化的一项基本要求。我们通过"放管服"改革,创新行政方式、优化行政流程、依法行使权力,有效提升了政府施政能力和治理效能。"放管服"改革所推动的政府治理现代化与国家治理方略具有高度的一致性,是国家治理体系和治理能力现代化的重要抓手。

第二节 "放管服"改革的历史逻辑

"放管服"改革是行政体制改革的关键点,遵循行政体制改革的基本逻辑规律。起源于 20 世纪 80 年的简政放权改革,经过数十年的发展,"放""管""服"三者协同推进,从改革的目的、举措与系统性价值来看,"放管服"改革经历了政府职能深刻转变,有助于推动政府治理的现代转型。

一、从改革的最初动因来看,简政放权改革实现了从只注重政府内部关系的调整、克服"收—死循环"的简单政府改革导向到注重通过放权调动市场主体活力和推动经济发展的经济导向转变

从改革的最初动因来说,处理好政府与市场关系、建立完善的市场经济体制、营造良好的营商环境的经济导向是简政放权的原初动力。唯有宽"放",才能最大程度释放市场和社会的活力。

(一)20 世纪 80 年代开始的简政放权,只注重政府内部关系的调整而对市场主体关注不够,这是简单的政府改革导向

从 20 世纪 80 年代至 21 世纪初,为了最大限度搞活经济,加快经济建设步伐,减少行政体制对经济发展的阻力,中国政府进行过几次简政放权改革,如 1988 年、1993 年以及 1998 年的简政放权改革。1988 年的行政体制改革对政府的职能定位是实现政企分开,弱化政府的微观管理职能,强化综合管理职能。政府经济管理部门从直接管理为主转变为间接管理为主,从管理直属企业转到管理全行业,从管理企业人财物、产供销到管理行业规则和行业秩序,从下达各类计划、生产调度转到制定实施法规、标准、行政许可、行政执法。1993 年行政体制改革的重点是加强宏观调控和监管部门,强化社会管理部门,做到宏观管好微观放开。对政府基本职能的定位主要是统筹规划、掌握政策信息、引导组织协调、提供服务和监督检查。

综观这几次简政放权过程,大都在一定程度上导致了"放乱收死"循环的现象,即简政放权一开始,市场就会活起来,但是时间不长,又会出现乱象;乱象出现后,权力就再次上收,市场活力又丧失。究其原因,主要在于这一阶段的简政放权改革局限于政府内部关系的调整,以及经济管理部门与市场主体之间利益关系的调整和转换。虽然这几次简政放权也取得了一些成效,但是在巨大的利益诱惑面前,在缺乏承接主体的情况下,"简"出的"政"和"放"下的"权"迅速回归原来的主体就成为必然。结果造成政府部门与市场主体之间仍然存在着千丝万缕的利益联系,政府部门及公务员对权力及由其衍生出来的利益的不舍,最终使简政放权改革的成效大打折扣。

(二)21 世纪以来,注重简政放权从"量"到"质"的转变,增强了市场主体配合简政放权改革的积极性

我国建立的是中国特色的社会主义市场经济体制,首先必须符合市场经济的一般规律,所以十八届三中全会进一步确定了市场是配置资源的决定力量。但我国的市场经济与资本主义市场经济不同,是和社会主义制度相结合的市场经济。资本主义强调个人主义,以追求个人最大利益为最终目的,社会资源掌握在少数人手中;而我国崇尚集体,以全体成员的整体利益为目标,要实现的是所有人民的共同富裕。我国公民的自由、权利、竞争、法治等现代观念逐步增强。民众参加社会治理,争取自身利益创造了思想和社会条件。"放管服"改革之初,我们注重的是放的数量,下放多少权力,人们只关注行政审批这一个"点";后来,人们关注放的质,即放的"含金量",关注放得是否配套,也就是关注"面"上的简政放权。"放"实现了从重数量到重质量的变化,放的力度、幅度和效度得以大幅提高。经过不断深入的简政放权,各级政府部门在放权方面取得显著成绩,拥有的权力事项已大幅减少。尽管仍有放权的空间,需要继续放权,特别是要加大向市场、向社会的放权力度,而不只是向下级和基层放权。"放管服"改革坚持问题导向、需求导向和效果导向,聚焦企业和群众反映的办事难、办事慢、多头跑等"赌点""难点""痛点"问题,精简行政审批事项,全面提升了政府效率和能力,得到人民群众的支持和拥护,因此,调动了人民群众的积极性。"放管服"改革实现了从政府一元推动到政府与市场主体、社会力量共同参与的多元合力转变。

(三)近年来,"放管服"改革不仅侧重应对国内经济问题,也侧重应对国际经济环境挑战

最初,"放管服"改革只是从促进国内营商环境的角度出发的,"放管服"改革只追求便利化、法治化。2017 年,党的十九大以后,优化营商环境成为"放管服"改革的新目标。优化营商环境目标的确立,是"放管服"改革进入 2.0 时代的标志。以此分界,改革的核心特征已经从重视对政府审批事项的控制,转变为重视企业经营活动软环境的提升;从强调政府自身革命的主体视角,转变为服务市场的客体视角;从强调政府与企业的单维度关系,转变为政府与能源供应者、金融机构、司法机关、社会组织之间的多维度关系。

近年来,我国在市场化进程启动之后也相继卷入了前所未有的全球化、信息化进程,并进入市场化、全球化、信息化"三化共时态"的高度时空

压缩时期。国际上贸易保护主义抬头,全球治理体系发生重大变动,面对国内外环境的深刻变化,为实现经济高质量发展,营商环境建设不再仅局限于企业进入的问题,而是包含企业从进入到退出的全过程,从招商引资到营商环境建设转变成为必然。因此,营商环境政府责任定位、内容和方式也随之发生变化。在这种背景下,习近平总书记提出要建立市场化、法治化和国际化的营商环境。国际竞争环境的加剧促进"放管服"改革导向更加趋于市场化、法治化、国际化。

二、从改革举措来看,从简政放权到"放管"结合、再到"放""管""服"三个方面的统一,实现了从重经济导向到经济导向和社会导向并重的转变

"放管服"改革是一个渐进式的改革。从改革举措来看,一开始只抓简政放权、审批制度改革,牢牢扭住转变政府职能这个"牛鼻子";当发现"放"带来的问题以后开始注重"管"。2014年国务院把放管结合纳入改革议程,强调放管结合,唯有善"管",才可有信心地进一步宽放。2015年又将优化服务纳入改革议程,"放管服"改革三管齐下、协同推进。"放管服"三位一体的改革举措意味着深化了对"放""管""服"三者逻辑关系的认识,实现了从重视经济导向到经济导向与社会导向并重的转变。

(一)对"管"的重视和认识深化标志着社会治理导向的提升

一开始,人们对监管很迷茫,只停留在简政放权对创新监管提出内在要求这一认识水平。随着简政放权力度的进一步加大,监管的任务逐步加重,人们对监管的探索日趋成熟,对监管的认识更加深刻。人们已经认识到,事中事后监管水平已经成为能否巩固简政放权改革成果、能否继续深化简政放权改革的先决制约条件,监管水平是制约"放"、影响营商环境的突出短板。我们把监管视为简政放权的自然延续和必需环节,把"放"与

"管"视为一个整体工程,视为同一工程的两个阶段、两个环节。

在"放管服"改革的进程中,应当提高监管的科学性、公平性、有效性,抛弃传统的监管方式,加强和创新监管方式,有效维护市场环境和市场规则。目前,我国自上而下形成了包容审慎的新型政监管策略,从过去以直接干预为主转向以宏观调控为主,从过去以事前监管为主转向以事中事后监管为主。从政府的角度来说,这是一个政府职能逐渐转变还权于市场的过程;从市场的角度来说,这是一个从他律到自律、充分发挥自身资源配置效率的过程,增强了市场对资源分配的能力。加强和创新监管是适应"放管服"改革为市场带来的新局面、新挑战的需要,是维护市场秩序的需要,是转变政府职能、建设现代政府的需要,也是加强社会治理、维护社会秩序的需要,体现了经济导向和社会导向的并重。

(二)对"管"和"服"的重视实现了从"管治行政"到"服务行政"的转变,实现了社会治理创新

2014年,在总结各地行政改革工作成效基础上,"放管服"改革工作从"放"和"管"两个轮子都要圆,到要进一步做好"接、放、管、服",在实现"企业受益、市场规范、群众满意"改革目标进程中,逐步形成了"权力下放、监管跟上、服务提升"的改革理念。2015年5月,在全国推进简政放权、放管结合职能转变工作电视电话会议上,李克强总理明确提出简政放权、放管结合、优化服务协同推进,即"放管服"改革三管齐下。在优化服务理念的指导下,政府不再直接参与经济活动,而是以提供服务为主导。无论是与政府服务直接相关的政务服务,还是政府发挥重要制度引导、法律规制的市场环境和社会环境,甚至地区的自然环境保护与改善都需要良好的政务服务。

建设服务型政府是提供有效治理、营造良好营商环境的内在诉求。在全面深化改革和建设人民满意的服务型政府进程中,政务服务超越了行政

许可服务和行政审批服务,已经包含了社会服务、公共服务、市场服务和管理服务等内容。优化服务核心是在"放"与"管"的全面深刻变化基础上形成的治理理念、治理机制、治理体系,是治理能力现代化。对服务的要求从重视形式变为重视内容,从重视机制变为重视体制。一开始,人们关注能否通过网络这种形式来开展服务,现在人们关注的是通过网络能够解决多少实质性问题。最初,人们关注政务服务中心能否实现"一窗办理"这种服务机制,现在人们关注的是相对集中行政许可权改革的效果和可行性,多地开始探索成立行政审批局,这是体制。事实上,不仅"优化服务"是服务,监管本身也是服务。创新和加强政府监管的目的在于为各类市场主体营造公开竞争的发展环境,使市场和社会既充满活力又规范有序。评价监管水平的高低就要看其为市场主体服务的水平,如:能否为维护市场主体正常的生产经营环境创造条件、能否给企业更大的自主权、能否激发市场主体的活力。监管的服务导向对监管方式提出更高要求,一定要改变传统的粗放式的监管。因此,政府公共行政不再是"管治行政"而是"服务行政"。

　　总之,"管"和"服"都能够更好地维护市场主体的利益。在改革到一定阶段之后,市场主体和社会力量就逐渐参与到"放管服"改革的历史进程中来。随着社会民主化程度的提高,单靠政府自身无法完成对市场主体的约束。市场主体要求监管过程和方式更加注重他们的利益。建立完善的市场秩序,必须调动广大市场主体的积极性。为此,政府逐渐注重培养市场主体的责任意识,力求通过完善的监管制度设计来激发、引导市场主体守法的内生动力。在清理市场秩序责任的同时,注重改变传统外控式的手段,让监管制度设计与市场主体自身利益结合起来,尽量在监管过程中不过多损害市场主体的利益,不影响市场主体的正常经营活动,以此来培育市场主体和社会主体守法的内生动力。"管"和"服"也都能够更好地维护社会公平。通过创新监管和优化服务改革,政府审批、监管和服务活动的便捷性、时效性和廉价性提升,意味着效率的提升和企业制度性交易成本的下降;政府审批、监管和服务活动的公开性、公正性和规范性提升,意味着公平的彰显和企业经营环境的"不确定性"的降低。

(三)"放管服"所推动的社会治理创新也会反过来为"放管服"改革创造条件

我国之所以能够在内外挑战中始终保持整体上巩固安定的政治局面,并实现经济、政治、社会、文化、生态领域现代化的全方位跨域式发展,是因为我们始终没有偏离适合社会主义制度的社会导向性。"社会主义国家治理体系内部逻辑自洽关系的重要体现之一,就在于在凸显国家权力公共性价值取向的前提下,排除了那种国家与社会间截然对立、零和竞争的博弈选项,而致力于不断扩大两者根本利益的交集,追求国家与社会团结协作,共同应对治理挑战的局面。这是中国特色社会主义国家治理体系构建的价值前提、制度前提,也是中国实现治理体系现代化目标的最大优势。""放管服"所推动的社会治理创新、所推动的国家与社会的合作为"放管服"改革创造条件。我国社会的成长已经具备了一定的"承接"社会公共事务管理的能力,为政府简政放权提供了可能性。正是在社会治理创新成为时代最紧迫任务的社会背景下,"放管服"改革才迎来了真正的历史契机。

三、从改革的系统条件来看,"放管服"改革所追求的经济导向和社会导向目标的实现必须以政府治理导向为前提,即"放管服"改革提出推进政府治理体系和治理能力现代化的要求

随着改革的深入推进,"放管服"改革的系统性要求愈加强烈,愈发要求从整体上推进政府自身革命,正如李克强总理所说:"使市场在资源配置中起决定性作用和更好发挥政府作用,必须深化简政放权、放管结合、优化服务改革。"这是政府自身的一场深刻革命。这场深刻革命,与20世纪80年代开始的简单的简政放权改革不同,而是一种成熟的政府治理导向改

革,实现了政府治理体系和治理能力的现代化。

(一)"放管服"改革要求对行政体制的系统性改革

"放管服"改革举措的演进体现了政府权力运行思维方式的变化。就"放"的环节——行政审批制度改革来说,无论是中央还是地方各级政府职能部门,都把整体协作思维贯穿到行政审批制度改革的整个过程当中。在改革的过程中,逐步认识到行政审批制度改革不是一个单位、一个部门或是某个程序和某个环节的事情,而是一项涉及上下衔接、前后相续的系统性工程,任何一方面的突进都会影响改革的整体成效。因此,"放管服"改革的实践既不能简单地以取消审批事项的数量为衡量依据,也不能把行政审批制度改革与其他领域的改革人为割裂开来,必须统筹推进、一体谋划。这就要求应进一步把握行政审批制度改革的全面性、系统性和协调性,在加快推进行政审批制度改革顶层设计的基础上,实现区域之间、层级之间、部门之间以及公私之间更广泛和深度的合作,使得提供无缝隙的审批服务成为可能。

就"管"的环节来说,也具有系统性。监管不光是市场监管部门一家的事,从管理角度来说,事中事后管理是监管,审批管理也是监管,制定法规政策也是监管,监督权力运行也是监管,对监管过程进行评估也是监管,无论是综合部门还是业务部门,都负有监管责任。要做好"管",就要从决策、执行、监督全流程进行研究,要从机构、职责、人员、财力、技术、平台、能力甚至文化建设和政府层级职责划分等方面进行谋划,要从政策标准、审核把关、执行监督、服务管理和监管评估等方面进行制度设计和流程设计。要健全审管衔接机制以及决策执行监督相互协调制约机制,形成政府管理合力,营造全社会依法依规营商办事的浓厚氛围和公平有序宽松的市场环境。

总之,从行政审批制度改革迈向"放管服"改革,体现了政府权力运行的整体思维和动态思维的不断强化。涉及管理体制、部门职责、政府层级、运行机制、技术平台、法制保障等方方面面。随着行政审批事项的取消、下放、调整,权力配置和职能体系面临系列挑战,改革已无法停留在某一事项审批要不要、放不放,而是涉及整个行政职权体系的合理分工和相关监管机构的整合问题,必须优化政府组织结构,科学界定政府间及其部门间职权范围,从而逐步建立起具有中国特色的现代行政体制。

(二)"放管服"改革要求从"放权"到"治权"的转变

在"放管服"改革的进程中,很多企业和群众反映最强烈的问题不再是审批多、耗时长、效率低,而是审批、监管、执法、服务等权力运行不规范,造成不公平、难预期问题。特别是权力下放之后,地方和基层权力运行"乱"。在继续放权的同时,必须加大对权力的治理力度:明确权力依据、行使范围、行使主体和程序等;理顺不同层级、不同部门之间权力关系;加强对权力的制约和监督。为实现这样的目标,各级政府在机制与制度层面通过列举权责清单、划定行政权力边界的方式,把回应市场和社会主体以及人民的需求作为现代政府建设的基本要义,基本确立了"负面清单""权力清单""责任清单",市场和社会主体"法无禁止即可为",政府部门"法无授权不可为""法定职责必须为",基本理顺了政府、市场和社会的各自活动范围和基本功能,从而把政府与市场、社会关系从理顺走向定型,进而形成制度化政府治理格局的发展动力体系。

"放管服"改革也有力推动了基层政府治理创新。党的十八以来,党中央坚持实施创新驱动发展战略,充分尊重基层的首创精神,以制度创新驱动"放管服"改革,注重把"放管服"改革的顶层设计与基层的创新探索有机结合起来,充分调动基层创新创业的积极性,形成推动"放管服"改革的内生性动力。

总之,与改革之初的简政放权改革相比,现在的"'放管服'改革与党的十一届三中全会以来市场取向改革的大思路一脉相承,是'放开搞活'历史经验的延续和发展,是完善社会主义市场经济体制丰富实践的重要内容"。"放管服"改革所推动的系统性行政体制改革实现了对改革初期简政放权改革的继承和超越。

第三节 "放管服"改革的发展目标

"放管服"改革是政府的一场深刻变革,触及权力、利益、体制、理念等深层次矛盾,而且此前已经进行过多次审批制度改革,剩下的多是难啃的硬骨头,越往后越难。"放管服"改革是自上而下推动的,要处理的关系是政府与市场、政府与社会的关系。

一、"放管服"改革的总目标是建设人民满意的服务型政府

"放管服"改革的总目标是通过在更大范围、更深层次推进"放管服"改革,加快政府职能深刻转变,营造国际一流营商环境,发展壮大新动能,促进政府治理体系和治理能力现代化,建设人民满意的服务型政府,更好满足人民日益增长的美好生活需要。

(一)要通过"放"更准确界定政府、市场、社会的各自边界及其相互关系,同时要处理好中央与地方职能关系

"放管服"改革的本质是重新调整政府和市场以及不同层级政府部门之间的关系。"简政"的目的是取消不必要的行政审批和行政许可事项,使市场在资源配置中起决定性作用。"放权"的目的是最大限度将事权下放到贴近基层群众和基层社会的地方政府机构,提供最符合市场和群众需求

的政务服务。在"放管服"改革中,为了最大化释放经济发展活力,上级政府将行政许可及审批权限逐级下放,许多原先由上级政府行使的事权现在直接交给下一级政府和社会组织来行使。

一是通过"放管服"改革理顺政府、市场和社会的关系。十八届三中全会报告《中共中央关于全面深化改革若干重大问题的决定》中曾经作出了说明,"政府的职责和作用主要是保持宏观经济稳定,加强和优化公共服务,加强市场监管,保障公平竞争,维护市场秩序,推动可持续发展,促进共同富裕,弥补市场失灵"。党的十九届四中全会《中共中央关于坚持和完善中国特色社会主义制度、推进国家治理体系和治理能力现代化若干重大问题的决定》再次提出要"厘清政府和市场、政府和社会关系"。"国家行政管理承担着按照党和国家决策部署推动经济社会发展、管理社会事务、服务人民群众的重大职责。"按照十九届四中全会的要求,今后要围绕推动高质量发展,建设现代化经济体系,加强和完善政府经济调节、市场监管、社会管理、公共服务、生态环境保护等职能,调整优化政府机构职能,全面提高政府效能,努力建设人民满意的服务型政府。中央层面进一步放权,建设有限政府,即凡是现有市场能做好的,让市场去做;市场不能做好的,政府才需要去发挥作用。要深化行政审批制度改革,对现有审批和许可事项要逐一深入论证,除关系国家安全和重大公共利益的项目外,能取消的坚决取消,能下放的尽快下放,市场机制能有效调节的经济活动不再保留审批和许可。要最大限度减少政府对市场资源的直接配置,最大限度减少政府对市场活动的直接干预,进一步放宽市场准入,落实企业生产经营和投资自主权,推动资源配置依据市场规则、市场价格、市场竞争实现效益最大化和效率最优化。只要市场能有效发挥作用,就应该让市场发挥决定性的作用;只要市场失灵(由政府的缺位或越位造成),政府就应该有为去补位或去位。有限政府的治理边界应该基本限定在维护和服务上,起到维护和服务的补位作用。

二是通过"放管服"改革理顺中央与地方的关系。党的十九届四中全会进一步对理顺中央和地方的职责关系提出要求:"优化政府间事权和财权划分,建立权责清晰、财力协调、区域均衡的中央和地方财政关系,形成稳定的各级政府事权、支出责任和财力相适应的制度。""加强中央宏观事务管理,维护国家法制统一、政令统一、市场统一。适当加强中央在知识产权保护、养老保险、跨区域生态环境保护等方面事权,减少并规范中央和地方共同事权。赋予地方更多自主权,支持地方创造性开展工作。"要通过"放管服"改革提升中央和地方的协同性。合理划分和重组中央机构和地方机构的人事权、财政权、事务权。一方面,应当把掌握在中央政府本属于地方政府的自主权整体打包下放,使地方政府切实拥有谋事、干事、成事的充分自主权;另一方面,应当构建中央机构与地方机构之间的对接机制,确保地方在机构、权力、职责创新设置和运行中,利益无损地获得中央机构的指导和支持。

(二)要通过"管"创造公平秩序的市场竞争环境,建设有效、有能、有为政府

"放管服"改革目标超越了经济层面,它的目标是从根本上重新架构政府的组织和运转体系,最终建成有能、有效、有为政府。"有能"主要是讲政府执行力的问题,"有效"是政府行政的效能和效率的问题,"有为"就是政府在应该作为的地方不缺位。

一是要加强政府的宏观调控。政府摆脱了微观控制、直接管理后,主要对改革开放和现代化建设进行宏观调控,为其提供宏观政策、宏观协调与平衡方面的服务。习近平总书记曾指出,"宏观政策多一点则过火,少一点则不足,要力争恰到好处"。党的十八大以来,面对国内国际多种严峻挑战,针对我国经济发展的新形势、新特点、新问题,党中央提出了区间调控、定向调控的新思路,在区间调控的基础上进一步实施定向调控,有效抓住

了经济发展中的突出矛盾和结构性问题,从而更加有效地"激活力、补短板、强实体"。面对经济下行压力,坚持用微刺激政策,为未来宏观政策预留空间,增强了政策的可持续性。

二是要加强市场监管。要严格市场监管、质量监管、安全监管。深化综合行政执法改革,全民实施"双随机、一公开"监管,健全强化守信联合激励和失信联合惩戒制度,加快推进社会诚信建设,促进市场良性运行和优胜劣汰。

(三)要通过"服"建设有利于优化营商环境的政务环境

新时代社会主要矛盾的变化、建设人民满意的服务型政府,是"放管服"改革从量到质转变的根本动力。随着经济发展进入新常态和地方政府政绩考核的逐渐科学化和均衡化,唯 GDP 的经济政绩考核不再独占鳌头。"放管服"改革是否取得了成效,不仅要看做了什么,更要看企业和群众是否获得了实惠、是否有更多获得感。

"放管服"改革要主动回应社会关切,从企业和群众反映的突出问题入手,让人民群众有实实在在的获得感。要更好地发挥政府作用,全方位打造有效市场和有为政府,促使政府角色从管理者向服务者转变,更好地为企业服务,进而更好地为推动经济社会发展服务。以政务环境、市场环境和社会环境为核心的营商环境是吸引企业进入并长久发展繁荣的关键。因此,政府不能仅仅参与招商引资,而且要通过良好的政务环境、市场环境和社会环境努力为改善营商环境提供优质服务。政府作为优化营商环境的主体,其自身革命是改善营商环境的关键。我国政府应继续深化行政审批制度改革,推进简政放权,大力优化政务服务,创新服务方式、完善服务流程,规范审批性思维,提高办事效率,深入推进审批服务便民化,努力实现让群众办事"只进一扇门""最多跑一次"。深入推进"互联网+政务服务",加快政府信息系统互联互通,坚决打通"信息孤岛",使更多事项在网上办理,打造"阳光"政府,从而建设透明高效的政务环境。

二、经济导向目标是进一步营造市场化、法治化、国际化的营商环境,建设现代化经济体系

转变政府职能的核心是要解决政府应该做什么、不应该做什么,主要任务是完善中国特色政府、市场和社会关系。要始终坚持社会主义市场经济改革方向,使市场在资源配置中起决定性作用,更好发挥政府作用。

(一)营造便利化、法治化、国际化的营商环境

一要营造便利化的营商环境。优化营商环境的最终落脚点,是便利化。习近平总书记在十九大报告对中关于深化机构和行政体制改革再次提出了建设服务型政府的要求,要求建设人民满意的服务型政府。对于政府而言,"管理就是服务""行政就是服务","放管服"改革中,简政放权,放管结合,最终落脚点是落在服务上。因此,优化服务才是行政改革的真正目的和价值所在。而便利化服务更是优质服务的重要考量指标。为此,优化营商环境的重中之重要落在便利化上。打造全球一流营商环境,就是释放制度生产力,实现市场在资源配置中的决定性作用,提升整体生产率。

二要营造法治化的营商环境。法治是最好的营商环境,法治化是营商环境建设的重要方向之一。"放管服"改革逐渐认识到法治的重要性。随着改革向纵深推进,法律法规成为阻碍的情况越来越多,比如,一些地方推行电子证照、电子印章、电子签名、电子档案,由于法规不健全,造成认定使用难、跨地区办理难。尽管各地进行了很多探索和尝试,不同程度地突破了原有政策法规的束缚,取得了积极成效,但还需按照在法治下推进改革、在改革中完善法治的要求,做好"放管服"改革法治保障工作。在处理政府与市场关系和推动政府职能转变上,营商环境法治化的独特功能是为政府

和市场划定法治化的边界;通过规范政府行为,本质上是为政府行为划定边界。李克强总理对法治化营商环境提出要求:"法治化就要营造公开透明、公平公正的法治环境,给市场主体以稳定的预期。要做到规则公开透明,政府所有规则和标准原则上都应该公开,不公开是例外,让市场主体知晓并按照规则和标准去做。要做到监管公平公正,在法律面前各类市场主体一律平等,政府对各类市场主体一视同仁。要依法保护各类所有制企业合法权益,让市场主体放心安心去发展创造。"

三要营造国际化的营商环境。当前,贸易、投资保护主义潮流再次兴起,TTP、TTIP 等排他性区域化机制不断浮现。中国作为世界大国,应主动承担起推进全球化的责任,以更加开放的胸襟与国际接轨,加强自贸区建设,扩大与世界各国的经贸合作。主动对接国际惯例和通行规则,引入国际通用的行业规范和管理标准,加强在国际经贸规则制定方面的主导权,支持企业积极参与制定国际标准,建立与国际接轨的营商规则体系。调整我国法律法规使其与 WTO 规则相符,贸易双方遵守 WTO 规则以减少商业纠纷,同时在逆全球化的背景下充分运用 WTO 规则来维护本国企业利益。目前,中国的营商环境正向国际视野与体制机制创新转变,将加强同国际规则与国际惯例对接,鼓励良性竞争,反对垄断,增强透明度,逐步建立国际化的规划建设体系、与国际接轨的经济运行方式、国际通用的行业规范标准、开放型的新兴产业体系、国际化的政府运作制度、高度开放的人文环境等。

(二)建设现代化经济体系

当前,我国经济已经由高速增长转向高质量发展阶段,必须以供给侧结构性改革为主线,加快转变发展方式、优化经济结构、转换增长动力,着力构建市场机制有效、微观主体有活力、宏观调控有度的经济体制。随着产业体系的发展和经济体制改革的推进,我国对经济现代化的认识逐渐全面,党的十九大正式提出"现代化经济体系"。

为建立现代化的经济体系,必须坚持和完善我国社会主义基本经济制度和分配制度,使市场在资源配置中起决定性作用,更好发挥政府作用。要坚持市场化改革方向,让市场在资源配置中起决定性作用,加快建立健全统一开放、竞争有序的现代市场体系,更大激发市场主体活力和社会创造力。要"顶住经济下行压力、保持经济平稳运行,政府的主要着力点还是要围着市场主体转,以权利公平、机会公平、规则公平保障公平准入,以加强公正监管促进公平竞争,以优化公共服务便利投资兴业,把市场主体的活力激发出来"。党的十九届四中全会进一步明确指出:深入推进简政放权、放管结合、优化服务,深化行政审批制度改革,改善营商环境,激发市场各类主体活力。

激发市场主体活力,需要通过进一步推进"放管服"改革,理顺政府与市场、与社会的关系,该管的事情管好管到位、该放的权放足放到位、该提供的服务提供到位,增强经济发展的内生动力,更好地推动经济发展质量变革。为激发市场主体活力,还要着力清理和废除制约市场在资源配置中发挥决定性作用、妨碍全国统一市场和公平竞争的各种规定及做法,建立并不断完善公平开放透明的市场规则,营造各种所有制主体依法平等使用生产要素、公开公平公正参与竞争,同等受到法律保护的市场环境。

三、社会导向目标是要创新社会治理方式,打造"强政府-强社会"关系模式

在社会主义革命和建设的实践中,由于现实的需要和历史条件的限制,"我们党和国家建立了全能主义的政府管理模式,党和国家的权力渗透到社会的各个方面,国家吞没了社会,压抑了社会的自主活力"。"放管服"改革随着"放管服"改革的推进,政府把所有社会治理的职能都揽于一身的

局面得到很大改观。但总体上说,仍然是一个"大政府-小社会"关系模式。通过"放管服"改革,厘清政府与社会的关系,就是要建立一种既能保证社会独立自主发展,又能充分发挥政府作为社会整体利益代表对社会进行必要干预的"强政府-强社会"关系模式。

(一)创新社会治理方式,提升社会自治理能力

"治理"作为一种合作管理,其核心内涵是:公共服务的提供并不是由行政部门独家垄断进行的,它要求民众更多地参与,要求政府部门与其他社会团体、行业协会、私营企事业单位、社会中介组织,以及公民个人等众多主体之间有更多的合作,从而形成一种多中心、全方位的管理模式,以期更有效地提供社会化的公共服务。许多过去由政府来行使的权力,要逐渐地变成由民众自己来行使。社会是平衡和控制政府与市场之间张力的关键要素。社会实现合理自治是社会可持续治理必不可少的保障。合理的自治意味着社会有足够的能力,即公共生活相对富裕,民间力量在经济、社会、文化等领域有较强的自主性、自立性和自助性。党的十九大明确提出,要"推动社会治理重心向基层下移,发挥社会组织作用,实现政府治理和社会调节、居民自治良性互动"。社会组织在协调各方利益、共享公共资源、促进公平正义等方面可以对政府形成很好的补充和替代作用,这就要求政府从具体的、微观的社会管理环节中抽身出来,将自身管不好也管不了的领域交给社会组织来自我管理。

提升社会治理能力,必须创新社会治理方式。创新社会治理方式,要求党政军群机构改革的统筹联动,适合由社会组织提供的公共服务和解决的事项,由社会组织依法提供和管理,加强引领培育社会组织的发展,同时加强监管,探索提供公共服务和公共产品的"政府-社会"合作模式,从而进一步合理优化"党委领导、政府负责、民主协商、社会协同、公众参与、法治保障、科技支撑"的社会治理体系,以实现政府职能的优化。创新社会治理

方式也要求政府更多地依靠制定明确的规则、采取一定的措施让公众参与社会公共政策的讨论,充分反映自身的意愿和诉求,确保政府决策的科学、民主、公正和激励相容,夯实公正的公共利益基础,使之成为社会发展的润滑剂和催化剂,减少社会摩擦,降低发展成本。在社会治理方面,中国要朝着法治化、智能化、精细化的路子上走。所谓法治化,就是要着力构建法治社会,善于运用法治思维和方式来解决城市社会治理顽疾;智能化,就是要着力推进智能社会建设,善于运用大数据、云计算、互联网等信息技术手段来提高社会治理水平;精细化,就是要在破解街道、社区的"最后一公里"难题方面,善于更精细的制度设计与执行。

(二)加强政府与社会关系的整合,培育社会治理共同体

深化"放管服"改革、转变政府职能的目标之一是通过整体性治理构建政府、市场、社会互相信任、共享协作的三角治理结构,充分发挥政府、企业、群众、社会组织等治理主体的优势。群众可以对改革成效作出反馈,帮助政府改进公共服务质量;公性社会组织可以在公共服务供给方面与政府合作,承接部分公共服务职能;各类中介服务机构可以发挥专业优势,以技术审查、检验检测等方式协助政府开展行政审批等。"放管服"改革促进了社会组织的发展壮大,但是由于历史和现实的多种原因,当前不少行业协会、商会组织行政化色彩明显,长期存在政社不分的情况,弱化了其本质属性,制约了其发展活力。应继续努力推进行业协会商会组织改革,在组织机构、具体职能、人财物等方面与行政机关脱钩。目前,中央政府正在逐步制定有针对性的扶持引导政策,加强分类指导,加强政府与社会力量的有效整合。

四、治理导向目标是推动政府治理体系和治理能力现代化

党的十九大报告明确指出,要转变政府职能,深化简政放权,创新监管

方式,增强政府公信力和执行力,建设人民满意的服务型政府,这是"放管服"改革的总目标。要实现这一总目标,必须以优化政府组织结构、规范行政权力运行、推进行政管理方式现代化、提升地方和基层政府治理能力为抓手推动政府治理体系和治理能力现代化。

(一)进一步优化政府组织结构

优化政府组织结构的总目标是:根据经济社会发展变化和全面履行政府职能的需要,科学划分、合理界定政府各部门职能,进一步理顺行政组织纵向、横向以及部门之间的关系,健全部门之间协调配合机制。合理调整机构设置,优化人员结构,既解决有些部门机构臃肿、人浮于事的问题,又有效解决有些部门因职能加强而出现的编制过少、人员不足的问题。"放管服"改革应当与机构编制、财政制度改革协同推进。"放管服"改革是政府职能的调整转变,而政府职能与机构编制、财政资源配置是紧密相连的。职能的调整转变必然要求机构编制和财政资源配置作出相应的改革调整。目前,在很多地方机构编制和财政制度改革的滞后已对"放管服"改革形成制约,影响改革效果,因此需要对推进机构编制、财政制度改革提出要求。

(二)进一步规范行政权力运行

"放管服"改革对行政权力的运行具有重要影响。如行政审批制度改革一旦推行到位,政府部门的权力结构便会发生分化,决策、执行、监督三种行政权力逐步分开,并相互制约,面向市场的政府审批机制运转便会顺畅高效。比如,民商事登记制度改革一旦推行到位,政府行政力量配置和职能定位将发生反转,与现在大部分人力财力放在市场准入的审批环节相反,未来大部分行政资源将会放在对企业或社会组织进入市场后的生产经营活动的监管上,行政资源配置将更加符合行政管理规律和市场经济规律。再比如,政务服务中心运行体制改革一旦推行到位,政府的功能将实现升级换代,由现在的管理型政府蜕变为服务型政府。政务大厅除了提供正常的政府审批事项,更多的是向民众提供各类公共服务和便民服务,服务第一,而管理被淡化。一切行政权力必须授之以法、施之以法,法治是公权力部门权力设置科学化、执行规范化和标准化的实现路径,是公民权利实现的保障机制。"放管服"改革要于法有据,同时加强对法律法规的"立改废释"工作。权力清单制是实现法治的一种途径,继续完善中央和各地的权责清单,全面推行清单制模式是政府部门权力优化的重要形式。加强事中事后监管要逐步实现行政执法队伍的高素质和专业化,加强基层政府人员工作能力,依法行政、科学执法、严格执法、文明执法,建设法治政府。

(三)进一步推进行政管理方式现代化

党的十九届四中全会《中共中央关于坚持和完善中国特色社会主义制度、推进国家治理体系和治理能力现代化若干重大问题的决定》还提出了一些创新性的行政管理和服务方式、方法和路径,如提出要"建立健全运用互联网、大数据、人工智能等技术手段进行行政管理的制度规则""推进数字政府建设"等。初步建立适应政府治理现代化要求的行政管理方式,更加注重综合治理、系统治理、源头治理、依法治理、绩效治理。要实现十九届四中全会的决策部署,我们要适应现代科技的发展形势,注重运用大数据、云计算等信息技术大力发展电子政务,大力推广"互联网＋政务服务"模式,努力建设智能政府,使行政管理方式更加智能化、便捷化、精准化、人性化。针对企业和群众的痛点、堵点、难点,大力实施"互联网＋政务服务",让信息多跑路、群众少跑腿。"证照分离""不见面审批""一枚公章管审批""最多跑一次""一门式""一网式"政务服务等多样化的改革举措,极大提高了对企业群众的服务水平。

(四)进一步提升地方和基层政府治理能力

在更长远的意义上,作为一个发展中的大国,仅中央政府具备强大的行政能力是不够的,各层级地方政府治理能力和管理技能的普遍提高是推进政府治理体系和治理能力现代化必须实现的目标。"放管服"改革将政府必不可少的审批、核准和备案的项目根据实施的能力和便利行政的角度在不同政府层次间进行合理划分,由上级政府下放到下一级政府。这就要求地方和基层政府具有较强的治理能力。但是,我国基层政府在行政管理能力、社会治理水平、可支配财政资金以及工作人员文化水平和业务素质等方面要远远弱于中央政府和省级政府,因而在改革实践中面临无法有效承接下放事权的困境。事权承接困境造成两方面的消极后果:一方面,上级政府将权力下放,下级政府却没有能力承接,形成地方治理中的"权力真空"和管理混乱局面;另一方面,下级政府承接能力不足为上级政府"部门利益保护"提供了理由,从而导致"权力截留",即上级政府遇到不愿意放手的权力便以下级政府"承接能力不足"为由进行截留,从而阻滞了简政放权的改革进度。在国家治理体系和治理能力现代化建设中,上级政府应主动利用其管理资源和技术优势带动管理能力较弱的地方政府的发展,最终实现各层级政府治理能力的普遍提升。

第三章 "放管服"改革行业例证与地方实践

　　"放管服"改革中的行业例证和地方实践是改革进展和成效的最有说服力的"印证"，从国家能源监管、检验检疫、民间资本投资三个领域，以及深圳市、南京市栖霞区的改革实践看，"放""管""服"三个核心环节均取得了积极进展和显著成效。本章主要阐释了"放管服"改革的行业例证和地方实践。

第一节　能源领域"放管服"改革的实践

一、能源领域"放管服"改革取得的积极进展

从发展实践看，近五年来能源领域中"放管服"改革的重点领域和关键环节取得了一些积极进展，大批行政审批事项已经陆续取消或下放，市场主体得以有效"松绑"，监管整体效能不断提升，服务水平持续优化，改革成效显著，能源行业活力亮点持续涌现，可以归纳为以下四个方面。

（一）深入推进简政放权，真减真放一批货真价实的重点项目

国家能源主管部门按照党中央、国务院"放管服"改革的具体任务和基本要求，积极推进行政审批事项的下放、取消和清理工作，在下放事项数量和质量层面进展显著。从数量上看，大批行政审批项目陆续取消和下放，

完成了国务院要求的 60% 标准。目前已取消行政审批项目 17 项,18 子项;下放 4 项,17 子项;局内仅保留 8 项行政审批事项,清理规范中介服务 2 项,电工进网作业许可证核发项目正在整合之中、油气对外合作项目已由审批改为备案。从含金量来看,下放的 17 个子项目包括固定资产投资项目风电站、火电站中的分布式燃气发电项目等,以及发电类、输电类、供电类电力业务许可证等重点项目。取消的 17 个项目中包括电力、煤炭、油气企业发展建设规划、专项发展建设规划审批、电力市场份额核定等一批关键的项目。总体看来,能源领域"放管服"改革真减真放了一大批含金量高的重点项目,市场竞争活力逐步得到改善。

(二)打出有力监管组合拳,逐步提升监管整体效能

在能源领域"放管服"改革中,能源主管部门打出监管的"组合拳",做足了监管的"加法",监管的整体效能持续提升。一是在监管导向上实施"四个转变":高度重视向更加注重发挥能源战略、规划、政策和标准的引领作用转变,向更加注重发挥市场配置资源的决定性作用转变,向更加注重规划、政策、标准的执行和落实情况的事中事后监管转变,向更加注重改善能源公共服务、提高供给能力和效率转变。进一步提升了监管整体效能。二是高度重视专项监管。积极推行定制化的专项监管模式,一事项一监管,增加监管的针对性、有效性。如:对煤矿建设秩序、火电项目优选、电源投资开发等投资项目审批、简政放权落实情况的专项监管。2013 年以来,能源主管部门组织开展了 23 项专项监管、164 项重点问题监管。监管中发现了"放管服"改革中存在政策落实不到位、监管主体责任不明晰等一些突出问题。三是高效推进"双随机一公开"监管机制。能源主管部门及时制定出台"双随机一公开"实施细则,规范运行机制,动态调整业务流程,公正文明执法,强化监管效能,优化营商环境。截至 2018 年底,国家能源局抽查市场监管执法事项占总数的比例为 85.71%,对其他检查事项的抽

查也超过半数,有效提升了发现问题、解决问题的治理能力。

(三)增加和规范公共服务供给,全面提升政府服务效率

坚持以人民为中心的发展思想,不断增加公共服务和公共产品的供给,加快向服务型政府转型。一是积极搭建政府服务平台。各级职能部门高度重视公共服务供给方式创新、优化服务流程、拓宽服务渠道。如:创建"一网一微一系统"和 12398 能源监管热线,实现了能源主管部门与基层百姓需求信息的适时对接,既开辟了能源监管的新途径,也搭建服务民生的新平台。二是全面清理和规范服务。能源主管部门全面清理不合理证明,简化办事手续、减轻企业负担;在规范中介服务方面,没有以任何形式制定、审批中介服务机构,中介服务的收费均实行市场自由定价。2015 年以来,能源部门派出机构和直属事业单位共取消 11 项不合理证明,切实降低了市场主体的运营成本。三是推进"保留项目"标准化服务和规范审批行为。主管部门注重从行政许可事项管理、流程管理、许可服务、场所建设与管理、监督检查评价等五个方面推行标准化服务,规范行政审批行为,全面实行"一个窗口"受理和办理时限承诺制等。如:近期出台了压缩用电报装时间实施方案,旨在精简申请材料、简化业务流程、压缩报装时间,明确规定居民、其他低压、高压单电源、高压双电源等四类用户压缩比例分别为68.18%、37.93%、35.59%、36.90%,均超出三分之一的要求,办理时间压缩到 11 天至 31 天不等。由此看来,搭建平台、规范审批、标准化服务等有力举措着实提升了企业和人民的"获得感"。

(四)建立健全权责清单制度,规范监管权力运行流程

积极制定政府权责清单,以清单方式进行清权、确权、放权,规范政府权力,以依法行政,减少管理层次,优化权力运行,提高行政效能。有效的权责清单管理体现以下三个方面:一是按照"权力与责任同步下放,调控和

监管同步强化"的要求,初步建立了"放管服"改革"两张清单(行政审批事项目录清单、派出机构权力和责任清单)和两个平台(行政审批在线办事平台、12398能源监管热线平台)"。两项清单为规范能源监管权力和责任,控制"任性"的审批权力发挥了有效的约束作用。二是积极编制国家能源局权责清单。目前,国家能源局已编制完成了包括10类63项具体权责事项的《国家能源局权责清单》,正按照国务院的要求审核出台。由此可见,完善权责清单制度建设,按单办事,权责明晰,把不该有的权力拦在清单之外,应担的责任与权力对等起来,权责清单为巩固"放管服"改革成效提供了有效制度保障。三是建立权力清单和运行流程动态调整机制。每年定期梳理政府权力,尤其为适应法律法规的调整和经济社会发展的需要,及时调整行政权力事项、优化权力运行流程,全面实行清单制度的动态管理。尤其是通过清单管理,不仅进一步打造权力瘦身的"紧身衣",而且加大力度补上加强监管和优化服务的突出"短板"。

二、能源领域"放管服"改革面临的主要问题

站在党的十九大开启中国发展新篇章的历史起点,面临全球能源发展的新形势、新要求、新任务,我们既要正确看待能源改革取得的积极成效,又要全面认识当前"放管服"改革中存在的主要问题和矛盾。

(一)政府有效宏观调控不足,能源供需结构性矛盾依然突出

当前,从中国能源行业发展和治理的大局来看,能源领域供给侧结构性矛盾依然比较突出,尤其是能源监管审批制度供给侧改革比较滞后。一是能源供给结构不合理,转型调整压力较大。当前,煤矿、火电等产能过剩或存在过剩产能风险的投资领域,供给侧结构性改革没有取得实质性进展;部分地区新增产能没有得到有效遏制,依然存在未按规划核准项目、未

核先建、核建不一、倒卖风电光伏发电指标等违法违规行为。地方投资核准项目进度缺乏有效调控,导致区域性电力供需矛盾日益突出。二是能源领域"弃风""弃光"率高攀不下。当前,尽管国家大力优化产业政策、调整能源结构、鼓励新能源替代,但是,新能源领域大量弃风、弃水、弃光现象持续恶化。国家能源局发布的《2019 年风电并网运行情况》显示:2019 年,弃风率超过 5% 的地区是新疆(弃风率 14.0%、弃风电量 66.1 亿千瓦·时),甘肃(弃风率 7.6%、弃风电量 18.8 亿千瓦·时),内蒙古(弃风率 7.1%、弃风电量 51.2 亿千瓦·时)。三省(区、市)弃风电量合计 136 亿千瓦·时,占全国弃风电量的 81%。全年新能源发电容量与新增外送能力不匹配,自身消纳能力增长缓慢,跨省消纳难度较大,导致供需失衡矛盾日益突出。

(二)能源投资项目核准方式创新不足,项目配置的不公平和低效率并存

企业投资项目核准和备案管理是能源行业"放管服"改革的重点领域,是加快转变政府投资管理职能、激发企业投资活力的关键环节。当前,能源行业投融资体制机制"放管服"改革中还存在不科学、不到位、效率低等一系列薄弱环节。一方面,能源投资项目核准方式僵化、核准流程不科学,缺乏动态灵活的调整性。能源项目业主确定方式创新不够,带来前期巨大浪费的同时,也导致能源项目配置的低效率。诸如煤电项目投资规模比较大,前期准备工作周期长,存在规划论证不足不充分的现象,核准的不确定性和核准方式创新不足,可能造成业主前期投资变成沉没成本难以回收,直接导致项目配置资源的低效率,给国家和企业造成巨大的浪费。另一方面,社会资本参与能源投资的动力和活力严重不足。社会资本的投资积极性不高,能源投资项目核准时存在一些"所有权歧视""区域性歧视"现象。尽管完善了市场负面清单制度,但是民营企业在能源项目市场准入层面依

然存在一些"旋转门""玻璃门"和"弹簧门"等现象。据调研获知,电力施工民营企业在"承装修"工程招投标中存在不公正、不公平待遇,区域性歧视和所有权歧视现象严重,进而导致国有能源企业一股独大,投资主体较为单一,缺乏市场必要的竞争性,引致能源项目配置的低效率。

(三)部分行政审批权"明放实不放",市场主体"获得感"不强

当前,能源领域中的"放管服"改革是深度触动职能部门之间权力和利益的变革,是去政府的权、割部门的肉,难免有"恋权复归"之嫌。一方面,有些下放的权力不配套、不衔接、不到位,变相审批和隐性审批没有彻底根除,市场主体的制度性交易成本依然居高不下。在部分试点示范项目中,有些职能部门和个人存在以国家发展规划、政策调整、规则标准等为由,对权力"精耕细作",明放实收,故意设置人为障碍,继续提升企业或个人的项目公关成本。另一方面,一些部门偏重放权数量,忽视放权质量。在取消和下放审批项目上,少数职能部门从数量上削减考虑得多,所下放权限则较多集中在比较边缘化或业务量极少的专业领域。对事关本部门直接利益的审批事项,采取直接保留,或者变向间接保留,放权质量上避重就轻。截至目前,尽管能源监管部门取消和下放的行政审批事项已超过60%,在数量上已经达到国务院的要求,但放权质量的基层"满意感"依然不强。实践中一些审批"明放暗不放",隐晦实施"备案",看起来是备案,实际上还是审批,使得备案的初衷效果大打折扣,未真正缩短企业到政府相关部门的办事时间,降低制度性交易成本。

(四)地方承接能力较弱,后续监管对接机制不畅

习近平总书记强调,既要放也要接,"自由落体"不行,该管的事没人管了不行。在"放管服"改革和政府职能转变过程中,能源领域地方承接能力和后续监管对接机制存在一些突出问题。一方面,地方政府承接能力和经

验严重不足。"放管服"改革实践中部分审批权下放后的配套制度、人力、财力等措施没能及时到位,上级主管部门培训和指导不力,导致地方承接能力和经验不足。如火电优选项目下放后,部分地方政府没有制定优选办法,没有按优选规则优选项目。有的地方政府优选项目不公开、不透明,致使 2014 年出现河南、安徽省群众投诉优选排序不公,湖南平江、广东河源群众质疑布局有问题等现象。另一方面,后续事中事后监管滞后缺位,缺乏有效的衔接机制。取消和下放行政审批事项后,监管的权力和责任清单重新整合不及时,导致监管主体不清晰,对接机制不通畅。主管部门各业务司、监管司与派出机构、省级能源机构部门之间上下联动、横向协同、相互配合的监管联动机制尚未形成。如火电项目核准权下放后,同时精简核准前置条件,造成火电项目激增,2015 年全年核准 1.65 亿千瓦,是往年的三倍多。

(五)后续有效监管保障不足,法律法规修订建设工作滞后

随着能源行业"放管服"改革持续纵深推进,相关的法律法规建设修订滞后问题比较突出,导致后续监管保障工作遇到层层阻力。一方面,简政放权文件与诸多法律法规存在冲突。能源局取消和下放的行政审批事项中,大部分是通过国务院或国务院办公厅发文取消下放的。但与之配套的法律法规制定存在一定滞后性,导致很多法律法规与简政放权文件精神存在冲突难以有效解决。如《国务院关于扩大对外开放 积极利用外资若干措施的通知》(国发〔2017〕5 号)于 2017 年 1 月印发,已将石油、天然气领域对外合作项目由审批制改为备案制,但这两项审批事项的依据《对外合作开采陆上石油资源条例》《对外合作开采海洋石油资源条例》至今尚未修改。另一方面,煤炭油气和新能源监管至今无法可依。简政放权后续监管工作涉及能源行业多个领域,很多行业监管工作缺少必要的法律法规依据。目前各派出机构在煤炭油气等领域开展后续监管工作时,很多是沿用

电力监管的法律法规,煤电油气和新能源等领域缺乏必要的行业层面的专向法律依据,导致处罚力度不够,监管的有效性、权威性和公信力大打折扣。

第二节 检验检疫领域"放管服"改革的实践

为全面贯彻党的十九大报告中关于高质量发展、优化营商环境、助推贸易便利化、形成全面开放新格局的重要精神,深入落实党中央、国务院"放管服"改革的战略决策部署,国家检验检疫系统坚决贯彻执行简化通关流程、提高口岸工作效率、优化营商环境、改善贸易便利化条件的政策方针,全面深化质检服务供给侧结构性改革,始终把提高检验检疫工作效率、压缩通关时长作为一项重要而紧迫的政治任务来抓。2017 年 11 月 1 日以来,质检总局制定的《出入境检验检疫流程管理规定》等一系列简化程序、提高效率的流程管理新规定正式实施(简称"新政")。事实上,"新政"是把"放管服"改革推向纵深的一套"组合拳",标志着检验检疫工作改革发展进入了新时代。面对新形势、新任务,为确保检验检疫领域"放管服"改革方案和举措落实到位,公正、客观评价"新政"改革成效,全力以赴打赢"压缩通关时长、提高工作效率"这场硬仗。本节通过对全国大数据分析、六地市(涵盖陆海空港)实地调查研究、企业调查问卷三种途径较为客观地评价了当前"放管服"改革取得的积极进展和阶段性成效,对改革面临的问题和矛盾做了系统全面分析,并对下一阶段"放管服"改革的重点和举措提出了建设性意见。

一、检验检疫工作"放管服"改革取得的积极进展和成效

全国检验检疫系统在实际工作中,积极践行习近平总书记关于全面深化改革的重要讲话精神,注重系统性、整体性、协同性是全面深化改革的内在要求,在实施过程中相互促进,在改革成效上相得益彰,朝着全面深化改革的总目标聚焦发力。

(一)推进多元化检务改革,质量治理能力显著提升

一是加快体制机制创新,着力简流程压时长。质检总局各部门扎实推进行政体制改革、检验检疫一体化改革、检验检测认证机构整合改革等关键性改革,对部分监管制度进行了调整、优化和延展。特别是在简化流程、压缩通关时间、提高原产地签证便利化方面,进行了有益探索和创新。如进一步缩减法检目录,在现有目录基础上再次将 162 个 HS 编码调出目录,一般工业制成品的出口商品检验全部取消。

二是国际贸易"单一窗口"和通关一体化建设初见成效。质监系统全面推进国际贸易"一站式"单一窗口建设,将大通关流程由"串联"改为"并联",实现了信息共享和执法互助,依托这种集成聚合效应给"政检企"带来"多赢"的便利。同时,加强与口岸相关部门深度合作,实施一体化建设,重点推进信息互换、监管互认、执法互助的"三互"工作,极大促进了贸易便利化。广州海关着力在所属天河海关打造"互联网+政务服务"样板间,推动政务服务线上线下融合,首创"一窗通受""电子证照""自助终端"等多项改革举措,率先实现 12 项行政审批"一个窗口"全覆盖,136 项政务服务事项全口径受理。2020 年 1—4 月天河海关办理政务服务事项 26313 件,其中网办事项占 99%,评价满意率 100%,新增进出口企业注册 1045 家,同比

增长 8.4%。①

三是统一建设无纸化报检系统,无纸化报检企业覆盖率高达 90% 以上。检验检疫机构依据企业信用状况和货物风险等级,直接对企业申报的电子数据进行无纸审核的报检,此报检模式的"省力、省钱、省时"特征具有传统报检模式不可比拟的优势。调研获知,目前对涉及 117 大类进出口商品、超过 400 种单证的无纸化实现方式和现场查验要求进行梳理,无纸化报检企业覆盖率高达 90% 以上。如山东全省出境无纸化报检覆盖率近 100%,年均为企业节约纸张耗材成本 900 多万元,节约交通成本 4500 多万元。

(二)深入推进"审单放行"新政,全面提升检验检疫效率

一是提高认识,全面落实"审单放行"新政。全系统以习近平新时代中国特色社会主义思想为引领,按照党中央、国务院全面推进优化营商环境、提高贸易便利化水平等相关工作的基本要求,统一思想、凝心聚力,全面落实流程管理新规定和"审单放行"规范。在改革中转变监管理念、创新工作方式,努力提高服务质量、压缩通关时长。大数据分析结果显示:新政后审单放行比例提高到 80%,各口岸通关效率显著提高。

二是积极推进"审单直放",降低抽检比例。检验检疫系统在有效平衡质量安全和通关效率的大前提下,科学简化检验检疫流程,建立抽批与检验检疫相结合的审单放行工作机制,对于抽批未抽中的货物凭企业合格保证实施审单放行,大幅度降低了抽检比例。调研获知,新政后进口酒类现场检验比例由 100% 调整到 3%,进口粮谷及制品类、乳制品类、肉类现场检验检疫比例从 100% 调整到 30%,进口机电设备、纺织服装等从 100% 调整到 5% 等。

---

① 数据来自海关总署官网。

三是压缩通关时长,降低通关成本。全面推进检验检疫流程管理改革的重点是压缩通关时长,发力点在重点产品、核心环节、关键领域。实际工作中大幅度审单放行驱动货物查验比例大幅下降,通关时间明显缩短,极大降低了通关的制度性交易成本。数据显示,新政后全国平均通关时长由平均7~8日缩短至1个工作日;上海实施审单放行的快件货物通关时间由原来4.17天骤降至4秒钟,入境快件货物检验检疫工作已迈入"秒"放时代。

(三)积极挖潜监管效能,推进监管重心下沉后移

一是坚持问题导向,深挖监管效能,积极推进监管重心后移。坚持问题导向改革,深挖监管效能,是符合当前"大通关、大服务"的发展趋势。改革是由"问题"倒逼出来的,问题意识是改革方法论的逻辑起点。质检总局始终坚持问题导向,不断强化事中事后监管,推进监管重心后移。根据产品安全风险以及市场反馈情况,结合企业信用等级、不合格率、监督管理配合程度,以及主体责任落实等情况,动态调整抽查比例。综合运用降低信用等级、追溯调查、缺陷召回、严加监管、退运销毁等手段,加强事中事后监管。调研发现,目前进出口商品质量安全风险预警和快速反应监管体系的建构已取得阶段性成效。

二是实施双轮驱动,抓好风险管理和诚信管理。检验检疫系统充分运用风险管理、诚信管理的理念和方法,实施与企业信用管理相结合的"审单放行"模式,扩大第三方检验机构采信商品范围,完善"产品风险+信用等级"管理体系,激励企业全面落实产品安全主体责任,严格惩罚出现不良记录的企业。

三是签订承诺书,夯实企业质量安全主体责任。质检总局要求企业不断完善进出口商品的质量安全控制体系,建立健全相关商品质量验收、检验检测、安全认证、缺陷召回和售后服务等责任的制度体系;健全质量安全

追溯体系,保证进口商品质量安全可追溯;要求资源向符合资质要求的第三方保险机构购买"质量安全保险",推动建立保险追偿机制;依法承担质量安全侵权赔偿责任,积极配合检验检疫部门实施的进口商品安全风险监测和安全风险评估,进一步夯实了企业质量安全主体责任。

(四)健全内部管理机制,业务风险有效防控

一是创新内部管理机制,提升流程管控能力。质检总局重视内部管理体制机制改革创新,以及业务模式改革的顶层设计,逐步建立健全流程管理制度体系。密集出台数十份直接对审单放行、压缩时长进行细化或指导性的规范性文件,有效督促一线人员科学合理安排工作、全面掌握货物流程节点信息、查找各个环节压缩时长的短板。如北京市围绕总体流程时长压缩三分之一的工作目标,聚焦重点环节、提出无效环节、减少流转环节、优化缺陷环节,从六个方面提出了 27 条流程时长管控措施。

二是建立集中统一的审单布控机制,提升审单工作质量。质检总局科学设计审单放行布控制度,加强审单布控工作的统一管理,统一规范各类商品所审核的文件清单、审单内容、标准等要素。建立和完善审单布控工作体系,做好对内对外的业务培训,提升审单放行的工作质量。同时,加快推进审单布控中心建设,按商品大类设立若干个全国性审单布控中心,统一对全系统同类产品进行审单和风险布控,推动全国统一执法尺度和标准,进一步压缩自由裁量权。

三是完善质量风险预警机制,有效防控业务风险。积极探索企业通关便利度与质量安全主体责任、社会信用紧密关联的监管机制建设。在实施货物风险和企业信用分类管理的基础上,科学运用合格评定程序进行合格检验检疫评定,通过对检验检疫业务的全流程有效监控,业务风险得以有效防控。党的十八大以来的五年,中国出口食品境外通报率不到 0.1%,

汽车制造、专用设备、仪器仪表等质量合格率达 95％以上,欧美对中国出口商品通报召回数量较五年前下降 22.7％。

(五)不断提升通关服务质量,为开放型经济发展传递新动能

一是深度服务国家"一带一路"倡议实施。检验检疫系统以"一带一路"倡议发展为契机,全面加强质检制度实施,挖掘新兴市场需求,促进国际产能和装备制造合作,促进政策、规则、标准三位一体的联通,为互联互通提供机制保障。国际合作,服务外交外贸工作扎实推进。加强与"一带一路"沿线国家质量技术基础互联互通互认,深化原产地证签证清单管理。

二是深化外贸供给侧改革,改善国际营商环境。检验检疫机构着力发挥"地方优势产业技贸措施研讨会"和"信息通讯产业技贸公共服务平台"作用,推进技贸研究中心建设,加强国外技术性贸易措施的研究、应对和应用,扩大技贸工作成果输出。注重夯实标准、认证认可、检验检测等质量技术基础,推动检验检疫技术资源向社会开放共享。截至 2018 年底,质检总局已签署质检国际合作文件 509 份,涉及 92 个国家、地区和国际组织,国际互认校准测量能力排名从世界第 7 位跃升到第 4 位。

三是服务质量持续提升,促进外贸回稳向好。全系统坚持把好国门与提升效率并举,协同推进审单放行模式,全面降低查验比例,提供"一企一策"个性化和报检服务"绿色通道",持续有力促进外贸稳中向好的发展态势,为外向型经济发展传递了新动能。2019 年,我国外贸进出口总值31.54 万亿元人民币,同比增长 3.4％,全年进出口、出口、进口均创历史新高。值得关注的是,2019 年民营企业首次超过外商投资企业,成为我国第一大外贸主体。2019 年,民营企业进出口 13.48 万亿元,增长 11.4％,占我国外贸总值的 42.7％,比 2018 年提升 3.1 个百分点。

二、检验检疫工作"放管服"改革面临的主要问题

(一)制度性成本依然偏高,"放管服"改革仍有一定空间

一是对标国际,通关体制机制还需进一步优化。研究发现,目前检验检疫系统制度性成本依然居高不下,问题治理导向不够明晰,对重点业务、重点流程、重点商品和重点机构定位监管不够精准,降成本、提效率意识不强。2017 年 7 月习近平总书记强调,要改善贸易自由化便利化条件,切实解决进口环节制度性成本高、检验检疫和通关流程繁琐、企业投诉无门等突出问题。从国际比较来看,2019 年中国营商环境的国排名又进一步跃居全球第 31 位,大幅提升了 15 位。但是,我国出入境货物流程时长在全球排名还比较靠后。由此可见,确实还需进一步创新通关体制机制来降低制度性成本。

二是"三简三降"缺乏量化指标、时间表、路线图。通过六地市实地调研发现:部分直属局的"三简三降"改革没有设立必要的量化指标、时间表和路线图,未明确规定到什么时间内"简、降"到什么程度,并缺乏必要的考核机制和激励约束机制,缺乏必要的量化指标和路线图,很难把握妥善处置地方政府和进出口企业最急最盼的关键问题。从运营实践看,无论是企业办事流程和货物通关时长上的"减法",还是市场活力的"加法"仍存在一定的改进空间。

三是检验检疫相关事项清理规范的任务还相当艰巨。调研获知:目前检验检疫工作对"备案"与"许可"界限区分不够明确,有些备案虽然明确不属于行政许可,但从获得备案的条件、实施备案的程序依然看出具有审批的性质和迹象。如进口食品出口产品备案、进口涂料备案、动植物隔离场所指定等,备案条件严苛,备案审查时间较长。除此之外,还存在一部分审

批事项设定依据不充分、不必要。由此看来,事项清理规范的任务还很艰巨。

(二)后续体制机制建设滞后,法律制度保障不力

一是后续法律制度建设保障能力不足。从六个直属质检局调研发现,各分局对新政后配套的体制机制建设普遍滞后,立法、联动机制、对接机制不及时不健全。具体来说,总局下发的审单放行文件与上位法有冲突,存在业务工作风险,标准化建设迟缓,相关政策落实有待进一步细化。审单布控机制还不健全,开箱查验率、样品代表性、抽样送检率等制度设计还不够科学合理。如主干系统 e-CIQ 的设计,缺乏对地域差异、业务特点、商品结构、口岸数量等多方面因素的全面综合考虑。整体看来,随着依法治国和全面改革的深入推进,需要推动法制制度的健全和完善,建立健全较完备的法律法规体系,提高法律供给的充分性和有效性,提高立法的质量和有效性是不可或缺的。

二是"新政"改革释放的资源重新整合机制缺失。调研发现:自 2017 年 11 月 1 日总局的检验检疫流程管理新规定正式实施以来,更多由审批取消、审单放行、现场查验与实验室检验等诸多环节释放出的人力、物力、技术平台等资源,没有及时整合,未转移到市场第一线和监管一线,或者去充实集中审单放行的核心环节。同时,集中审单布控中心建设滞后,审单专业人员和管理人员素质提升不够,改革观念转变迟缓,迅速适应能力不足。

三是"新政"后商检海关合作机制缺乏顶层设计。调研获知:新政后商检与海关缺乏协同监管的制度顶层设计,导致两者信息共享、设施互联互通等通关一体化建设滞后。具体来说,海关更偏重查验环节数据,检验检疫重视查验、实验室检测、隔离检疫等环节数据。两者的数据统计口径、关注点、方法不一,甚至有些地方需要重复录入信息、递交材料,工作的流

程繁琐和冗余环节延长了通关时间,形成了信息共享、协同监管、时长压缩的主要障碍,使检验检疫工作效率大打折扣。

(三)基础设施和公共服务供给不足,掣肘于新政红利释放

一是与改革新政实施配套的基础设施薄弱。大数据分析发现:不同口岸的作业方式、场地条件、货物结构及信息化设施对通关效率有较大影响。如部分陆港实施审单放行后,通关效率提升不明显,主要受制于货物载具、作业条件、作业场所(铁路场地规模)、人员配备等基础设施供给不足。再如有的陆港存在着"小码头、大港口"的弊端,物流节点多、货物堆存能力弱、有效作业空间狭小,导致大量进口货物到港后被迫转移至港区后方的分散堆场存放,以等待口岸完成查验工作,大大增加了现场作业的物流成本和时间成本。

二是技术检验检测保障服务供给不足。近五年来,尽管全国口岸技术检验检测服务能力有所提高,但与近期进出口贸易量成倍增长相比,技术服务缺口较大,公共技术服务供给与需求的矛盾依然比较突出。调研发现:部分支局实验室能力建设依然较为落后,不少进出口货物需要异地送检,自然延长了检测周期。除此之外,部分公共技术服务平台忙于承接营利性社会委托业务,不能有效保障法检检务的正常开展,导致部分中小企业面临的"送检难、送检贵、周期长"等问题依然没有缓解。

三是压缩时长的评价体系、方法有待进一步完善。调研发现:全国检验检疫系统绩效考核多集中于竞争性指标,过多重视横向比较,忽视单一分局的纵向比较。具体来说,就是对加强流程时限管理、缩减放行时长等问题缺乏专题和系统研究,对不同类型口岸、不同货物规模和结构、不同作业方式等差异化分析不够。数据显示:2017 年 6 月流程时长最短的 6 个直属局平均为 2.7 天,最长的 6 个局平均为 17.2 天,两者相差 5.4 倍,甚至还存在部分直属局的少数商品入境时长不降反升的现象。

(四)信息化管理水平不高,e-CIQ系统功能还需进一步完善

一是主干e-CIQ系统的功能还不够完善。目前质检总局与各口岸都开始统一使用总局的主干系统e-CIQ。但是主干系统e-CIQ相关环节还需要手工信息录入登记,主观因素可能导致主干系统与作业环节存在不一致情况,系统的各环节流程时长的统计口径和方法与具体口岸还存在一定差异性。在运营实践中各类信息化作业系统的集成、无缝管理、智能管理水平还有待进一步提升。

二是信息化管理水平还需进一步提高。调研发现,目前检验检疫信息化建设水平尚不能满足全部行政审批事项网上办理业务的需求,如电子单证、电子证书还未实现业务全覆盖,数据库信息与大数据技术也尚未实现与其他部门互联互通和适时共享。此外,还存在报检信息管理系统运营不稳定,系统管理和升级滞后,部分环节存在技术监管"空白地带"等,严重掣肘于检验检疫效率的提升和新政改革的深入推进。

(五)流程管理规范性较弱,管控能力还需进一步优化

一是流程管理规范化、透明化程度不高。调研发现:检验检疫流程管理缺乏规范化、公开化、透明化的工作理念,在推行管理公开、服务公开、过程公开、结果公开、重点领域信息公开还存在较大空间。在具体实施环节,规范化、透明化开箱查验率和抽样送检率设置还不够科学、标准不统一、存在一定的个人自由裁量空间,未能全面实施简化工作流程从"串联"向"并联"转变,推进更快的"检"。通关效率未及时引入第三方评估机制,测算结果缺乏客观性和公正性。二是内部管理协调能力有待进一步提升。调研发现:部分直属分局内部各职能部门衔接不够,流程管理上还存在着重叠、断层、衔接不顺等一系列问题;有的是系统内协作不够,特别是对跨区域通关,主辅施检部门的查验结果和信息传递不够及时,公共服务平台效率不

高;有的是与口岸部门配合不够,信息整合共享度不高,数据交换机制不畅,基础设施互联互通水平较低。此外,检验检疫系统内部管理水平参差不齐,部分分局、直属局绩效考核方式效率偏低,激励机制建设滞后,进一步强化管理、优化通关流程的路径和方法缺失。

第三节　民间投资领域"放管服"改革的实践

2018 年,受国务院办公厅的委托,我们参加了民间资本投资领域"放管服"改革政策落实情况的第三方评估,围绕进一步放开市场准入、政府和社会资本合作(PPP)和"民间投资 26 条"等政策措施落实情况,分赴吉林、广东、青海、江西、浙江等 5 个省,召开政府部门、民营企业、金融部门等参加的座谈会 40 余场,走访及座谈企业 300 多家,并对 31 个省份的企业进行了问卷调查,回收问卷 2167 份。经过评估组认真调研分析,形成了如下评估意见。

一、民间资本投资领域"放管服"改革实践的进展评价

党中央、国务院高度重视民间投资和民营经济发展。近年来出台了一系列大力促进民间投资、激发民营经济活力的政策措施。2016 年以来,各地在贯彻落实促进"民间投资 26 条"等方面做了大量有针对性的工作,成效明显。

一是"放管服"改革不断深化,营商环境逐步改善。各地行政审批事项大幅减少,审批程序不断优化,行政效率不断提高,针对民间投资的显性或隐性障碍不断减少。浙江省在企业投资项目开工前审批事项办理上,推进"最多跑一次"改革,大幅提高办事效率。江西省推行审批"容缺受理",对

审批次要材料不全的,先行受理并实质性审批,允许办事人在领证时补交,大大缩短行政审批周期。广东省积极推进全省市场准入负面清单改革试点工作,先后出台了33项配套政策,支持民营资本进入法律法规未明确禁止的行业和领域。吉林省成立了软环境建设办公室,实地明察暗访与大数据、网络平台监测相结合,对民间投资环境进行多元监督。

二是减税降费力度不断加大,民企负担有所下降。地方通过完善财税政策,清理行政事业涉企收费,不断降低企业运营成本,民营企业真正得到了实惠。广东省全面推开营改增,截至2018年4月底,实现给企业减税1000多亿元。吉林省组织开展全省涉企收费检查,重点检查各类"红顶中介"及行业协会依托行政权力、垄断地位乱收费等九大问题,切实减轻企业负担。青海省采取"租让结合、先租后让、长期租赁"的方式供应土地,有效降低民营企业用地成本。江西省赣州市按照"能减则减、能降则降、能低则低"的原则,制定出台了90条降成本措施,2018年1—6月为企业减负61.21亿元。

三是PPP项目加快推进,民企参与意愿不断增强。地方不断创新、规范合作模式,民企参与度稳步提升。青海省专门成立PPP工作协调领导小组,制定相关配套措施,完善价格、税费等优惠政策,有效提高了民企参与的积极性。广东省13个市制定了PPP实施意见、方案等区域指导性文件,全省纳入国家发展改革委PPP项目库的30个落地项目中,民间资本参与的项目有17个。浙江省总投资超千亿元的杭绍台铁路、杭温高铁项目,完全由民间资本控股,成为国家铁路PPP示范项目。江西省在养老服务、环境卫生、医疗机构等方面启动了一批PPP项目。

四是金融服务不断改善,民企融资渠道逐渐拓宽。各地不断创新融资担保、银企对接、基金引导等方式,一定程度上缓解了融资难、融资贵问题。吉林省创新实施"政银投保模式"帮助中小企业贷款,有效发挥了政府和担保公司的协调作用。广东省通过设立中小微企业发展基金、组建中小企业担保机构,建立省市县三级中小微企业信贷风险补偿资金,帮助企业解决融资难题。浙江省分别成立了500亿元的"浙民投"和1000亿元的中国实业投资基金,支持民间投资。江西省开展政银企对接活动,帮助企业融资1834亿元。推广"诚商信贷通",使个体工商户的商誉转化为创业资本。

从评估情况看,各地认真落实党中央、国务院促进民间投资的政策措施,民营企业家总体上是满意的,座谈中有不少民营企业家感谢中央的好政策,投资信心、意愿和市场预期均有所增强。2018年1—7月,全国民间固定投资20.5万亿元,同比名义增长6.9%,比去年同期提高4.8个百分点,总体保持企稳回升态势,扭转了去年以来增幅快速下滑的局面。从调查问卷看,大多数企业对于当前政府在民间投资领域的扶持政策、服务和管理持积极态度,对当前营商环境满意度达97.2%,对鼓励民间投资的相关政策措施满意度达92.8%。同时,有超过80%的调查企业认为政府对各类投资主体进入社会服务领域能够一视同仁,有87.7%的调查企业认为当前民企合法权益保护情况较之前有较大改善,民企投资信心不断增强。

二、民间资本投资领域"放管服"改革领域存在的问题

近年来,民间投资偏慢,后续增长基础仍不牢固,原因是多方面的。这不仅与民营企业获得好项目的机会不多有关,也与一些民营企业创新能力弱,对"三新"适应不够有关,还与政策落实不到位,民企投资整体环境仍需改善有关。促进民间投资平稳快速发展,需多管齐下,综合施策。近年来,中央出台的促进民间投资的政策措施越来越多,地方也在积极贯彻落实,但仍然存在不少问题,制约民间投资的障碍还较多。市场准入方面,显性障碍明显减少,隐性障碍依然较多;营商环境方面,法制意识不强,服务意识不够,诚信意识不足;企业负担方面,要素成本持续攀升,制度性成本居

高难下,交易性成本名减实存。上述问题,可以简单概括为"两难""三高"和"四忧"。

(一)"两难"抬高了民间投资的门槛,压缩了民间投资的领域

一是进入难,"玻璃门""弹簧门""旋转门"还普遍存在。民企进入电力、军工等领域要求业绩报告、资质许可,民资办学、办医要求职称人数,医疗招标存在歧视,甚至石油、天然气新增加油站的经营权优先给中石油、中石化。

二是运行难,突出表现在投资经营难、资金获得难和人才支撑难。项目建设需要土地、环保、规划、安监、人防、消防等多个部门审批,企业经营需要各种许可、认证、评估、评价、检验、检测等。民营企业仍然难以翻越融资高山,直接融资没门、间接融资贵、责任无限大,"钱难借、不敢贷"。民营企业缺乏人才支撑,尽管国家鼓励公立学校和医院的教师、医生去民营机构,但是社保水平、课题申请、职称评定等事项对民办机构仍有限制,影响了人才的流动。

(二)"三高"增加了民间投资成本,降低了民间投资意愿

一是要素成本高。土地成本快速上涨,房价随地价"起舞",不断推高生产成本。人工成本持续上涨,企业招工难、用工贵。据测算,国内制造业人工成本分别是泰国、菲律宾、印尼的1.5、2.5、3.5倍。用能成本偏高,2016年我国工商业电价高出OECD国家平均水平10%以上,是美国的2倍。资金成本居高不下,企业贷款利率多有上浮,加上担保费、评估费、登记费、审计费,还有个别银行的"财务顾问费",承兑汇票或信用证、以存引贷、强制搭售金融产品等,中小企业综合融资成本超过9%,是基准利率的2倍多。中小企业贷款到期时往往需要过桥倒贷,"不'搭桥'等死,'搭桥'找死",山东"辱母"案折射的只是冰山一角。

二是企业税费成本高。企业承担税负比重大,尽管我国宏观税负不高,但我国宏观总税负的 90% 左右由企业缴纳,远高于日本(65%)、美国(35%);企业各种税负占商业利润比重达 68%,在全球 190 多个经济体中排第 12 位。制度性交易成本依然较高,与投资审批、生产经营等相联系的各种评估、评价、检验、检疫、检测等费用,名目繁多,收费过高。

三是流通成本高。2016 年,全国物流总费用为 11.1 万亿元,占 GDP 的 15% 左右,明显高于发达国家平均 8%～9% 的水平。此外,在运输过程中,执法不规范、不透明、随意性强,罚款名目多。

(三)"四忧"影响了民间投资的信心和预期,制约了民间投资政策的实施效果

一是对财产权利和人身安全之忧。一些地方利用公权力侵害私有产权、违法查封扣押冻结民营企业财产的现象时有发生,部分民营企业家转移财产、移民海外。

二是对政策"最后一公里"落实不到位之忧,促进民间投资政策有些落实情况不尽如人意。有的是政策本身过于原则,操作性不够强;有的是地方政府对政策宣传、解释、服务不到位;有的是地方政府贯彻落实中央政府优惠政策时缺乏实施细则和操作办法;有的申办手续繁琐、门槛高、中介服务收费高。

三是对民企地位不平等之忧。不少民营企业反映政策待遇不能一视同仁。比如,公立医院享受 5000 元每床的补贴,民营医院如果登记为企业法人,不仅无法享受床位补贴,还要缴纳 25% 的所得税。公办学校有生均经费,小学 4500 元、初中 5600 元,民办学校则难以享受补贴。

四是对"新官不理旧账"和官员不作为之忧。有企业家反映,现在官员换得快,存在"新官不理旧账"情况。问卷调查数据也显示,遇到过这种情况的调查企业全国比例超过 10%。一些地方政府不讲诚信、政出多门、推

诿扯皮,官员不作为、乱作为,企业敢怒不敢言。浙江温州一家民企反映了一些 PPP 项目中不符合规定的案例,但是当评估组在反复强调保密的前提下询问他能否提供具体的案例时,对方仍不敢提供。座谈中,有人建议企业家起诉不诚信的地方政府,一位企业家说:"我哪儿敢啊,这不是找死吗。"

(四)在深化政府和社会资本合作领域还需进一步优化

一是政府与社会资本合作立法进程滞后,政府与社会资本合作的法律层面的约束机制不完善,尤其是事关中长期合作的立法进程滞后,政府和社会资本权利义务边界模糊,国家层面有关 PPP 规定不统一,政出多门、政策打架、互相掣肘等现象较为普遍,同时 PPP 项目的性质、权利、财产边界等不够明确,存在一些争议。顶层设计不统一,存在公共服务领域和基础设施领域两套细则,实质上这两个领域难以区分,影响地方推动实施。

二是存在金融风险。目前一些地方存在部分 PPP 项目过高杠杆率和过度资产证券化,甚至存在一些 PPP 项目融资转为地方债务,蓄积了地方金融风险。明股实债现象不少,有的项目自有资金不到 10%,融资杠杆超过 10 倍,有过度证券化现象,最终可能转为地方政府债务风险。

三是存在身份歧视现象。当前,从思想到行动上对民企的歧视观念还没有彻底消除,各种所有制之间一定程度上还存在"嫡出""庶出"之分,一部分中小民企在市场准入、要素分配上等"低人一等"的感受依然存在,一些地方政府更偏爱国有企业,通过设置条件限制民企竞标,使很多民营企业不得不采取二次承标或者戴上国企帽了的方式来参与 PPP 项目。

第四节　深圳市"放管服"改革的实践

深圳市的"放管服"改革工作一直走在全国前列,自 2013 年 3 月 1 日启动商事制度改革以来,遵循便捷高效、规范统一、宽进严管的原则,改革许可审批制度、改革监管方式及营造宽松便捷的市场准入环境。2018 年以来,深圳市进一步以"放管服"改革为抓手,深化营商环境改革,对标世界银行评价指标体系,制定实施"营商环境改革 20 条",以及建设"数字政府"、加强知识产权保护等 46 个配套文件。深圳市始终高度重视"放管服"改革,坚持高位推进,成立了由市长担任组长的深圳市推进政府职能转变和"放管服"改革协调小组,持续深入推进"放管服"改革。协调小组下设精简行政审批组、优化营商环境组、激励创业创新组、深化商事制度改革组、改善社会服务组 5 个专题组和综合组、法治组、督查组、专家组 4 个保障组,协调小组办公室设在市政府办公厅。

一、着力做好放权的"减法",充分释放市场、社会和基层活力

围绕放宽企业准入门槛、降低制度性交易成本,不断简化行政审批,最大限度减少政府对经济领域的直接干预。

一是精简行政职权事项。深圳市大幅削减前置审批。将"先证后照"改为"先照后证",将前置审批事项由原来的 69 项削减为 11 项,仅保留涉及银行、证券、保险等金融领域前置审批事项。2017 年以来,全市共调整行政职权事项 561 项,其中取消 316 项;开展"减证便民"行动,市直部门共取消各类证明事项 135 项;完成了省"强市放权"下放的 192 项省级职权事项承接工作。积极推进强区放权改革。2016 年以来,市直部门向各区下

放 200 多项事权,涉及政府投资、规划国土、城市建设、交通运输等领域,激发了基层工作积极性,进一步健全了城市治理体系。

二是率先推进商事制度改革,在全国率先推行住所自主申报制度改革,申请人开办企业免于提交场地证明文件,登记机关通过利用全市统一地址库等信息化手段加强对住所申报制的管理规范。商事登记 1 个工作日内全部办结,企业开办整体时间压缩至 2.5 天内,实现 30 项涉企证照事项登记合一。前海蛇口自贸片区在 e 站通服务中心设立企业开办服务专区,率先实现企业开办 1 个工作日内完成。在全国率先推行个体工商户设立、注销登记"秒批",在宝安区、光明区、前海试点自然人有限公司设立"秒批",实现"自主申报、自动勾选、智能审批、自助发照"的全程无人工干预审批。全面推行"深港通-注册易""深澳通-注册易"商事服务,香港、澳门投资者可在当地金融机构服务网点申请办理深圳市营业执照。先后在前海蛇口自贸片区和高新技术产业园区开展"证照分离"改革试点,有关改革措施已复制推广到全市实施。"放管服"改革给深圳带来了一系列综合效应,激发了市场主体活力、增强了经济发展内生动力。截至 2018 年 6 月底,深圳市累计实有商事主体 319.7 万户,其中企业 187.2 万户,持续保持全国大中城市首位;每千人拥有商事主体 255.2 户,拥有企业 149.4 户,创业密度高居全国第一。

三是简化投资审批流程。深入推进投资审批改革,包括:优化投资立项管理方式,推行技审分离改革,探索审批部门和建设单位、使用单位、行业主管部门共同制定政府投资项目建设标准的工作机制,适当提高政府投资项目建设标准,变个性化审批为标准化核准等。为解决建设项目审批流程过多、时间过长问题,实施建设项目审批制度"深圳 90"改革,将政府投资建设项目的审批时间压缩三分之二,由原来的 267 天压缩至 90 天以内,社会投资建设项目审批时间控制在 33 天以内。

四是规范、降低税费等各类涉企收费。积极开展收费清理改革,包括落实国家和省全面清理规范涉企收费的要求，强化监管，对国家和省取消、停征、减免的行政事业性收费、政府性基金项目，严禁以任何理由拖延或拒绝执行等。清理规范中介服务事项。先后开展4次中介服务事项清理规范工作，涉及事项84项；公布了保留的市级行政职权中介服务事项目录。2018年，为企业减负超过1400亿元；2019年上半年，为企业减负约799亿元。

二、着力做好事中事后监管的"加法"，营造公平公正的创业创新环境

按照放管结合、并重的要求，推动政府管理重心从事前审批转向加强和改进事中事后监管。

一是推动"双随机、一公开"监管全覆盖、常态化。全面推行"双随机、一公开"监管；深化完善城市管理综合执法体制改革；进一步完善食品药品监管体制改革；建立健全"谁审批、谁监管"的监管体制，根据方案及清单所列商事主体行政审批事项逐项制定监管办法，建立起与商事登记制度改革相适应的监管体系。全市10个区（新区）、22个市直部门均已完成"一单两库一细则"建立工作，开展了随机抽查，及时公布了抽查情况和抽查结果。依托双随机监管平台，在涉企监管领域建立"双随机、一公开"联合抽查监管机制。鼓励社会公众参与市场监管，发挥媒体监督作用，探索引入第三方独立评估机制，充分发挥社会力量在强化市场监管中的作用等改革。

二是深入推进信用监管。建立跨部门、跨领域的协同监管和失信惩戒机制，联合实施失信企业协同监管和联合惩戒。加快推进智慧信用监管，建立起企业、社会组织、事业单位及个人的信用信息数据库和全市统一的公共信用信息管理系统。开展社会信用体系建设联合奖惩试点，梳理形成

了深圳市 300 余项联合奖惩应用事项清单,截至 2018 年底,已有 6 个单位的联合奖惩试点重点事项开始运行,形成了 1087 个联合奖惩案例。加快推进"互联网＋监管、智能监管",市场监管局开发建设了"信用风险预警设置与解除系统",对被市场监管部门依法立案调查或者涉及其他重大案件、因通过登记住所无法联系被载入经营异常名录累计 3 次及以上等 11 种异常情形的商事主体在办理商事登记时从严审核。

三是大力发展"互联网＋监管"。市场监管局完成 11627 家餐饮单位视频监控设备安装、信号统一接入市场监管局管控中心,通过"扫码看餐饮单位"信息公示、"互联网＋明厨亮灶"智能抓拍监管等功能,探索政企互动一机对接、主体责任一账管理、整改报告一键提交、食安资讯一手掌握的"互联网＋监管"模式。原市地税局创新推行风险管理,通过建立风险管理指标体系,借助大数据对风险疑点进行扫描,生成并精准锁定风险点,形成风险排查任务,有效管控了税收风险,实现了从无差别、撒网式管理向有重点、精准式管理转变。市地方金融监管局联合腾讯搭建"灵鲲金融大数据平台",实现了对全市 25 万余家金融企业风险实时监测和精准预警。

四是创新监管方式。诸如深圳市编办积极推动事业单位登记管理工作重心由登记许可向事中事后监管转变,探索建立了行政执法随机抽查事项清单、执法对象名录库、执法人员名录库及"双随机"抽查工作细则,全面落实检查对象随机抽取、执法人员随机选派,抽查结果及时公开的"双随机、一公开"监管工作。同时,充分运用"互联网＋"和现代信息技术,积极将传统的监管手段转变为信息化、智能化、协同化的监管方式。

三、着力做好优化服务的"乘法",增强企业和群众的"获得感"

深圳市以满足企业和群众的需求为导向,在持续优化线下政务服务的同时,全力推进"数字政府"建设和"互联网＋政务服务"改革,努力使政务服务更加公平可及、便捷高效。

一是在全国率先开展"秒批"改革。利用互联网、大数据和人工智能等技术手段，在政务服务领域实现网上申请、后台无人干预全自动数据比对、审批结果秒出的创新服务模式。截至 2018 年底，全市共有"秒批"事项144 项，包括人才引进、高龄津贴申请、网约车/出租车驾驶员证申办、企业投资项目备案等。在审批监管服务一体化平台之上，宝安率先推出"零跑动""秒批""刷脸办""全区通办""主题式"并联审批、"信用审批"等创新举措，推动电子证照信息共享，应用电子签名、电子签章、电子档案等审批系统信息化个性化服务，提升了政府数据治理能力。宝安自 9 月启动为高龄老人提供"秒办秒批"智慧审批服务以来，大幅减少纸质申报材料，老百姓办事更加便捷。

二是推出了全市统一政务服务 App"i 深圳"。全面汇聚政务服务、公共服务和便民服务资源，努力实现"市民用一个 App 畅享城市服务"的目标。"i 深圳"于 2019 年 1 月上线，目前已汇聚 4248 项服务，包括 3429 项政务服务、819 项公共服务和便民服务。"i 深圳"借助刷脸认证、地理定位、信息授权互认等技术和方式，做到了刷脸认证取代相关身份证明材料，实现电子证照自动关联、表单信息自动填充。打造"千人千面"服务模式，系统根据用户使用足迹和注册信息，精准推送信息，为市民和企业提供个性化主动服务。

三是积极推进主题式服务。积极推进审批监管服务一体化，宝安积极落实国家部署，进一步深化"放管服"改革，结合本地民营经济活跃、社会主体多元化等特点，在深圳率先应用完善统一地址库和块数据体系，打通政务服务系统、网格化管理系统、执法监管系统、企业服务系统等，形成商事主体审批监管服务一体化联动机制，驱动政府治理创新变"各自为战"为"协同作战"，大大缩短了企业办事时间，提升了政府服务效率。审批监管服务一体化还通过联动进一步强化了对商事主体的监管与服务，对现代化社区治理体系形成了有力的补充,让商事主体在宝安实现了"安心创业,快乐生活",为打造共建、共治、共享的社会治理格局提供了新的"宝安经验"。从群众办成一件事出发,对相关政府部门的服务事项进行打包组合,通过不同场景、不同条件的精准引导,让办事群众一次找准要办的业务及办理流程,一次获取所需的全部办事信息。截至 2018 年底,已推出包括"我要去澳门旅游""我要开小超市""我要开宾馆"等高频服务在内的主题引导服务 719 个。

四是大力推行"全城通办",全面推进"数字政府"建设,建成全市统一的人口、法人、空间地理等公共基础信息资源库,打通部门间信息壁垒,实现了"一网办理""全城通办"。依托统一政务服务平台和现代物流技术,申请人可跨区域就近在行政服务大厅递交申请材料和领取证件。截至 2018 年底,全市共有"全城通办"事项 384 项。

五是大力发展自助服务。市、区政务服务系统建设了政务自助服务终端,部分政务服务 24 小时"不打烊"。市公安局推出全国首个"多功能警务自助服务平台"(即"一体机"),实现一个终端机办理多种公安业务。尤其是在口岸布设"一体机"后,群众可在口岸通过"一体机"办理签注业务即办即走,大大方便了市民的出行。

六是全方位降低生产成本,为企业营造成本适宜的经营环境。制定实施"降低实体经济成本 28 条",多措并举降低企业用地、用房、用工、用电、物流、税费等方面的成本。在 2017 年为企业减负 1369 亿元基础上,2018年上半年又降低企业负担 682 亿元。同时加快知识产权保护立法进度,营造良好的创新生态环境,积极探索实施惩罚性赔偿制度,在提高知识产权损害赔偿标准、加大惩罚性赔偿力度、合理分配举证方面先行先试。

第五节　南京市栖霞区"放管服"改革的实践①

近年来,南京市栖霞区以建设区域最佳营商环境为目标,按照"权力让渡、力量整合"的发展思路,突破传统组织架构的束缚,推动向基层放权、向窗口授权、向社区赋权,推动改革由点向链、由线向面,由碎片化向集成化转变,实现高效审批与科学监管的无缝对接,率先在江苏省打造出"放管服"集成改革的栖霞样本。在"不见面审批""全科政务""综合执法""简政放权"等方面打出一套集成改革的组合拳,这些改革亮点同频共振、优势互补、共同提升,大幅提高了社会治理现代化水平,这些好的做法和经验值得向全国推广和学习。

一、真减真放权力于基层 ，简政放权一网通办

近年来,南京市栖霞区区委区政府积极贯彻落实党中央、国务院"放管服"改革的战略决策部署,加快转变政府职能,切实推动向基层放权,创新行政审批方式,行政体制改革进展和成效显著。

一方面,深入推进简政放权、真减真放权力于基层。党的十八大以来,全区深入推进"放管服"改革,按照真减真放的大原则,大幅削减行政审批事项,切实推动向基层放权,全面深化商事制度改革,积极推进市场准入负面清单制度,切实推动为企业减税降费,充分发挥市场配置资源的决定性作用和有效发挥政府的作用。目前,栖霞区已有91项区级行政权力事项下放到街道,最大限度放宽服务范围。全面推行权力清单标准化建设,减

---

① 本节关于栖霞区改革数据材料均来自实地调研。

少主观用权空间,将128项行政许可、211项备案事项进行全面梳理,行政权力事项清单和办事指南全部标准化入库,使行政权力运转有序、阳光透明、廉洁高效。同时较好地平衡了职能逻辑、组织逻辑和运行机制的关系。2019年,"放管服"改革持续发力,50个行政许可事项集中审批,工程建设项目审批环节、审批时限分别压缩70%和25%。调研发现,超过90%的企业和居民认为栖霞区"放管服"改革成效显著。

另一方面,简政放权助推一网通办提效能。着力把简政放权、放管结合、优化服务改革向纵深深推进,重点推行区街政务一体化改革,建立贯通9个街道、119个社区的政务服务"一张网",打破服务事项属地化办理限制,实现"区街联办、一网通办"。在全省率先推行"收件权"和"审批权"相分离的全科政务服务模式,成功编制国家级、省级标准。纵向上,使用统一的政务办理平台和审批标准;横向上,推进商事、民生等29个部门审批业务集成计入政务服务系统,实现前台去专业化、后台专业化集成,一个窗口、一台电脑、一名全科社工即可承接进驻区街服务中心的所有业务,区街服务中心全科窗口分别受理服务事项159项和103项,办结事项平均提速120%,区街全科窗口的服务人员通过平台学习和考试,均达到三星级全科社工标准。全科政务、一网通办改革实现了"放权又赋权"的目标,通过服务能力全科化、行政审批协同化、政务服务智能化,消除窗口忙闲不均现象,既让群众办事感到便利,又让权力通用共享。例如栖霞区开发"E站通"远程查档系统,实现群众在家门口就能查阅自身的计生、婚姻等八大类民生档案,切实提升了政府服务效能。

二、放管结合,创新落地不见面审批

近年来,南京市栖霞区始终坚持以供给侧结构性改革为主线的理论和实践创新,积极转变政府监管理念和监管方式方法,把"不见面审批"作为改革的重要抓手,在增加政务的透明性、廉洁性、回应性和服务性的同时,重点突破在时间、空间双重维度上实现对审批流程最大限度的优化和压缩,极大降低了制度性交易成本。2017 年,栖霞区率先自助开发"不见面审批系统",开出全国第一份不见面审批"营业执照"。不见面审批通过人脸识别、人证核对、人机互动等技术手段,对比传统窗口审批,有效实现了对申请人身份更为严格的审查,是建立"真实场景、真实身份、真实意愿、真实信誉、真实联系方式"基础上的全新审批架构。目前,栖霞区的不见面审批系统已经从最初的 1.0 版本上升到 3.0 版本,在"审批提速、环境提升、服务提质"三方面成效显著,实现了群众、企业"一次不跑、事情办好"的价值诉求。调研发现,目前 94.6% 的新设企业通过不见面办理,区级审批许可事项不见面办理 100% 全覆盖。这种"不见面审批"的创新做法得到了党中央、国务院的充分肯定,并于 2018 年 5 月开始向全国推广不见面审批经验。

三、优化政务服务,围绕"小窗口"做"大文章"

近几年,栖霞区积极落实中央供给侧结构性改革的战略部署,立足区域基层社会治理实际,着力优化公共服务供给体制机制,创新公共服务供给模式,增加供给结构对需求变化的适应性和灵活性。重点推出"全科政务"服务,推动从"一人一窗一类事"的传统模式向"进一个窗办所有的事"的全科模式转变。这种由全科社工实现"一窗一网联办""区街一体通办"的创新模式改变了传统审批条块分割的现象,解决了区街服务中心存在的"审批授权不足、网上运行不畅、窗口忙闲不均、人员主体不一、绩效考核不均衡"等一系列突出问题。从改革价值取向看,全科政务改革既放权又赋权,导向是让企业、群众办事少跑路,让权力上下通用共享,促进基层政府真正服务群众。从改革成效看,栖霞区率先推行收件权和审批权分离的全科政务服务模式,推进商事、民生等 29 个部门审批业务集成进入政务服务系统。目前街道便民服务中心政务服务窗口全科率达 90%,全科窗口办件量占比 80%,窗口效能同比提高 120%,居民办事时间节约率达 84% 以上,企业和群众的满意率达 99.5% 以上。由此可见,全科政务服务模式改革凸显了以人民为中心的发展思想,这种"把方便让给群众、把麻烦留给自己"改革方式,深度扭转了业务、权责部门条块分割的被动局面,增加了公共服务的有效供给,极大提升了企业和群众的"获得感"。同时积极推进优化服务、上门代办。在投资项目领域,成立投资建设代办服务中心,组建代办员队伍,在区街园区服务中心设立综合代办窗口,建立三级代办体系,把企业上项目的过程变为现在政府主动帮着办、免费提供"保姆式"全流程服务,切实优化为企业服务,降低企业制度性交易成本。在民生服务领域,街道便民服务中心提供的 130 项政府服务中,有即办件 70 项,半小时内可以办结;有代办件 60 项,是指需要上级部门进一步审核的事项,受理后由中心人员全程代办。各街道便民服务中心还针对残疾、高龄等特殊人群,提供全程陪伴和上门办理服务,建立午间导办和周末轮岗制度,为上班族提供延时服务,有效打通服务群众的"最后一公里"。

四、综合行政执法重心下移,行政检查与执法分离互动提效能

当前,重心下移、责权一致的综合执法体制改革是栖霞区行政体制改革的重点力措。区委、区政府坚持整体性治理思维,积极推进综合执法体制改革与创新,整合行政执法资源和相对集中的行政执法权限,推进行政执法权下移,加快行政执法体制向结构重组、功能聚合、信息共享、流程优化、业务协同的高效模式转型。实践层面立足于辖区社会治理面临的社情民情,积极构建"综合执法＋批管同步＋双随机一公开"的新型监管体系,全面推行无盲区监管,有效突破了监管力量有限与监管任务繁杂、监管标

准持续提高之间的瓶颈约束,推进检查权和处罚权相分离的改革,将涉及城管、市场、交通等 10 个部门的 1313 项行政检查权相对集中交给街道综合履行,在不改变行政主体权限、法律责任归属、不新增编制的前提下,整合城管、交通和市场监管等执法力量下沉到街道,组建街道综合行政检查执法大队,真正破解了街道"看得见管不着"、部门"管得着看不见"的基层执法矛盾,实现了高效率行政检查与专业行政执法的有机结合。依托区街综合信息指挥平台,创新实施"批管同步",街道综合执法队员在 3 个工作日内对新增的市场主体上门服务,超过 98% 的违法行为都能解决在萌芽状态。近三年,在维护社区治安方面,共捣毁传销窝点 3700 处,抓获涉传人员 9400 人。2019 年上半年,辖区传销警情同比下降 80%,90% 以上的违法违规行为第一时间发现、第一时间处置,在执法效能不断提升的同时,也有效降低了行政执法成本,高效改革做法经验得到中央编办的肯定并向全国推广。

五、社会组织推动多元协同共治步入新阶段

随着栖霞区经济的快速发展,社会资源快速流动、社会结构分化重组和优化,为各种合作性组织、行业协会和公益性组织的孕育和发展提供了新的契机。在此背景下,日趋高效的网格化管理和持续壮大的社会组织推动社会多元协同共治步入了新阶段。

一方面,网格化治理搭建了多元协同共治的平台。近几年,栖霞区围绕全面推进网格化基层基础工作、深化网格化党建引领向纵深推进、积极探索"网格化+"系列社会治理创新模式、发挥网格化综合治理优势解决突出问题等四个工作核心,高效推进网格化治理。全区"一张网"的整体治理部署,推动街道、社区 85% 以上的工作人员全部下沉网格,形成了信息反馈、应急处置、指挥协调、跟踪考核的完整机制和工作体系,极大促进了职

能部门人员与基层具体的人和事物对接,多元治理主体积极融入网格,已经形成政府、市场和社会纵横联动、协同共治的大格局。目前全区网格化治理成效群众满意度超过90%。

另一方面,日益壮大的社会组织推动社会的多元协同共治。近年来,栖霞区充分发挥作为社会治理中坚力量——社会组织的重要作用,着力构建以社区为平台、社会工作为核心,社会组织为枢纽的"三社"联动机制,培育壮大社会组织,形成社会治理的重要支撑。同时区政府出台《栖霞区公益创投项目实施方案》,通过购买服务扶持社会组织发展,拓展其参与社会治理和服务空间。近三年来,栖霞区累计与301个社会组织签订470多个公益服务项目;全区现有社会组织1456家,万人拥有数达21.8个,比全国平均水平的2倍还高(目前全国万人拥有数为9.6个)。显然,全区规模化的社会组织既补充完善了社会服务功能,也极大地推动了社会多元协同共治的进程。

第四章 "放管服"改革面临的主要 问题与挑战

习近平总书记指出，"改革是由问题倒逼而产生，又在不断解决问题中而深化"。坚持问题思维可指导全面深化改革，把握改革方向，寻找改革思路，凝聚改革动力；可以正视"放管服"改革面临的主要问题，精准破局，推动改革任务落地生效。本章阐释了继续深化"放管服"改革面临的主要问题和挑战。

第一节　放的层面：系统性不强与含金量不高并存

从总体上看，我国近年来力推的"放管服"改革取得积极进展和阶段性成效。但是，目前，深化改革的任务依然任重道远，剩下的多是难啃的"硬骨头"。在放的层面，主要表现为："放"的系统性、整体性、协调性不强，含金量高的权力没有完全放开、放足，赋"责"多于放"权"，名放"权"，实赋"责"，赋"责"与下放"资源"不同步、不匹配，致使赋"责"接不好、接不住、不愿接。行政审批和依附于行政审批的各种事项仍偏多，伸得过长的政府有形之手仍是某些领域、某些地方企业创新创造活力的羁绊。

一、现有行政审批事项依然偏多，"含金量"高的审批事项下放不够

一方面，现有行政审批事项仍然偏多。目前，国务院部门保留的行政

审批事项仍有数百项,地方层面统计口径不同,数量差异明显,但省、市、县三级的审批事项一般均逾千项。审批多的直接表现就是盖章多。据某省统计,一个投资亿元以上工业项目,一般至少经 12 个审批环节,盖 40 个公章;若为化工项目,则至少经 19 个环节,盖 67 个公章;若为建设项目,则须至少经 45 个环节,盖 192 个章。同时,行政审批还涉及可研报告编写、环评报告书编制、安全评价等中介服务多达数十项。企业的生产经营活动同样面临审批多的问题。某省一家成立多年的建材企业,升级改造生产线项目需要发改、规划、环保、工信、城建等多部门层层审批,前后耗费了一年才拿到证。某省一家药品企业,生产工艺流程没有任何变化,生产的药品制剂仍需每隔三年重新申请生产许可证。

另一方面,"含金量"高的审批事项下放不够。放权的"含金量"不高,是群众、企业和社会反映较为强烈的问题。行政审批制度改革中,有些部门存在"放虚不放实、放责不放权、放小不放大"等情况,利小责重的放下去了,利大责轻的留下来了;有些已经取消的行政审批事项仅针对特定主体、特定行为,群众和企业的获得感不明显;有些下放审批权的项目,主要是权力在各级政府间纵向调整,给市场主体带来的便捷有限,很多企业"感觉并没有松绑"。

二、"换马甲"情况比较普遍,表现为权力事项乱和审批流程乱

一是国家对行政权力事项缺乏统一明确界定。如行政审批外延乱,包含了许可、认可、认定、核准、确认、审定、登记等众多名目,对这些名目的内涵、流程统一规范不够,各地各部门把握不一、各行其是。二是不少地方对"非行政许可事项""政府内部审批事项""其他管理事项"等概念认识不一、操作各异。一些地方在清理取消非行政许可事项时,偷换概念,消极应付,把其中大多数调整为政府内部管理事项或其他管理事项,真正取消的并不

多,只是换了"马甲"。三是"合并同类项"偷梁换柱,"躲猫猫"避重就轻。把权力事项捆扎打包,为减少审批项目人为"造数";把一些本应取消或"沉睡已久"的事项打包处理;将"没用的放掉,有用的留下",把"割肉"换成"剪指甲";以"权力内部循环"做表面文章,把审批权转移给各类与政府关联度强的评审、中介机构等,名放实不放。国务院 2019 年大督查发现,一些地方还存在权力放得不够、隐性审查和变相延长审批时间等问题。如:某省在工业产品生产许可证审批方面,未将正式受理前的预指导阶段纳入实际审批时限,变相延长了审批时限。

三、"三不收费"问题依然突出,企业负担仍然较重

"三不收费",即不合法、不合规、不合理收费,"三不收费"由来已久,积弊日深。尽管减税降费总体成效显著,但在一些地方,乱收费、收高费等现象使政策"利好"打了折扣。时至今日,仍有一些地方物价部门继续给违规收费发放"通行证"。企业收费支出负担沉重,冲销了一系列为企业松绑减负的定向调控措施,特别是一些行业协会、服务机构滥权寻租,乱收费、高收费问题表现突出。例如,2019 年国务院大督查发现,西南部某县,当地个体工商户办营业执照时,"被自愿"加入县个体私营经济协会并缴纳会费;全县两年半强收会费 551 万元。2019 年《政府工作报告》提出,一般工商业平均电价再降低 10%,在某市,虽然当地政府和电力公司已将工商业电价降到每度电不超过 0.7 元,但一些商业中心的物业公司和管理方打着收取送电服务费的名头,在转供电环节对租户仍按每度电 1.4 元收取电费,减税降费政策惠及小微企业方面在"最后一公里"发生阻滞,政策没有实现真正落地。

四、中介组织滥权寻租现象仍然存在

"放管服"改革以来,一些地方中介组织在承接下放的审批事项中出现了新问题,蚕食了改革红利。一是中介成为新的审批关卡。有些中介机构和政府有着千丝万缕的联系,个别政府部门与行业协会"两块牌子、一套人马""二政府"现象仍然存在。二是中介造成新的垄断。个别地方中介机构成为政府权力下放后的"续命草""钱袋子"。从表面上看,政府的权力下放了,但从企业办事的角度讲,有时则难度大了、成本高了。中介机构提供中介服务,企业几乎没有选择中介机构和议价的空间。三是中介服务水平不高。同政府相比,面对大量下放的审批事项,中介机构普遍准备不足、能力不够、水平不高。从企业注册登记到投资建设、竣工验收、企业经营、资质管理等众多环节,大都需要中介机构的服务才能办理相应的行政审批。特别是那些带有一定垄断性、与行政部门联系密切的"红顶"中介收费偏高。有企业反映,同政府相比,中介能力不够、办事不规范。一个建设项目,从拿地到拿证,要经过 24 个中介机构的"关卡"、送审 48 个评估报告,想加快审批,就得塞"加班费"。原本有章可循的政府审批反而成了无章可循的中介寻租,特别是依附在行政权力上的中介服务收费项目多,蚕食了改革红利。比如,某省一个 7000 万元的项目,企业支付给指定的"红顶"中介费用高达 300 万元,企业把这些收费称为"痛快费",因为交了费之后,审批等事情就能痛快地办下来。某省反映,企业投资建设项目中支付的各类中介费有的达到投资总额的 15% 左右。有地方统计,设立一个企业,从立项到开工涉及各类收费 33 项,而且大都没有明确的收费标准,弹性大,企业不堪重负。

五、资质资格多而乱,成为阻碍创业就业的"卡点"

目前我国资质资格种类繁多、证出多门、交叉认证、重复认证,且设置和认定、赋予过程不规范,成为阻碍企业生产经营、个人创业就业的"卡点"。第一,数量多。据了解,我国共有 90 个就业准入制度、38 个专项职业能力考核项目,14 个大项、100 多个子类行业,几乎都需要有相应的资质证书。第二,不规范。主要表现为:一是设置不规范。不少准入性资质和资格由相关行业主管部门自行设置,缺乏合法依据。二是准入不规范。进入特定行业、开展特定业务,缺乏相关制度规定,很多是人为设定,随意性大。三是获得不规范。名义上,资质资格的取得需要通过培训和测试考核,但实际上,认定标准和程序人为随意性较大。有的测试考核完全走形式,只要交了费就能取得资质资格。第三,被滥用。很多行业都把资质资格作为准入条件,对经营机构和从业人员实行分等级资质资格管理。企业和机构为了取得相应资质,往往通过"借证""挂证"的方式满足要求,同时还需要向有关部门申请和"公关"。个人为了获得相应的资格需要参加培训和考试,并交纳相应的费用。由于政府部门把企业资质认证与个人职业资格挂钩,导致"挂证"收费现象普遍。据了解,一个一级建造师证书的"挂证"收入每年 3 万至 6 万元;一个环评师证书的"挂证"收入每年少则几万元,多则十几万元。在建筑领域一个普遍的现象是:由具有较高等级资质的企业把工程承揽下来,然后层层转包,最后真正做工程的单位,有的有能力但没有资质,有的是根本不具备相应能力的"草台班子"。

六、不同部门、不同地区、不同层级政府之间改革举措不配套、不协调

放权步调不一致,实际成效打折扣。放权中,缺乏部门联动、协调并进

造成了改革的"堵点"。如西部某市,投资审批从市发改委下放到了县发改委,但十几个部门中,下放的只有发改委一家,原来跑市级部门一趟能办结的,现在还得市县两级多个部门一起跑。又如:民政部对社团组织设立二级机构不再审批,但公安部门要求有民政部门的批文才给二级机构刻制公章。某省将计量认证证书核发下放市州一级,但别的省不认可州一级政府核发的认证证书,导致企业失去投标资格。一些项目审批涉及不同部门,但不同部门的审批要件互为前置,导致企业"左右碰壁""来回打转"。有的审批权下放到下一级,而前置要件审批保留在上一级,导致企业"上蹿下跳"。

七、"放"与"接"衔接不畅问题比较突出

在放权过程中,有的地方存在不愿接、接不了、管不好的问题,既有主观问题,也有客观问题,既有能力问题,也有机制问题,是典型的"并发症"。从放的方面看,个别地方"藏着一手""掖着一手",能少放则少放,能放小决不放大。有的地方政府很多权力交叉运行,导致出现名目繁多的派生权力,有的部门对自己究竟有多少权力都不甚了解,也就谈不上该放的放,该取消的取消。另外,上级政府和部门事权下放后,编制、财权等没有同步下放,造成"接"权的政府和部门没人管、管不了。从接的方面看,既有不愿接的问题,也有接不了的问题。不愿接,主要是嫌麻烦、怕担责。如:一个电源项目通常几十亿元,面临着环境、拆迁等后续问题,过去是中央承担责任,地方很高兴引进项目资金,而放权后是地方承担后续问题,这就导致上级愿放权下面不愿接的问题。接不了的问题,主要是放权不配套,接的一方存在能力不足问题。上级政府和部门下放的行政审批事项,在一些"接"的地方和部门,财权没有同步下放,编制没有同步配套,所以,在缺少资金支持、熟悉下放事项业务的工作人员或专业技术人员难以及时补足的情况

下,造成放权后有的事没人管、管不了的问题,出现"承接空白"。调研中发现,某市城区水务局从上级承接了 19 项权力,实际中可行使的只有 5 项,其他 14 项由于缺乏技术、资金等原因,无法履职。

八、"放权"与"简政"协同推进力度不够

一是审批环节多、耗时长。行政审批实践中,一些部门和地方没有真正做到依法依规科学设定审批环节,行政机关自行设置审批环节的自由裁量权过大,部门内人员审批签字环节过多。比如,在某些部门,一项审批从办事员受理开始,到中层科室负责人、部门分管领导,再到部门一把手,少一个人签字都不行。转到下一个部门还得经过这些环节,造成审批费力耗时的困局,出现行政机关内"公章旅行""公文长征"怪象,企业和群众对此获得感、幸福感不强。二是审批要件多、程序繁。"放管服"改革,既要"放权",也要"简政",不仅"放"存在不足,"简"的问题也很突出。(1)审批要件多。审批权下放了,但审批的重重关卡还是壁垒森严,一些审批要件互为前置,造成审批中部门之间推诿扯皮。如施工许可证的核发,前置要件多,涉及发改、自然资源、规划、住建、人防、环保、气象等部门。(2)程序繁。审批权下放了,但审批的程序还是"一个都不能少"。有企业反映,行政审批权下放后,部分领域由过去的"跑审批"变成了现在的"走程序"。(3)"先照后证"后"证"仍然不少。近年来,市场监管体制改革取得重大进展、突破和成效,实现了"先照后证"。但部分执法部门对市场监管体制改革的重大意义认识不足,认为先照后证是市场监管部门将责任推给自己,对推进先照后证改革内生动力不足,积极性不高,导致申请人取得营业执照后需要办的证仍然居高不下,后置办证时间压不下来,证办起来仍很困难。

九、放权过程中权力清单制度实施遇到新难题

"放管服"改革要深入推进,前提是摸清"家底",搞清楚所在地方和部门到底有哪些权力,哪些需要保留,哪些需要"放",也就是要有明确具体的权力清单。目前,这方面还存在一些亟待解决的困难和问题。

一是行政权力清理不彻底。目前存在有些权力游离于权力清单之外。例如,有的地方在权力清单之外,还制定了"中介服务"清单或"公共服务"清单。其中"服务事项"往往也是对公民、法人和社会组织资格条件的认定、认证、考核、评定,行政相对人只有经过"服务"才能获得相应的资格,取得相应的权益。因此,清单内的"服务"项目明显也具有权力的基本特征,本应列入权力清单的范畴之内。也存在权力清单的清理仅局限于具体行政行为领域,尚未涉及所有行政权力。权力清单中的权力清理局限于具体行政行为,很多省份对行政命令、行政规划等抽象行政权力,以及对行政决策权等重要行政权力没有进行清理和公示。同时存在不少职能部门通过选择性放权、"打包"放权、明放暗不放、放小不放大、放虚不放实等变相方式,保留对其部门和地方利益有影响的行政权力事项,导致企业生产经营受到束缚,群众创新创业受到影响。

二是行政权力划分标准不统一。中共中央办公厅、国务院办公厅印发的《关于推行地方各级政府工作部门权力清单制度的指导意见》中要求各省(区、市)政府可参照行政许可、行政处罚、行政强制、行政征收、行政给付、行政检查、行政确认、行政奖励、行政裁决和其他类别的分类方式,也就是我们常说的"9+X"分类方法,结合本地实际,制定统一规范的分类标准。实践中,各省级行政区的行政权力划分标准并不统一,使得难以对其进行统一科学的评价。

三是行政权力梳理口径不一致。各省级地方政府公布的权力清单中,

存在着将各个事项的子项合并的现象,将碎片化的权力整合为更大的权力,权力事项数量虽然看起来比没有合并事项或者子项单列的要少很多,但是权力实际上并没有减少。一些地方政府部门在梳理自身所承担的职能时无法区分行政管理、中介服务职能,"中介服务"清单等便成了"单外单",一些权力也就成了"权外权"。此外,各地在进行权力清单梳理时采取的方式基本是由牵头部门组织、各部门上报的方式。这种方式具有极强的主观性和随意性。

四是权力清单信息公示平台不统一。当前,我国各省级政府都按照规定对其权力清单进行公示,有的省份设立了单独的信息平台,统一公示其各职能部门行政权力清单;有的省份的权力清单由其内部各职能部门在其网站内部进行公示,各公示电子信息平台标准不统一,信息系统碎片化,相互之间不能实现资源共享,信息使用效率不高,不利于接受群众和社会监督。

第二节　管的层面:基础较薄弱与多维度承压交织

长期以来,很多政府部门"对审批很迷恋,对监管很迷茫",以批代管、以费代管、以罚代管的现象,以及不想管、不愿管、不会管、管不了的问题在某些地方、某些领域还比较普遍。"审批"思维根深蒂固,"监管"意识不强,监管方式手段也较为落后,有的地方仍是想管就管、不想管就不管、想怎么管就怎么管,远没有达到科学监管、依法监管、审慎监管要求。

2018年以来,国家对市场监管体制进行了重大改革,组建了国家市场监督管理总局,改革成效日益彰显,市场监管合力加速形成,市场监管事业焕发出蓬勃生机。然而,市场监管总局的市场监管职能只是大市场监管的一部分,相当部分的专业市场监管职能分散在多个部委。大市场监管职能界面虽然在机构改革"三定"方案中进行了概要式描述,但在解读和实操层面有的还不清晰,监管方式、监管手段、监管能力参差不齐,各级各部门之间要实现无缝对接和协同监管面临多重压力和障碍,实现监管现代化任重道远。

一、现阶段市场监管理念还不完全适应现代化市场监管体制改革的需要

理念是制度和政策的催化剂。先进的市场监管理念是完善的市场监管体制的行动指南。我国现阶段的监管理念还没有完全适应构建优化、协同、高效的市场监管体制和运行机制的需要。

(一)政府与市场的关系定位还没有完全厘清

政府和市场的关系是市场监管理念的基石,如何实现政府与市场之间的完美组合与微妙平衡是各大经济学派进行争论的焦点。古典经济学派依据亚当·斯密"看不见的手"理论,认为市场可以自发实现资源的最优配置,弱化政府作用;凯恩斯主义认为政府的宏观调控可以统筹资源配置,稳定经济发展;20世纪70年代"滞涨"危机宣告政府也会失灵,以曼昆为代表的新凯恩斯主义将微观市场和宏观经济相结合,提高了政府干预经济的效率;而新自由主义学派的出现,又重新界定了市场和政府之间的关系,其代表人物哈耶克开始倡导自由、平等、公正、理性等观点。

新中国70多年来经济发展的过程也是不断探索市场与政府关系的历程。改革开放前实行的是计划经济体制。改革开放后,党的十二届三中全会提出"在公有制基础上的有计划的商品经济"概念;党的十四大明确我国经济体制改革的目标是建立社会主义市场经济体制,提出要使市场在社会主义国家宏观调控下对资源配置起基础性作用;党的十六大提出"在更大

程度上发挥市场在资源配置中的基础性作用";党的十七大提出"从制度上更好发挥市场在资源配置中的基础性作用";党的十八大提出"更大程度更广范围发挥市场在资源配置中的基础性作用";党的十八届三中全会提出"使市场在资源配置中起决定性作用和更好发挥政府作用";党的十九大报告强调"坚持社会主义市场经济改革方向""加快完善社会主义市场经济体制"。经过40多年的改革开放,政府逐步从"全能型政府"向"有限型政府"转变,但受中国数千年来"官本位"思想束缚与影响,根植于计划经济体制下传统的计划性指令和行政命令式思维依旧存在,强政府的角色定位仍然体现在各个领域。在市场监管中,政府"看得见的手"随处可见,对市场行为干预过多,监管机构设置和职能配置的重点主要还是围绕"管",监管的服务功能和发展功能还有待深入挖掘。

(二)对"大市场"监管理念的理解还不够深透

"大市场"监管指的是在全国大市场协同条件下对政府市场监管职能合并,将工商局、质检局、食药监局等涉及市场监管职能的部门及人员进行融合,组建统一的市场监管部门,最终实现覆盖广泛、职责明确、专业高效的统一市场监管模式。推行"大市场"监管是完善社会主义市场经济体制和深化社会管理体制改革的需要,有利于完善行政运行机制,加快行政管理体制改革。"大市场"改革是一项系统工程,涉及各方面的利益问题,同时又受到经济体制、基本国情、理论基础等众多因素的制约。我国地域辽阔、人口众多、区域经济发展不平衡,"大市场"更需要一个循序渐进的改革过程。目前,一些部门和地方对"大市场"监管的认识还不够系统全面,在一定程度上阻碍了市场监管体制改革向纵深推进的步伐。仍有同志认为"大市场"监管体制改革就是机械地进行机构合并、精简工作队伍,没有意识到"大市场"监管的核心在于简政放权、优化组织结构、提升行政效率,没有意识到虽然"大市场"监管表现在政府部门的合并重组,但是其根本目的是更好地服务百姓和市场主体、更好地促进经济社会发展。

(三)市场监管"内卷化"问题仍较突出

"内卷化"这一概念被广泛运用于社会问题的研究,指某个主体或者某个事物由于习惯性作为固化成一种存在定式,难以在外界影响下实现自身实质性变化和向外延伸、发展的效应。在大部制改革背景下,虽然形成了"三合一"(又名"六合一")的综合监管体制机制,但在面对一系列新兴业态,有的地方和人员仍保持原有的监管理念故步自封,有的监管人员缺乏大数据监管的理念,习惯用传统的监管思路去解决新兴市场中存在的问题,阻碍了互联网、大数据、人工智能等技术在监管工作中的应用。另外,国家治理体系和治理能力现代化、机构职能转变等均要求由全能型政府向服务型政府转变,减少政府对市场的直接干预,强调多元化治理和社会共治,但一些地方和人员仍然受传统监管理念的严重束缚,转变难度很大。

二、解决跨部门、跨区域、跨领域协调难题任重道远

商事制度改革从注册资本登记制度改革开始,逐步扩展到整个国家行政审批体制,成为一项重塑我国行政审批制度和市场监管体系的综合性改革。最突出的例子,就是企业信用信息公示系统从市场监管系统提升到国家层面。一项综合性的改革,遇到最大的问题就是部门不协同。因此,国务院成立推进职能转变协调小组,设立商事制度改革专题组,市场监管部门是组长单位,包括国家发改委、工业和信息化部、财政部、商务部、税务总局等 12 个成员单位,目的就是加强对商事制度改革的组织领导和综合协调。但从实际情况看,随着市场监管体制改革的深入推进,面对的问题越来越具有综合性,表现出跨部门、跨区域、跨领域的明显特征,需要进一步提高市场监管体制改革的配套性、协同性,形成改革合力,实现统筹推进。

如:地方监管部门转隶后,监管部门的属地化和电子商务的泛在化形成了新的矛盾,需要进一步创新市场监管体制机制加以解决。监管部门的在具体工作中,出现了涉及单个部门的改革任务推进相对顺利、成效明显,而涉及多个部门、同一部门不同领域的改革任务协调困难、推进较慢的问题。如:在市场监管部门内部,不同业务领域协调依然困难,融合发展亟待加速。

三、"放"客观上导致"管"的滞后性,影响"放"的效果和商事制度改革的成效

商事制度改革从"放"入手,以"管"和"服"跟进,呈现出明显阶段性。重要文件的出台顺序反映了这一点。《注册资本登记制度改革方案》是一个以"放松管制"为主调的文件,《关于"先照后证"改革后加强事中事后监管的意见》的出台标志着商事制度改革进入加强事中事后监管的新阶段。这不同于"摸着石头过河"的探索性改革,而是商事制度改革内在逻辑的自然展开。放松管制暴露了监管和服务的新问题,加强监管和优化服务变得更有必要,采取的措施才更有针对性和可操作性。比如"先照后证"改革后,重新确定监管原则和各部门监管职责的必要性就变得更为迫切,《关于"先照后证"改革后加强事中事后监管的意见》出台就顺理成章了。但不能避免的是,阶段性推进改革客观上必然导致"管"和"服"的滞后性,影响"放"的效果进而影响整个商事制度改革的成效。如:2019年国务院督查组通过对群众反映的山西省朔州市一些机动车检测公司"机动车检测收费由2017年的270元集体上涨为350元"和广西河池市车管所年检收费高的问题线索进行暗访,发现市场监管的确存在不到位和乱收费情况。"管"的滞后,影响了"放"的成效和服务型政府的形象。

四、市场监管改革任务叠加期上下联动、协同推进任务重、难度大

商事制度改革既需要部门协同，也需要上下联动。当前，商事制度改革与体制调整、部门整合、综合执法改革等叠加，体外联动遇到新瓶颈、体内融合存在新挑战。正在进行的市场监管体制机制改革、大市场监管融合、综合执法等涉及广大干部切实利益的改革，需要商事制度改革上下联动、协同推进。推进综合执法的改革方向必须坚持，但改革带来的影响需要时间消化，打破五级贯通、进行部门合并后重塑上下级关系需要一个过程，这需要市场监管部门在以后的工作中充分重视和积极应对。

五、市场监管权责脱节、整合存在负面效应等体制问题突出

体制改革的核心是理顺权责问题，当前市场监管体制改革在理顺权责问题上取得了成效，但改革不到位的地方依然存在。一是监管与执法脱节。现在有的地方在探索综合行政执法改革的模式，鼓励地方探索跨地域、跨部门更大范围的执法，有的地方组建了综合行政执法局和综合行政审批局。市场监管部门只局限于中间那一段，前面、后面都交给综合执法局。基层反映，现在这种模式是人为地将监管与执法割裂，如果出了问题，问责的风险将集中向市场监管部门集中，市场监管部门有可能会成为"背锅侠"。二是事权与责任不清晰。现在没有明文规定哪些是市场监管责任、哪些是市场主体责任，现在责任全部压到基层，基层的责任是无限大；由于法律没有明确规定，往往容易强化谁审批谁监管的原则，弱化谁主管谁监管的原则，出了事责任就推给市场监管部门；上级部门与基层局之间权责划分不清晰、不合理，"放管服"改革产生大量行政事项下放，基层能力又跟不上，接不住、管不好的问题。三是市场监管体制整合中存在负面效

应。当前市场监管体制改革的主要困难有：部门整合存在风险"叠加效应"。几个部门职能整合到一起，有利于解决多龙治水、多头执法的问题。现在部门之间打架扯皮少了，外部矛盾转化成了内部矛盾，几个部门整合后叠加的风险加大，一把手其实是坐不住、睡不着的。基层执法存在"选择效应"。上级监管部门安排的专项执法、专项整治过多和基层监管人员过少之间存在较为突出的矛盾，在一定程度上存在"上面动动嘴，下面跑断腿"现象，基层执法"选择效应"由此产生。垂管取消之后存在"断层效应"。垂管取消之后，人财物都在地方了，上下级监管部门的关系明显生疏，"只见文来文往，不见人来人往"，垂管取消之后断层效应凸显。

六、多个监管"短板"并存

(一) 监管责任还不清晰

目前，对于行政审批等事项的实施主体有明确的制度规定，权力和责任比较清晰。但对于监管的职责范围、责任主体、履职方式、责任追究等方面的规定不够明确。也就是说，审批的权力和责任是"刚性的"、明确的，而监管的职责是"弹性的"、模糊的。既有多头审批、多头监管、互相推诿、权责不明、群众不知向谁投诉的问题，也存在各自为政、监管执法信息隔绝、无法实现部门监管联动的问题。

(二) 监管方式仍较传统

一些地方和部门已经试点建立统一的信用信息平台，实行"双随机"抽查，通过大数据手段进行监管，但不少监管部门仍然较多采用"被动式""运动式"监管方式，在取消审批之后，除了执法处罚外，没有新招高招。平时不管，出了问题不知所措。有的地方对运用现代信息技术加强监管仍停留在概念阶段。在市场主体规模大幅增长、经济行为日益复杂、经济业态层出不穷的情况下,对如何实施科学监管、审慎监管还未很好破题。

(三)监管机制不够健全

一是耗在"职业打假人"身上的精力过多。"职业打假人"已成为令基层头疼的事情。某基层所同志反映"曾有一个职业打假人三天举报100多个案子,目的就是通过恶意'打假'骗奖,许多其实并非真假和质量安全问题,95%以上为标识不规范"。这些"职业打假人"一旦得不到企业赔偿,就提起复议或者诉讼,牵扯了企业大量精力。二是"达摩克利斯之剑"发挥作用不够。目前信用监管制度还不健全,失信联合惩戒这把"达摩克利斯之剑"还未很好发挥作用。有基层反映,"大多数违法企业不怕罚款怕上'黑名单'""让失信者寸步难行,必须实行联合惩戒,才能真正发挥作用"。三是缺少技术执法和信息化监管手段。基层执法监管手段缺乏,监管信息碎片化,缺乏整合与互通,信息资源的交互共享困难,对执法监管支撑明显不够,亟待对各部门数据进行开发,充分挖掘数据信息在监管执法过程中的价值。四是对一些新业态监管乏力。基层反映,"网络平台数据难以有效获取,对于网络违法证据,只能以人力截取为主,工作量大且低效,存在监管乏力的问题"。某大型网店经理抱怨,"每日需处理上百份商家的生产许可、认证、检验检测报告等质量资料,由于这些资料正本有限,提交平台的大多为复印件,难以辨别信息的真伪,希望政府能加快推进信息共享和追溯体系建设"。五是应急预案多为摆设。基层反映,"安全生产法和特种设备安全法规定,企业或使用单位应制定安全事故应急预案,而很多企业自己不会,就找人写或照抄同行的,以应付监管部门的检查,实际上很多预案都是摆设"。

(四)监管能力尚显不足

随着经济社会发展和简政放权措施的落实,监管工作量显著增加,对监管工作的专业能力也提出了更高的要求。而与之形成鲜明对比的是,很多市县和基层监管部门人手不足、专业素质能力不高,技术设施比较缺乏,监管存在"头重脚轻腰杆软"问题。随着监管体制改革的深入推进,监管工作明显顺畅了,监管力量明显加强了,但由于监管领域也随之同步扩大,监管部门人手不足和监管能力薄弱问题依然存在。如:有的县从事食品安全监管的只有一个人,有的还要身兼数职,且专业素质能力也亟待提高。

(五)保障机制存在缺位

一是基层专业监管力量不足。不少基层反映,"四合一"后监管所的班底主要是原工商的人员,缺少质监和食药监专业人员,且各专业差别又很大,业务相互不熟悉,专业监管力量明显不足。二是基层人员老化与动力不足并存。监管所反映,长期以来,由于基层工作任务重、发展空间小、履职风险大,年轻骨干又往往被上级机关选调,导致一线监管力量严重老化。该监管所平均年龄46岁,50岁以上占39%,还有59岁的科员,存在动力不足问题。其他区局也都反映了类似问题。三是"谁担当谁倒霉,没资格就不用担责"。基层普遍反映,履职恐慌的情绪在基层蔓延,有些人员以"不懂""不会"为由规避监管责任。有基层领导反映,"凡涉及风险责任大的食品、特种设备岗位,监管人员都有'两怕':怕事故、怕追责。我们第一次参加特种设备执法资格培训,16人中只有2人合格。对他们来讲,没资格也就不用担责了"。四是"培训与实战脱节"。基层反映,大多数人员未从事过标准、食品药品、特种设备等专业性工作,系统进行专业培训尤为重要,但有的执法培训理论培训多,形式单一,培训与实战脱节,效果不佳。

(六)监管实践问题较多

在调研过程中发现,基层对市场监管体制改革普遍叫好,认为这项改革极大地推进了"大市场监管""全过程监管"格局的形成。同时基层同志也反映了实践中存在的一些困惑和问题。一是规定的监管频次有些离谱。这一问题基层反映强烈。某基层所领导介绍,对食品生产经营企业的检查频次规定实在太多,对流通、餐饮环节频次规定也不少。这么高的频次要求,不休息也做不完。二是"没完没了的专项整治"。基层反映较集中的第二个问题是专项整治太多。某基层所同志说:"一项整治任务还没结束,第二、第三项任务已接二连三压下来,结果哪项都做不好。"三是"政府包揽越多,企业主体责任越弱化"。基层所反映,"这就像家长管孩子,你包揽得越多,孩子的适应能力也就越差,而外人还认为是你管得不够""只要政府出台政策对企业发展有利,企业就会按法律和政策的要求,落实好主体责任"。四是"有罚没指标,基层压力比较大"。有执法大队反映,条线上有部门仍然通过各种变相方式设定了罚没指标,指标层层下达,给基层执法人员造成较大压力。罚没指标与建设法治政府的要求背道而驰,严重损害政府形象。

(七) 社会参与动力不够

群众参与监管的积极性还没有充分调动起来,群众投诉举报渠道不畅通,行业自律还不完善,社会监督也使不上力,监管在多数情况下还是政府在唱"独角戏",不胜其力。生态环境部创新利用手机 App 进行环境违法行政举报,像这种充分调动社会群众监管积极性的做法少之又少。

七、"互联网＋"新业态监管存在问题突出

2015 年 7 月,国务院印发的《关于积极推进"互联网＋"行动的指导意见》极大地推动了互联网由消费领域向生产领域的拓展,加速提升了产业发展水平,增强了各行业的创新能力。魏则西、饿了么等"互联网＋"恶性事件则引发人们对"互联网＋监管"的高度关注。究其原因,除"互联网＋"

快速发展的客观诱因外,主要原因在于以下几点。

(一)监管理念和思维滞后

未能突破"看得见、摸得着、走得到"的监管旧框架,造成监管人员乱作为或不作为。有些监管部门及其工作人员并没有及时跟上"互联网＋"时代的监管理念,仍然停留在传统监管认知中。调研发现,85％的监管部门都抱怨"人手少、资金不足、设备不够、监管任务重"。这些已经成为各地监管部门最好的说辞。

(二)立法执法滞后

未能支撑"互联网＋"的快速发展,造成诸多灰色地带的产生。目前,"互联网＋"已经成功搭载了各行各业,几乎覆盖所有业态。然而,这种"互联网＋"新业态的出现,尤其是大型搜索引擎、"互联网＋商业企业"等的不断发展,新的问题不断涌现。由于立法没有能及时对这些公司及其行为进行法律意义上的分类和定性,出现了法律监管漏洞。目前仍在适用的有关"互联网＋监管"立法大多是行政性法规和指导意见,且不同部门法之间有关"互联网＋监管"的规定没有形成良好的协调与配合。

(三)"互联网＋监管"的工具和手段未能及时跟上

调研发现,对"互联网＋监管"主要依靠"统管、处罚、强制手段"。这种高压型监管方法,产生了较明显的监管效果。然而,高压型监管已广为社会所诟病,加剧了监管部门与监管对象的紧张关系,而后又被各种媒体尤其网络媒体无限放大。近年来,有些地方开始了对"互联网＋监管"的创新,尝试利用各种信息新技术,如:二维码、大数据库和整合的信息平台等。但是,这种监管手段和技术的创新还停留在某个部门、行业内,尚未形成规模效益,新技术的作用发挥有限。

八、依法监管有待强化,实现监管法治化需要持续发力

当前我国推进依法监管工作中还存在不少突出问题和薄弱环节,实现建设中国特色社会主义法治监管目标任重道远。一方面,监管法律制度有待进一步完善,立法质量需要进一步提高。随着简政放权改革的推进,监管法律制度的"立改废释"任务依然很重。有的领域法律规定的原则性过强,细分领域立法尚有空白;有的领域法律的内容未能随着经济社会的发展适时修订;有的领域配套法规规章没有及时跟上;有的领域法律法规之间衔接不畅甚至存在相互矛盾的规定,给法律适用带来困难;有的领域法律法规的可操作性不强,在监管实践中不管用不好用。这些问题的存在,使监管法治化建设的进程和成效受到一定影响。另一方面,一些政府工作人员依法监管的意识和能力不强。有的政府工作人员甚至是领导干部"权大于法"的特权思想比较严重,缺乏对法律的尊崇和敬畏,不习惯依法办事、依法监管,少数人甚至认为"有办法不依法,没办法才依法";有些领导干部把依法监管与改革发展对立起来,认为严格依法监管的条件还不成熟,依法监管束缚改革、妨碍发展。

九、形势发展对市场监管提出一系列新挑战

一是经济社会结构变迁对市场监管提出新要求。"互联网＋"的普及深入,以及新技术、新产业、新业态、新模式"四新经济",对市场监管提出了更多、更高要求。传统监管模式下现场、分阶段、分领域的执法机制已经滞后,难以与社会结构变迁的新要求相适应。二是民众权利意识勃兴对市场监管带来新挑战。普通民众对产品安全的关注度日益增强,消费者维权意识、参与监督意识不断提升,这给市场监管中端和维权处置的后端,都提出

新挑战。另外,一些摊贩经营活动虽未必完全合法,但因给周边民众提供便利受到不同程度欢迎,如执法过于简单也可能引起民意反弹。三是监管薄弱环节与高风险领域凸显。既有流动摊贩违规经营、市场主体无证经营等传统问题,又有海淘、"僵尸肉"等新问题。比如,由于数量大、规模小、种类多、分布散、卫生差、进货销售渠道杂、从业人员素质参差不齐等原因,食品摊贩成为各地市场监管老大难问题。四是监管压力与日俱增导致监管机构疲于奔命。一方面,市场主体数量庞大且增加迅速。在大众创业、万众创新的背景下,大量增加的市场主体,在释放经济活力提供就业机会的同时,也在客观上给市场监管带来巨大压力。另一方面,新型经营形态层出不穷。网络购物、手机客户端购物日益成为主流,平台、商家、生产者、消费者、物流企业在主体、空间上的分离,给监管实施、维权诉求处置带来诸多困难。

第三节 服的层面:服务意识不强与提升服务 水平动力不足叠加

党的十八大以来,服务型政府建设取得了历史性成就和进展。同时我们也要看到,服务型政府建设与经济社会发展需要和人民群众的期待相比仍有差距,个别人员服务意识不强,"甲方"观念根深蒂固。同时,提升服务水平的动力机制还不完善,个别地方和领域的服务体系、服务能力、服务水平与企业和人民群众的期待相比还有相当差距,仍然是社会反映强烈的"热点""难点""痛点"问题,"办事难""办证多""程序繁"等与服务型政府建设不和谐的现象依然存在,突出表现在以下几个方面。

一、群众办事要件多、证明多、手续繁

企业和居民的基本信息，政府相关部门都有档案，但企业和群众在部门办事时，很多部门重复索要材料，还要其他部门提供各种奇葩"证明"，不胜枚举。一个证就是一个关卡、一道门槛，证证相关、关卡重重，群众办事十分困难。另外，流程复杂、手续繁琐，依然是百姓去政府办事的普遍感受。一个普通人，从他的母亲打算怀孕开始，到出生、上学、就业、出行、婚育、退休、就医、领社保，直至死亡，需要上百个证。要办这些证，又需要相关证明。不仅需要证明"活人还活着""死人已死了""好人是好人"，有时候还要证明"你是你"。如：有的公民有"曾用名"，即使在户口本上已经注明，仍然需要公安部门证明两个名字是同一人。某市一对外来务工已15年的夫妇，为给孩子办借读，反复奔波于工作地和原籍之间，办理的各种有效无效证明多达33份。据某市一个区级公安分局粗略统计，相关部门、企事业单位要求公民和企业到公安机关出具的各类常用证明有20多种。有些部门要求公民到居委会开证明。据不完全统计，居委会给公民开具的证明多达60种以上，可是，很多时候居委会对这些情况也无法了解，因而不愿意提供证明。这些五花八门的证，使得企业和群众办起事来步履维艰。新华网的一项调查显示，超过78％的受访者认为去政府办事"麻烦"；超过81％的认为办事流程"繁杂"；办一个手续，有13.1％的人跑了10趟以上，3趟以下就办完的还不到三分之一。

二、企业办事面临的要件多、互为前置的问题仍然没有解决

企业到政府部门办事，尤其是办理投资立项审批、规划设计建设审评、竣工投产验收、产品强制认证、商标注册、新药品注册等手续，普遍存在耗

时长问题。很多政府部门实行"一窗式"行政审批服务,明确了办结时限,但在正式提交到审批窗口之前,企业往往被要求准备大量材料,需要花费很长时间,所谓"窗口一周、窗外一年"。一些建设项目,仅用地审批就可能需要几个月甚至几年的时间。由于新药注册审批耗时长,国家食药总局的药品注册审批件积压数超过 2 万件,其中仿制药最长的 6 年没有获批。不少企业常常面临"项目批下来了,市场已经没了"的尴尬境地。再如,有的施工许可证的核发,前置要件多达 15 个,涉及发改、国土、规划、住建、人防、环保、气象等部门。审批环节的自由裁量权过大,部门内审批签字环节过多。调研中有单位反映,一项审批从办事员受理开始,到副科长、科长、分管局长,再到部门一把手,少一个人签字都不行;转到下一个部门还得经过这些环节,造成审批费力耗时,出现行政机关内"公章旅行""公文长征"的怪象。

三、政务服务程序不清、标准不明

有的部门和地方办事程序和标准规范性差、透明度低,办事企业和群众"雾里看花",摸不着头脑。而且,办同样的事情,不同地区、不同服务窗口甚至不同工作人员,要求都不一样,让人不知所措。例如,某市某区有一家民营企业需办理股权变更,仅交齐表格就到税务部门跑了四趟。后来,另一位同事要办同样的事,去了区里的另一个税务局。她吸取前者的教训,备齐了前者被认为合格的全部材料,但这个税务局的工作人员这一次说还缺这样的材料,下一次又说还缺那样的材料,办事人跑了三趟才把材料交齐。2019 年国务院督查组在成都郫都区政务服务中心发现,存在一手房抵押登记和二手房抵押登记分别从不同类型的业务窗口收件且办理时效差距较大的问题;某些业务"一窗受理"虽然快捷,但每天只放 8 个号,群众必须排队等候。

四、仍然存在办事拖沓、效率不高、政策落实不到位的问题

一些政府部门工作人员服务意识不强，对企业和群众的正当办事要求，互相推诿，不敢为、不愿为、不会为现象仍然存在。有的干部担当不够，明哲保身，"宁可不干事，也不要出事""不求无功，但求无过"大行其道，对企业和群众的办事要求，不研究、不表态、不签字，致使该办的事久拖不办。有的工作人员"不见好处不办事"，能拖就拖，致使办事企业和群众"磨破嘴、跑断腿"。如调研中，一家民营企业从事军品生产，按照有关政策，可享受免税。该企业交了300多万元的税，申请免税，但三四年过去了，至今没有得到免税。再如一位公职人员申请公积金贷款，各种资料齐全，交上去半年多没有任何回音。2019年国务院大督查中发现，山西省大同市市区两级医保机构互相推诿，拖欠医保定点零售药店结算费用，导致该市平城区100多家药店流动资金枯竭，面临倒闭。从督查情况看，大同市医保中心在多次督促未果的情况下，既没有采取更有力措施积极推进，也没有按照山西省医保局有关规定继续做好平城区2019年医保费用代理结算工作，而是与平城区社保中心互相推诿，对群众的诉求视而不见。平城区社保中心从2018年10月到2019年初，对承接两定机构协议化管理和费用结算工作不积极不主动，有令不行，能推就推，能拖就拖，不把上级机构要求和群众利益放在心上。这是一起地方政府有关单位不作为、慢作为、政策落实不到位的典型案例。

五、政府信息"孤岛"现象还比较突出，制约"互联网＋政务服务"持续深入发展

"互联网＋政务服务"落地的关键在于政府数据开放共享，政务信息共

享是多平台、多系统联动、简化优化办事流程的必要条件。然而,受传统观念和部门利益影响,有的部门在进行电子政务建设时往往只从本部门利益出发,各自为战,采用各不相同的标准规范进行建设,重复建设现象严重,部门间各类数据信息无法互联互通,有的同行业内部也未能有效整合,只从解决本机构内部的业务需求出发考虑新技术应用,部门壁垒仍然存在,"信息孤岛"现象较为普遍,政务服务业务协同难、信息共享难、跨部门跨地区跨层级联动难,影响了政府服务效能提升。国务院办公厅对全国政务服务平台的检查发现,部分互联网政务服务平台未能与部门办事系统实现统一身份认证、一号登录,办事系统之间的数据不能共享复用,导致企业群众办事需要在多个平台和系统间重复注册登录,网上办事变得繁琐复杂,办事体验差。虽然政府掌握着 80% 的数据,但现实中这些信息和数据在不同部门、不同行业、不同系统、不同地区之间相互割裂,自成体系,"部门墙""行业墙""地区墙"阻碍了数据共享,这不仅与大数据时代的基本理念准则相悖,不方便企业和群众办事,也不利于政府信息的有效利用。

同时,"互联网+政务服务"思维不深入。互联网背景下的政务微信、手机 App、微博等社交媒体的传播形式具有即时传播和社会动员的优势,有利于加强政府与群众的互动性和沟通程度,更亲民,易引起老百姓的关注,能极大地提高政府信息的传播效率。而当前不少地方政府的政务服务部门和工作人员缺乏互联网服务思维,对"互联网+政务服务"还停留在"玩概念"阶段,对互联网背景下的政务微信、手机 App 等新生事物认识模糊,对"指尖上政民对话"的政务服务新模式还不能完全接受运用,还存在"坐等上门"被动服务等传统服务观念,难以提高工作效率。另外,一些政府网站处于僵尸状态,政务信息更新滞后。国务院办公厅政府信息与政务公开办公室组织开展的全国政府网站抽查结果显示,一些政府网站仍面临开办关停无序、资源共享难、服务实用性差、安全防护能力弱等突出问题。政府网站是实施"互联网+政务服务"的重要载体,一些地方政府的政府网站自开通以来就"一睡不醒"，除去首次设立时建立的政府网站界面和当时的某些政府状态，很少实时更新政务动态，甚至一些政府网站从未更新，连政府工作人员信息都查不到。一些平台搜索功能不可用，市、县级平台尤为突出。一些平台无搜索功能，一些平台无法搜索到已有服务事项，搜索功能成摆设。例如，多地建设的"互联网＋养老"平台，秉承了互联网开放、便捷、分享、免费的理念，将信息技术、人工智能、互联网思维与居家养老服务机制建设相融合，实践中优势非常明显，但由于平台之间相对封闭，信息不互通，导致很多养老平台都难以持续运营。目前民政部建有国家养老服务信息系统，收入了入住养老机构的老年人的基本数据；地方民政部门牵头建设的社区居家养老信息平台，也已形成了千万量级的老年人群体数据。虽然数据总量巨大，但缺乏统一规范和标准，平台间既无法互联互通、信息共享，也不能与已有的户籍、医疗、养老服务等信息资源对接，形成了新的信息孤岛，应用价值受限，抑制了"互联网＋"在资源整合、大数据应用等方面的潜力。

六、基本公共服务"短板"明显

有的领导干部存在惯性思维，始终把 GDP 放在第一位，没有认识到建设服务型政府的重要性和紧迫性；有的地方存在模糊认识，把为企业服务放到了第一位，把为城乡居民提供服务摆在了第二位，制定文件，出台措施，特别突出为企业服务，忽视老百姓需求；有的部门存在片面认识，认为服务型政府就是给老百姓提供方便，就是服务态度好。这些思想上不重视或存在偏差的现象长期存在，导致一些地方服务型政府建设"形式化"，新瓶装旧酒、换汤不换药，服务型政府建设无法适应经济社会发展的新形势和新要求。社会全面快速增长的基本公共需求与基本公共产品短缺、公共服务不到位之间的矛盾逐渐凸显，成为新阶段建设服务型政府的主要短板。一方面,住房保障、卫生防疫、义务教育和生态保护等局部缺口较大,碎片化现象明显,基本公共服务供给能力滞后于社会需求的快速增长。例如,养老方面,预计 2025 年我国 65 岁以上人口将突破 2 亿,占比由现在的 10% 升至 13.5%,远超 7% 老龄化国际标准,但养老服务产品总量不足、质量不高、个性化产品短缺问题短期内仍无法解决。另一方面,公共服务供给均等化程度较低,公共服务供给总体不足与局部浪费现象并存。供给效率不高、供给体制机制僵化等问题突出,导致城乡公共服务供给质量和覆盖面差距明显,尤其是县以下医疗、教育等优质资源匮乏,已成为经济社会持续发展的制约因素。此外,公共服务在精准扶贫中的作用还未完全显现。公共服务在精准扶贫中的作用,既要体现为贫困人口的兜底保障,更要形成脱贫的长效机制。目前看,这方面工作尚显不足。部分扶贫资金、扶贫项目存在绩效较低的情况。例如,一些省份调研结果表明,扶贫政策和资金向贫困县倾斜后,有的地方政策执行自由裁量空间过大、监督不强,扶贫资金成了"人情馈赠",没有起到扶真贫、真扶贫的作用;有的扶贫项目水土不服,落地后没有形成长效机制,无法起到参与式扶贫的功效;有的项目硬件验收合格后,项目随之终止,根本没有起到扶贫作用,扶贫结果"零绩效"。此外,现有公共服务对可能出现的城市新增贫困人口的保障不足。广东调研结果显示,产业升级后,至少 30% 的原有工人不愿离城返乡,"二代"农民工的比例更高。这一人群再就业能力较弱,且未被纳入城市社保中,可能导致出现新的城市二元问题和贫民窟问题。

七、相关法律法规不完善,大数据管理无章可循

当前,我国尚未建立起完善的政府信息资源管理法律法规体系,政府信息资源管理法、信息安全法等法律缺少,地方政府更是无章可循,政务部门不清楚哪些数据可以跨部门共享和向公众开放,直接导致数据仅保存于

政府部门内部,无法实现共享共用。另外,目前用于规范、界定"数据主权"的相关法律法规缺失,对政府数据的所有权、使用权、管理权以及公民个人信息隐私权等问题,也没有具体、可操作性强的法律规范加以明确,相关大数据治理法律法规明显滞后,这些问题的解决迫切需要建立与"互联网＋政务服务"发展相适应的相关法律法规保障体系。

第五章　西方国家简政放权改革的理论
与实践

尽管中西方国家政府绩效管理在宏观环境、制度基础、功能定位等方面存在着诸多差异,政府绩效管理的价值定位、指标体系、实施机制等要素也不尽相同,但是研究西方国家行政改革历程和理论发展逻辑,可以为中国行政体制改革提供不可或缺的理论素养。本章介绍了西方国家简政放权改革的理论和实践。

第一节　美国简政放权改革的理论与实践

一、美国历史上行政改革过程中出现的主要理论

美国的行政改革是随其当下所处环境而不断完善和改进的,美国政府职能部门也随着社会和经济的发展需要而不断调整。从美国各个总统在位期间的改革看,杜鲁门执政时期,国会设立了第一届胡佛委员会,帮助改进行政部门各机构的工作,美国学者瓦尔多(Dwight Waldo)提出"行政国"理论;艾森豪威尔时期,第三届胡佛委员会在行政改革中发挥了更加重要的作用;尼克松执政时期,为解决机构和人员过度膨胀问题,尼克松提出"新联邦主义"口号,主张向州和地方政府分权,同时设立研究政府机构改革问题的"阿什委员会",但是改革方案最终未获国会通过以致改革未取得预期效果;里根政府时期美国经济正处于严重衰退中,归因于联邦政府过

度膨胀,税负沉重,所以在"经济复兴计划"中主张通过缩减联邦政府的规模和开支、向地方政府分权、减少对私营企业的管制等措施来实现减税、控制货币供应增长率的目标;克林顿政府以小政府理论、放松规制理论、重塑政府理论等为指导,以放松规制和重塑政府为目标,取得了显著业绩;奥巴马政府"将致力于打造前所未有的开放政府",下令联邦政府制定并公布了一系列提高政府开放和透明性的方案并付诸实施;特朗普政府行政改革力度加大,就签署行政命令要求政府机构每制定一项新规章就废除两项旧规章,政府部门还必须以废除旧条例节省的成本来支持新条例的运转。

可以看出,美国行政改革过程中曾出现几个重要理论,它们分别是:"行政国"理论、小政府理论、放松规制理论、重塑政府理论、"开放型政府"理论。

(一)"行政国"理论

"行政国"理论由瓦尔多于1948年提出,它承认政府干预的必要性。由于科斯定理指出,私人之间通过讨价还价的方式进行资源配置的时候,假定交易费用为零,市场就总是可以有效率地解决资源配置问题,换言之,在交易费用为零的情况下,国家没有必要也不应该干预市场,社会问题基本上可以通过私人和社会的自我调解而解决,所以,在交易费用为零的情况下,国家只需要提供界定产权、在必要情况下保护产权以及保障契约执行的法律,并不需要干涉社会生活。然而在现实经济、社会活动高度发达和复杂的情况下,交易费用常常高于交易方通过交易获得的利益,私人交易或社会自发的安排不能够有效地配置资源,即市场失灵。这时候人无法通过市场来解决高价交易时,就要依靠市场之外的权威力量进行解决,政府管理或干预的优势便显现出来。美国在进入20世纪之后逐渐被称为"行政国"或"管制国家",由政府的专门性行政部门通过制定和执行专门性具体法律规范来承担起越来越多社会管理责任。

（二）小政府理论

小政府理论的出现是由于第二次世界大战后的凯恩斯主义指导下的政府管理方面出现了诸如机构臃肿、效益低下、政府失灵等问题。亚当·斯密认为"最小的政府是最好的政府"，自由放任的市场本身是有效率的，能够优化资源配置、促进国民财富增长，所以政府的功能应当限定在提供安全、秩序和公共服务等有限领域，市场经济能承担的功能，政府权威就不要干预，已经越位的必须退出。弗里德曼提出"政府的职责范围必须具有限度"。它的主要作用是保护公民的自由以免受到来自大门外的敌人以及来自同胞们的侵犯，保护法律和秩序，保证私人契约的履行，扶植竞争市场。在小政府理论指引下，国家限制政府职能，压缩政府规模，削减政府人员和行政开支。小政府理论除了继续强调民主、法治、宪政的价值外，也承认政府的作用，主张政府对市场的干预必须能够促进个人的自由创新平等。从1996年克林顿声称的"大政府时代结束"，到"9·11"事件后小布什主导的史上最大规模政府扩张，再到2008年金融危机催生的奥巴马"经济政府化"理念，美国经历了一个政府规模和职能扩张的周期，这直接导致了2009年发生反对"大政府"的"茶党运动"，特朗普当选后明确要把国家的角色尽可能地"缩小化"，小政府理论也在改革和后面的具体行动中起到关键作用。

（三）放松规制理论

放松规制理论的逻辑起点和小政府理论是截然对立的，它反对关于政府官员的经济理性人假设及解决问题的制度设计，认为官僚组织之所以效率低下是由于外部规制过紧。所谓规制，是指由行政机构依据有关法规制定并执行的直接干预市场配置机制或间接改变企业或消费者的供需决策的一般规则或特殊行为。过度规制根源于美国民主制度设计和注重法治、参与的政治文化,根据分权制衡的制度安排,将经费、生产要素和政府机构目标的控制权完全赋予立法机构、利益集团等外部实体,使政府工作效率受到影响。

威尔逊把放松规制定义为"将政府部门的行政官员置于越来越重视行政官员取得的结果,而淡化对陈规旧俗约束的依赖的情形",他认为程序高于目标、过程替代结果、规则埋没使命都是不合理的,应当放松对官僚组织的规制。换言之,放松规制就是以取得的结果为评价组织的主要标准,而避免外部机构对行政部门规制过度出现程序大于结果的现象。放松规制既要保留民主政治的核心价值,又要提高政府的绩效,强调必须使政府部门在外部规制和内部自主之间实现一定的平衡,减少对其过度规制,促使激发活力。1993 年戈尔的报告指出,放松规制是一个重要组成部分,指导了美国 20 世纪 90 年代行政的改革。

(四)重塑政府理论

重塑政府理论认为官僚主义体制作为工业时代的产物已不适应信息社会的时代要求,戴维·奥斯本和特德·盖布勒的著作《改革政府》是重塑政府理论的典型代表,认为政府的角色是决策者,而具体服务工作可承包给私营企业和非营利机构去做;政府的任务是授权而不是服务,民众的自治组织更了解基层实际情况,更能有针对性地进行有效管理,而政府可以为市民自治做一些培训、咨询之类的辅助性工作;将竞争机制引入公共服务的供给过程,政府各部门的竞争能节约成本,改变只对规则负责不对结果负责的现象;重视政府的业绩,要求政府雇员转变服务观念;重视对问题的预防,减少平层级,加强政府雇员的参与和协作;主张通过市场力量进行变革,不限于政府垄断性制度安排。重塑政府理论尝试改变传统官僚制度迟缓、低效、回应性差的缺点,主张政府应该像企业家一样追求效率。该理论可以看作对 20 世纪 80 年代以来美国政府行政改革实践经验的总结,它适应美国 90 年代行政改革实践的需要,成为 1993 年戈尔报告的蓝本和美国行政改革的指导理论。

(五)"开放型政府"理论

奥巴马时期,美国试图通过打造"开放型政府"来推进政府的信息公开,通过互联网技术促进市民参与政府决策。在联邦法律和政策允许的范围内,政府部门通过先进的科技手段向公众公开各行政部门的运作和决策,提供可供社会公众监督政府部门工作和绩效的渠道,同时汇集大众的言论趋利避害,增强政府的工作能力、提高决策水平;联邦政府机构与地方政府机构、非营利组织、国民、企业等配合共同提供环境、医疗、福利、教育等公共服务。伴随着信息化、经济全球化和民主化等行政环境的日益变迁,旨在构建一个高效率、负责任、重服务的"开放型政府",来提升政府竞争力和服务效能。

二、美国简政放权的实践及效果

(一)从历史沿革看美国行政改革实践

1.收缩政府职能:精简政府,提升效率

美国从 1975 年开始放松管制,20 世纪 80 年代美国行政改革以效率和效益为目标,开始推行公共福利政策改革;1981 年里根当选总统以后,以精简政府为目标,主要是通过更多地由私营企业提供特定政府服务的方式,提高生产率。为了收缩政府的社会职能,采取了以下措施:(1)引入市场机制:通过压缩福利项目,将许多福利项目市场化,政府制定公共服务的目标,但是执行人可以是公共部门,也可以是私营部门或者非盈利部门,从而提高质量与效率,进而克服公共部门的铺张浪费与预算膨胀;(2)放松经济管制:美国政府之前过度的经济管制加重了企业的负担,阻碍了新技术的推广使用,负责独立管制的部门众多也加重了政府的行政开支,故放松对工商业的管制便成为美国政府收缩经济职能的最主要措施。

2.重塑政府:权力下放,放松规制

20世纪90年代以克林顿为首的美国政府发起重塑政府运动,否定过度规制,打破原有的严密官僚体制,实行放松规制模式。1992年出版的《重塑政府:企业家精神如何改变公共部门》标志着重塑政府运动的开始,克林顿总统建立了全国绩效审查委员会,美国正式进入重塑政府阶段,以振兴政府为目标,放松规制把政府公务员从纷繁刻板的规则中解放出来,不仅提高了政府公务人员管理的效率和对公众的回应能力,而且缩小了政府规模,减少了政府的财政开支。

3.开放型政府:电子政务,市民参与

2009年1月21日,奥巴马签署了《透明和开放政府备忘录》(*Transparency and Open Government*),提出电子政务应当围绕"开放型政府"的战略规划开展建设。政府政策信息透明性(transparency)、市民参与(participation)、政府间以及官民协作(collaboration)作为建设的三大目标。"开放型政府"促使政府转变政策决策观念,实现政府决策过程的公开化、民主化,优化提升政府的决策力,有利于民主政治的发展;内部信息共享,不同政府层级间的机构部门协作;尊重公众的需要、选择和参与,积极推进公众与政府信息互动,在一定程度上确保了公共服务的公正性和公平性。

4.缩小政府:减少虚职,增加责任

特朗普表示行政缺编是为缩小政府规模努力的一部分,他提出重组政府计划,减除不必要的政府部门及项目,以加强行政部门的效率和责任。特朗普看来,政府中有太多为了解决资深雇员头衔晋升的虚职,这些无用岗位根本无须提名人选。"公共服务合作伙伴"的统计显示,截至2019年

2月11日,有超过两成的"关键职位"未得到特朗普提名,其中就包含大量副部长(undersecretary)、助理部长(assistant secretary)以及层级较低的职位。使公务员失业的同时,加快了流程审批的速度。

(二)从当前行政许可看美国简政放权实践

美国的行政许可制度始于1886年,美国政府包括立法、司法和执行机构,行政系统包括联邦、州和地方三级,其中地方含郡级及以下的自治市镇,所以行政许可一般分四级设定和实施。除行政许可外,立法和司法机构也设有不受《程序法》调整的少量政府许可事项。

1.联邦政府层级:依据职能大类分工

2020年3月美国联邦政府官网显示,美国联邦政府执行机构包括8个总统执行办公室,15个行政部门,261个行政部门附属机构(局),67个独立机构,43个董事会和委员会,11个准官方机构。其中15个内阁部门和至少34个独立机构具有许可职能。联邦政府的15个行政部门有各自重点分工的领域:(1)农业部主要负责粮食、农业、自然资源及相关问题;(2)商务部旨在促进、创造就业机会、经济增长、可持续发展以及提高美国人的生活水平;(3)国防部提供遏制战争和保护美国安全所需的军事力量;(4)教育部促进优质的教育确保所有人有平等获得教育的机会;(5)能源部管理美国的核基础设施,并管理美国的能源政策,以及资助能源领域的科学研究;(6)卫生与公共服务部保护所有美国人的健康,并提供基本的公共服务;(7)国土安全部致力于改善美国的安全,包括对海关、边境和移民执法,对自然和人为灾难的应急响应,反恐工作以及网络安全;(8)住房和城市发展部提供住房和社区发展援助的计划,努力确保所有人享有公平和平等的住房机会;(9)司法部执行联邦法律,对罪犯进行公正的惩罚,确保公平公正的司法管理;(10)劳工部执行联邦劳工法,保障工人享有公平、安全和健康的工作条件的权利,包括最低时薪和加班费,防止就业歧视和失业保险;(11)国务院为总统提供建议,并主导美国的外交政策,代表美国与其他国家谈判条约和协议等;(12)内政部管理公共土地和矿产、国家公园和野生动植物保护区,维持联邦政府对印第安部落和阿拉斯加原住民的信托责任,负责濒危物种保护和其他环境保护工作;(13)财政部通过收取税款,支付账单,管理货币、政府账目、公共债务等管理联邦财政,以及管理金融和税法;(14)运输部负责规划和协调联邦政府的运输项目,以及对运输方式的设定安全规定;(15)退伍军人事务部开展使退伍军人及其家庭成员受益的服务。

2.州政府层级:依据各自州需要,分类较细

美国州政府的行政机关设置与联邦的并不完全对应,主要取决于州政府的管理需要。各州行政机关的设置差异也较大。州政府的许可范围比联邦政府的宽得多,类别包括:(1)职业专业类及相应机构设立;(2)经营类中的公司开办、保险、州注册银行等;(3)建筑类中的部分建设工程;(4)环境类中除联邦外的大部分环保事项;(5)卫生类中医疗机构、食品生产经销等;(6)运输类中的州内运输部分;(7)进出口中的少量贸易;(8)教育事务;(9)运动娱乐(博彩、渔猎等);(10)州属土地、森林、矿产和公园。

3.地方政府层级:自治为主,两级地方涉事不重复,分类最细

地方政府包括郡和市镇两级,除极少数情况(如纽约市)外,一般市镇划在郡辖范围之内,且多采取自治形式。各地方政府之间在行政机关设置上的差异较大,与州及联邦政府的设置也不完全对应,通常两级地方政府的许可除涉税事务外一般不重复,郡政府的许可通常限制在非自治市镇的郡辖域内实施。地方政府的许可主要涉及辖区内的建筑和与城市地域相关的特殊活动,如区域规划、城市建设、土地使用、消防、企业申办、烟草零售、食品零售、经营用车(出租、礼宾、急救)、旧货经营、建筑专业、家庭职业、公共舞厅开办、婚姻登记、树木修剪、宠物饲养、跳蚤市场申办、集会游行等。

（三）从行政许可实施方式看美国简政放权实践

从上述文字可以看出美国行政许可涉及经营开办、职业专业、居民个人和政府内务四个领域。而其实施方式上主要分为如下四种：

1. 独立实施方式

独立实施方式只有一个实施主体，是美国许可实施的基本方式。具体分为：（1）单一形式许可实施。美国行政许可中最基本的许可，应用广泛，实施过程简明（例如居民个人领域的结婚证照、持枪证、街道集会游行等）。（2）可选形式许可实施。按实施标准分为普通许可和特殊许可，普通许可的实施有法律、规章或法定标准可循，而特殊许可往往缺乏标准作为实施依据，依靠行政程序加以规范。（3）多形式许可实施。除个别有效证照外，还涉及多种形式的许可，需要多种形式对许可加以实施。（4）多环节许可实施。例如食品药品管理局对新药实施批准，环节众多，还涉及检测、审查和检验多形式。（5）项目型许可实施。美国联邦和州政府有很多项目型许可，以检验和审查为主。（6）多类型主体许可实施。美国政府可实施许可的机构有多种类型，董事局、公司、中心等机构均可依法实施许可。

2. 同层级共同实施方式

出口许可涉及商务部产业和安全局（如军民两用品）、专利和商标办公室（以防专利数据外泄）、国务院国防贸易控制指导局（涉及国防用品及服务、军需物资等）、国防部国防技术安全行政局（如国防相关商品、服务和技术的安全政策）、财政部外国资产控制办公室（编制经济贸易制裁目录）等10多个联邦机构，均与海关和边境保护局共同实施。如国防部就负责协助审查商务部和国务院的相关证照申请。

3. 多层级共同实施方式

不同层级政府特别是联邦与州之间既存在分工，也相互配合，有些许可采取共同实施的方式，共同实施又分为分级实施、授权实施、合作实施和合伙实施。

4.多层级多机构综合实施方式

例如经营开办，从公司登记到开业需办理的许可、准许、证照、登记、认证、批准、授权、检验等涉及政府审批机构、市政府机构、州政府、联邦政府等多层级。

第二节　德国简政放权改革的理论与实践

一、指导德国简政放权的主要理论

（一）权力分立理论

分权学说中"三权分立"成为国家权力配置问题的主要理论。在近代的启蒙运动和资产阶级革命中，分权学说是自由主义学说的组成部分，使得西方政制思想从"混合政制"转向"三权分立"，并延续至今。分权的必要性，来自于限权的必要性，最终才能实现自由。按照约翰·曼宁的概括，关于权力分立原则，主要有形式主义和功能主义。

形式主义的分权强调三权之间的清晰界限，反对不同权力间的混合。近代以来，对形式主义分权学说的批判与反思，例如相互分立的国家权力必须相互协调与配合，理论无法复刻到实践，更多权力分支的出现混杂了立法、行政、司法的各种职权等，在实践中不断打破三权分立。

功能主义的分权倾向于在维护立法、行政、司法三权的核心领域的同时接受三权之间的混合，更加强调权力配置的专业性和功能性。杰里米·沃尔德伦认为：分权体制的重要性在于它提供了一种清晰分明的治理方式,其核心在于国家权力的行使更优化。尼克·巴伯认为:权力分立的核心不在于自由,而在于效率、在于形式与功能的吻合、在于将职能分配给最适合的机关。功能主义的分权让国家的运作更有效率,更能妥当地实现国家的各项任务。

(二)功能适当理论

功能适当理论也是一种规范性理论,可以为国家权力的配置提供规范指引,也被称为"功能适当原则"。1984年德国宪法法院首次提出了"功能适当"理论,在权限争议中适用"功能适当原则";弗里茨·欧森布尔1980年发表的《权力分立的当前问题》,也有说明功能适当学说的理论,并提出"机关结构的功能适当性""决定的合法化""职责""决定的效能"等概念。

功能适当原则要求国家任务分配时,要比较分析哪个机关在组织、结构、程序、人员上具有优势,最有可能做出正确决定;如果宪法将某个国家职能配置给了某个机关,那么就应该对这个机关的组织、结构、程序、人员进行相应调整,以使其能够达到落实这项国家任务所需要的功能要求。此外,相互分工的机关仍然要相互控制和平衡,但也不应该是相互削弱,而是要取向于国家功能的最优化实现。功能适当原则不再是单纯消极地限制、缓和国家权力,而是积极地决定国家权力的形成与配置,认为国家能够促进自由,做好国家权力的配置使其更加富有成效,优先关注国家权力、功能和机关的形成与配置问题。

二、德国简政放权的实践与成果

(一)德国联邦制度下的权限划分

权限划分是德国联邦制度的重要环节,德国宪法中联邦制度的权限划分可分为立法权、行政权、财政权和司法权,从公法视角考察,立法权和行政权至关重要。

德国的立法权分为专有立法权、共同立法权和框架立法权三种。依据德国宪法,专属于联邦的立法权大致有:外交和国防;联邦的国籍;迁徙自由和护照、入境、出境以及引渡等;货币及度量衡等;海关和货物的自由流动;联邦铁路和航空运输;邮政和电信;等等。各州只有在联邦法律明确授权的情况下并在授权范围内才有立法权。州属于自己的事务包括文化事务(包括广播)、教育、保健服务、治安等。德国宪法规定的共同立法项目有:民法、刑法和执行判决、法院的组织和诉讼程序、律师、公证人及法律顾问;出生、死亡和结婚登记;结社和集会法;公共福利;各州的国籍;战争损害和赔偿;等等。在共同立法即联邦和州都有立法权的项目上,在共同立法权范围内的事项,各州只有在联邦未行使其立法权的情况下,并在此范围内有立法权。当个别州的立法不能作有效规定,或者州的法律规定将损害其他各州或全体人民的利益,或在超越一州地区界限的范围内维持法律上或经济上的统一时,需要联邦有立法权。联邦与州的立法权大致平衡,但实际情况是立法权大部分集中在联邦一级,联邦在与州共同立法范围中的地位越来越强。因此,州的立法权限几乎只限于处理文化事务、治安和市政法方面。但即使在这些仅存的州立法权上,仍要就达成共同的政治方针和决定施加压力。立法集中产生的影响是,各州手中只剩下了相当少但重要的一部分立法权。

德国宪法中将行政权分为联邦直接行政和联合任务。联邦直接行政是由联邦行政部门或者受公法管辖的联邦一级法人团体或机构执行联邦法律,联邦直接行政的范围包括外交事务、联邦财政管理、联邦铁路、联邦邮政,以及联邦水路和航运管理等,由联邦政府下级行政机关执行。像武装力量、社会保险、联邦航空、联邦水道、联邦公路、联邦银行等事务都属于联邦直接行政事务,但可将有些事务委托给州代为行使。联合任务是指联邦应当参与,但属于州执行范围的事务,这些事务往往社会意义重大,并可提高公众生活水平,联合任务包括:扩大和建设高等教育机构;改进地区经济结构;改进农业结构和沿岸保护;等等。

德国宪法中的附属原则规定:若基本法不作其他规定或许可,各州有行使政府权力和履行政府职能的责任,只要州的能力允许,联邦政府应当尽量让州承担起行政任务,并为此而提供必要的支持。同时,宪法还明确指出,在不作其他规定或许可时,执行联邦法律是各州的职责。虽然联邦拥有多数立法权限,但执行却主要集中在州一级。

(二)德国的行政许可方式

德国的行政法体系中没有制定专门的行政许可法,只是将其作为行政行为的一部分,因此,行政行为所适用的程序也都使用于行政许可制度。行政许可制度散落在多个法律中,主要包括《联邦德国行政程序法》《联邦德国行政法院法》和《联邦德国行政执行法》等。

依据行政行为的内容,德国的行政许可分为三类,即命令性行政行为、组织性行政行为和宣告性行政行为。当行政许可行为由命令或者某种强制性行为构成时,可被视为命令性行政行为,如行政计划;当行政许可行为涉及确认、改变或者消灭某种具体法律关系时,可被视为组织性行政行为,如涉及人的出生、委任某种职位等;当行政许可行为宣告一个人在法律上所具有的重要地位、身份时,可被视为宣告性行政行为,如宣告给予某人奖学金的行为。实践中,许多行政许可行为兼具命令性、组织性和宣告性。依据行政行为的结果,德国的行政行为可以分为收益性行政行为和不利性行政行为。此外,依据法律有无明文规定,可以将行政许可行为划分为自由裁量行为和非自由裁量行为。

(三)"一进一出"政策("one in, one out"rule)更好开展监管工作①

德国通过的《2016 年更好监管工作计划》(《2016 *Work Programme on Better Regulation*》)中,"一进一出"政策是说每制定一个新规需废除一个旧规来保障平衡,目标是进一步减少繁文缛节,降低公众和企业的合规成本并进一步改善立法程序,它支持所有联邦政府各部和州官员减少官僚主义委员会,并协助联邦政府减少官僚主义和改善法规协调员。

为了开展更好监管工作,联邦一级、各州与地方当局以及其他移交行政责任的机构(例如工商会)之间的合作正在加强,联邦议院和联邦政府与国民议会之间的合作也在增加。

(四)联邦与州的冲突及其解决方式

联邦制国家都有联邦与州之间的冲突。作为联邦制国家的德国由 16 个州组成,但是联邦与州之间并非简单的上下隶属关系,州在联邦中也是有自己的主权领域的,所以德国被称为半主权国家。各个州均有行使国家权力(国防、外交等权除外)的职责,它与联邦在某种意义上是平等关系;但是,联邦对各个州具有监督和指令权。联邦与州之间必然会因权力的行使、职责的履行以及权限等问题发生争议与冲突。例如:履行义务、州对联邦的法律请求权、州参与联邦机关立法和联邦对州的法律请求权。这些意义重大的争议皆属联邦宪法法院管辖的范围。其解决方式如下:

在政治的范围内,主要通过联邦参议院协调解决。德国联邦参议院是德国的一个国家权力机关,作为各联邦州在联邦中的代表,是德国联邦制国家结构的重要组成部分。各联邦州政府依据《基本法》,通过联邦参议院参与联邦的立法和欧盟事务。所以在联邦与州的政治范围冲突时常常通

---

① 信 息 来 源: https://www. bundesregierung. de/breg-en/issues/better-regulation/better-regulation-482540

过联邦参议院解决。比如进行合理的资源分配,协调工作和事态评估。如果涉及另外一个州,还要跟它进行跨州协调。

在公法的范围内,主要通过联邦宪法法院解决。联邦宪法法院作为德国政府体系中的一个主要的政策制定机构,虽然是个司法机构,不能主动地参与政治和社会事务,没有创造法律的权力,在一定程度上受制于议会政治和政党政治,但仍在公众心中保有崇高地位,是欧洲最活跃、最强有力的宪法法院。在对争议的裁决中,宪法法院成功地延伸到的法律与政治领域,要在联邦与州之间保持一种平衡,但考虑到州处于联邦的弱势地位,所以十分注重保护州的权力。唐纳德・克莫斯(Donald P. Kommers)认为,"宪法法院倾向于严格解释《基本法》赋予联邦政府的联合权力,或许因为广义的解释实际上会取消国家在联邦体系中作为一个有效单位的地位"。因此,联邦宪法法院在联邦与州的关系上,虽然承认宪法的规定中联邦在立法领域的主导地位,但同时谨慎地划定联邦的边界,使州政府的权利不被侵犯。可以看出,在立法集中的趋势下,也在一定程度上为州保留了自主的空间,从而捍卫了联邦制度和联邦精神,德国联邦制度在保证法制逐渐统一的同时,也赋予州政府相当大的自主权,既有效地平衡了地区差距,又保证了整体上的效率。这一制度模式使当时战后的德国并未出现大的政治冲突与经济动荡,后期也一直保持了经济的较快增长与社会的协调发展。

从以上联邦与州的冲突解决来看,德国体制中有两个原则,分别是辅助性原则与相对原则。辅助性原则是上下级分工明确,在固定管辖范围内,上级不能对下级发号施令。但如果事态已经超出下级的能力或资源范围,需要上级援助,上级方可以介入;否则上级越线可能会受到法律制裁。辅助性原则在德国体制中非常明显,只要是属于下级行事范围内的事,不需要先获得上级批准,自己本身就有主动权,上下级分工明确,实行问责制。相对原则是指面对一个问题,只能以相对的措施应对,不能过度。相对原则在司法界很常见。犯的罪要与相关量刑的惩罚程度一样,不能过度。

(五)德国体制在新冠肺炎疫情防控中的实践

由于辅助性原则,面对当下疫情,卫生部部长很难以一己之力将其克服,他的权利范围很有限,需要甚至依赖跟其他内阁部门合作,比如内政部。州卫生部针对灾区已经成立了紧急队伍,其具体工作操作跟联邦卫生部没有直接关系,联邦无法直接发号施令,只能提出建议。由于相对原则,德国疫情还没有严重到一定程度,因此措施也不能过度,无论是发言还是采取的措施都较为严谨,相对保守。

德国联邦制度在新冠肺炎疫情防控中的优势体现在于:(1)职权清晰。联邦卫生系统的结构(联邦、州和地方)和分工很清晰,各司其职,在执行过程中会缩短应对时间。尤其是在抗疫情面前,时间往往能起到决定性作用。(2)事前准备。对于卫生部而言,联邦卫生部原本就有一套现成的国家流行病计划(Nationaler Pandemieplan),各州也有自己的流行病计划。国家流行病计划不是针对此次疫情而准备的,而是本身就有。德国于2005年首次颁布国家流行病计划,每隔两年更新一次,上一次更新时间是2017年。

值得一提的是,国家流行病计划的主要内容有:给大众提供最新信息,实施义务性汇报,关闭公众场所如幼儿园、学校,禁止集会,禁止大规模活动,采取隔离措施,对公众场所消毒,增加医院病房,设立危机小组,对现状进行观察和及时评估,根据实际情况调整流行病计划等。这些内容在新冠肺炎的防控中都有实施及应用,起到了指南的作用。

第三节　英国简政放权改革的理论与实践

英国是议会制的君主立宪政体国家,即国王是虚位元首,议会是国家的最高权力机关和立法机关,内阁是中央的行政机关行使行政权。政府组织形式是责任内阁制,以首相为首脑,法院行使司法权。在英国的决策结构中,内阁居于中心位置而非议会。实际上行政部门也具备了立法功能,英国的中央行政机关是政府,内阁是政府的领导核心,一切方针政策和重大决策全由内阁制定和执行;军队、警宪、法院、监狱亦都由内阁掌握。内阁取代议会,日渐成为国家实际权力的中心,这为英国自上而下的、自我变革式的行政改革创造了条件。

一、英国行政改革过程中出现的理论

(一)中央集权与放权磨合的模式理论

1."威斯敏斯特"模式

"威斯敏斯特"模式是描述英国政治传统的理论,自 19 世纪以来,"威斯敏斯特"模式成为分析整个英国政府政治的主要理论,它认为政府是最聪明的,也是最好的,唯有遵循"精英式自上而下"的逻辑才能治理好国家,政治精英可以做出代表公众利益的最佳选择。"威斯敏斯特"模式期望领导者具备强大、集中、坚定的决断力,通过集权、果断的领导力来施政的强有力的政府和政治领导者。其特征可以概括为:自上而下的等级关系、清晰明确的责任链、稳定的组织结构以及官僚制度的统一性与可预见性等。

2."分散政体"理论

"分散政体"理论,又称权力弥散的理论。20世纪70年代末,英国行政改革所面临的"空心化国家"(hollowed-out state)背景下产生,旨在回应"威斯敏斯特"模式理论的不足和缺陷,其认为中央政府权威正在减弱,政府机构和功能趋向专业化,政策出现"碎片化",权力资源相互依赖、政策网络、不同层级政府间关系复杂。一方面,该理论认为中央和地方关系并不是"主人-代理"间的"命令-执行"关系,而是权力资源相互依赖,并因权力和资源的不同而产生不同的影响力和自由裁量权。权力资源相互依赖是"分散政体"产生的主要原因。另一方面,该理论认为在全球化、私有化的推动下,出现"空心化国家",权力(特别是中央政府的权力)对外向上转移到了许多国际性组织,例如联合国、国际货币基金组织、世界银行以及欧盟,对内则"放权"给了地方政府、私有机构和社会组织。

3.重新构建的"威斯敏斯特"模式

重新构建的"威斯敏斯特"模式兼顾集权与分权,既承认英国在20世纪80年代以来政府治理和公共政策过程所发生的"权力弥散",又秉持传统"威斯敏斯特"模式的理念,遵循"政府是最好的"的基本观点,认为英国政治传统中一个负责任的政府,是一个愿意并能够采取强有力的、果断的、必要的行动的政府,提倡"领导式的民主观"。英国行政改革在治理和政策实施过程中形成多元权力格局,高级文官可以选择更灵活的政策执行方式,但并没有丢失英国政治传统"中央集权"的特征。重新构建的"威斯敏斯特"模式遵循英国政治传统中立法权与行政权紧密结合的特征(见表5-1)。

表 5-1 传统与重新构建的"威斯敏斯特"模式对比

传统的"威斯敏斯特"模式	重新构建的"威斯敏斯特"模式
1.中央政府的权威性; 2.自上而下的官僚运行机制; 3.明确的等级关系; 4.强调控制; 5.文官被认为会自动地执行中央所制定的政策	1.中央政府的权威性(政治、法律等资源); 2.行政自治权的授予(适度、有限分权); 3.通过"目标机制""规则",以及"直接的政治干预"来增强中央政府的控制与协调力(财政资金与立法等); 4.高级文官可以选择更灵活的政策执行方式,但最终要达到中央政府所设立的"目标"(不断政治化)

(二)市场与政治体制的联系理论

1."新右派"思潮

新右派思潮在 20 世纪 60—70 年代在西方社会开始涌现,对英国产生了较大影响,它重新界定了关于国家、市场与政治体制之间的关系,是新自由主义和新保守主义的有机融合。新自由主义主张限制政府权力、崇尚自由市场制度;新保守主义则极力捍卫现存秩序,强调政治,主张对自由市场经济给予一定约束,但同时又不希望国家对资本主义发展过分干预。新右派提出"自由的经济,强大的国家",在经济上以新自由主义取代凯恩斯主义,反对国家对经济的过分干预,建议恢复市场机制,重塑竞争,将市场自由与社会自由有机联系起来;政治上强化国家权威,通过建立强大而有效率的政府保障市场秩序和社会秩序的稳定,促进经济和社会发展的有序进行。

2.管理主义

管理主义主张政治与行政两分;公共行政的主要价值取向是经济、效率、科学和理性;核心内容是公共行政对社会的管理应当效仿私人部门的管理方法、模式和思想。波利特(Christopher Pollitt)将管理主义的特征概括为追求不断提高效率,强调管理技术在公共领域的利用,强调以有组织的劳动力来提高生产力,强调专业管理角色的运用,给予管理者管理的权力。借用私营部门的成功管理思想、管理机制和管理办法,将效率作为政府公共活动的标准。在政府改革的问题上沿用了管理主义思想,认为公共部门和私人部门之间不存在本质上的区别,相比于公共部门,私人部门在管理机制、管理方法上要比公共部门更有效率。

3.公共选择理论

公共选择理论又被称为集体选择、理性选择理论,它把经济学家的工作和方法扩大应用于集体的非市场。理性经济人和交易是公共选择理论的重点。理性经济人就是指个人都是按着成本收益的理性计算追求最大化效用的满足。公共选择理论将这种假设扩大到了个人面临"非商品"选择时所采取的行为和态度;假设人(包括官员)是自利的、有目的性的功利最大化者,在作决定时都追求利益的最大化和代价的最小化;强调个人价值,突出方法论上的个人主义,认为应当根据个人来解释社会政治。这成为政府职能转变、分权、授权、改革公共服务模式以增强对社会、对民众的回应的出发点。公共服务并不是全部由官僚机构来提供,通过建立公私机构之间的竞争、打破提供公共服务的政府垄断可以增强公众对公共服务的可选择性。

(三)合作政府理论

合作政府是布莱尔政府改革时期出现的,合作政府是指将一些公共的、私人以及自愿组织联合起来,实现跨越组织边界进行工作以实现一个共同的目标。它试图建立一个跨组织的、将整个社会治理机构联合起来的框架模式,包括中央与地方政府、公共组织、私人组织以及志愿者团体等,通过将这些机构联合起来实施整体战略,最后建成一个无缝隙的、以公民为中心的政府。这种模式通过激发地方的主动性来促进公民社会的复兴,实现国家和社会这一双重力量对民主的促进。由于国家力量强大而社会力量弱小的先天不足,这种模式的确立需要国家的权力下放,把部分权力让渡给地方和公民。

二、英国行政改革的实践与成果

(一)英国行政改革的历史沿革

1942 年 11 月,"福利国家之父"威廉·贝弗里奇(William Beveridge)为战后英国建立了规划,旨在全面推进社会保障计划,着力消除匮乏、疾病、贫困、愚昧和失业。在"战后共识"的背景下,为致力于建设从"摇篮到坟墓"的福利国家,中央政府全面干预主导英国公共服务的供给,具有普遍性、统一性和全面性的基本特点。

20 世纪 60 年代中后期,英国政府连续发布了《普劳顿报告》(Plowden Report)、《费边报告》(Fabian Report),以及《富尔顿报告》(Fulton Report),指出英国遭遇的财政危机、管理危机和信任危机。在新右派思想的影响下,撒切尔政府开始反思福利国家遭遇的严重危机,反对国家干预,主张以市场力量来解决经济运行中出现的问题。在行政改革领域,玛格丽特·撒切尔(Margaret Thatcher)坚信政府是"小"的好,反对"大"政府,掀起了"新公共管理"运动,从 1979 年开始,公共部门 50% 的机构,以及 650000 位公共部门雇员被编入私人机构中。把激励机制(例如市场竞争)引入到了公共部门内,强调分解官僚体制,通过合同外包和半市场化增强竞争性和增强顾客选择权。通过进行私有化改革,分离可以由市场接管和承担的公共服务,以达到提升政府效能、效率和效益的目标。

1997—2010 年,在新工党政府所推进的"合作政府"的理念基础之上,公共服务改革旨在消除政府部门间相互推诿的"部门主义"和公共服务私有化引起的供给"碎片化"顽疾,构建与之相应的激励机制和问责体系,进而提升政府效能,回应社会需求。"公共服务协议"(Public Service Agreement)是财政部推出的以一系列绩效目标为导向的监督体系,期望以此优化部门间的合作,加强政策协调。此外,中央政府还创立了诸如规制影响部、国家审计部、审计委员会以及公共部门基准服务部等对代理机构或执行机构进行强势规制。布莱尔政府通过建立"半官方"监管机构和以"公共服务协议"为代表的绩效目标体系来扩张中央政府的权力。新工党政府在公共服务领域的治理模式体现出的是"命令-指令、动力机制与合作主义"相混合的模式。一方面,推动公共部门与私有部门的合作,下放管理权限;另一方面,中央政府通过不断调整,强化自身的把控力。

2010年,卡梅伦政府提出"大社会"理念,期望减少政府干预,支持社会企业的创立,鼓励社会公众自我管理、自我服务,强调权力下放和责任义务。2011年,卡梅伦政府推出《开放公共服务改革》白皮书,主要包括:构造出"公共服务选择多样化"和"因人、因地制宜的权力下放体系";强调"公共服务供给多元化"和"享用公共服务机会均等化";构建"公共服务的回应性和责任机制",运用"选择权、透明度和话语权"三种机制尽量保证公共服务供给的责任性。同年11月,英国出台"地方主义法案",目标在于增强地方政府的责任性和回应性,减少中央政府对地方政府的直接或间接干预。

(二)当前英国政府部门设置及与职能合作情况[①]

英国政府官网公示的数据显示,英国政府有24个部委部门,20个非部委部门,300余家代理商及公共机构,非部门公共机构(NDPB)有4种类型。执行非部门公共机构在特定领域为政府工作,例如环境署;咨询非部门公共机构向部长提供独立的专家建议,例如公共生活标准委员会;法庭

---

① 信息来源:https://www.gov.uk/government/organisations#departments。

非部门公共机构是司法系统的一部分,对特定法律领域具有管辖权,例如竞争上诉法庭;独立的监督委员会负责监狱的运行和囚犯的待遇,例如监狱检查所。

在苏格兰、威尔士和北爱尔兰,权力下放的政府负责许多国内政策问题,其议会对这些地区具有立法权。行政区:负责的领域包括健康、教育、文化、环境、运输这些大类。地方政府:委员会制定并执行有关本地服务的决策;英格兰的许多地方都有两级地方政府:县议会和区议会、区议会和市议会;在某些地区,只有一层地方政府提供所有职能,称为"统一权力机构",它可以是城市、自治市镇或县议会,也可以称为"理事会";不仅如此,许多地区还设有教区或镇议会。议会:议会与政府分开,由下议院和上议院组成,其作用是看政府在做什么、辩论问题并通过新法律、定税。

其中 24 个部委部门及机构合作情况:总检察长办公室(与 4 个公共机构合作),内阁办公室(与 22 个公共机构合作),商业、能源与产业战略部(与 41 个公共机构合作),数字、文化、媒体和体育部(与 45 个公共机构合作),教育部(与 18 个公共机构合作),环境食品与农村事务部(与 33 个公共机构合作),国际发展部(与 2 个公共机构合作),国际贸易部、运输部(与 24 个公共机构合作),工作与养老金部(与 15 个公共机构合作),卫生与社会护理部(与 29 个公共机构合作),外交和联邦办公室(与 10 个公共机构合作),英国财政部(与 14 个公共机构合作),内政部(与 30 个公共机构合作),国防部(与 28 个公共机构合作),社区和地方政府部(与 13 个公共机构合作),司法部(与 33 个公共机构合作),北爱尔兰办事处(与 3 个公共机构合作),苏格兰总检察长办公室、下议院领导人办公室、上议院领袖办公室、苏格兰国务卿办公室(与 1 个公共团体合作),威尔士国务卿办公室、英国出口融资(与 1 个公共团体合作)。

(三)英国权力下放进程总结

1.萌芽:1997—2004 年

将权力下放当作消除分裂的工具。这一时期权力下放的推动者是工党,20 世纪末,布莱尔试图通过下放权力来解决国内民族自治问题。由于保守党政府执政的 18 年中央集权不断强化,人头税等政策的实施引起了地方民众的反感,布莱尔规划了向地方分权的政策。他认为自治过程中一些无用的争论阻碍了政策的制定和实施,应向地方分权。1997 年,工党在竞选宣言中承诺要把权力下放给苏格兰和威尔士,但明确表示是分权而非实行联邦制,它想达到的目标是"联合王国得以巩固,分离主义的威胁即会消除"。

2.转向:2004—2011 年

分离主义的影响扩大。这一时期权力下放的推动者是苏格兰民族党,中央政府从主动变为被动,其权力下放的计划受到重创。2004 年在苏格兰,主张走独立之路的萨尔蒙德重新担任苏格兰民族党领袖;在英格兰北部地区否决了中央的权力下放政策,整个英格兰地区的分权运动自此终结。这改变了英国权力下放的原有进程,分离主义影响开始扩大。在萨尔蒙德看来,苏格兰没有发挥自身潜能的权力,独立才是正确之路。此后权力下放的负面效应充分展现出来,2011 年苏格兰民族党在苏格兰议会选举中大获全胜后,中央政府才感受到危机的来临。

3.阻碍:2011—2014 年

中央成功阻击分离主义。通过在苏格兰举行独立公投成功遏制分裂,使其重新回归权力下放的政策框架。独立的口号唤起了苏格兰民众长久以来深藏内心的梦想,民族意识开始苏醒,苏格兰民族党开始将独立公投提上日程。而中央政府无法从法理和政令上否决这场运动,因为它把部分权力下放给了苏格兰议会,否决了苏格兰民族党的提议就意味着否定了分权运动,会导致苏格兰民众的分离倾向更为严重。因此,卡梅伦联合政府同意苏格兰进行公投,中央政府力主公投问题必须清晰,对外向欧盟施压,对内联合工党,才未使苏格兰分离。

4.中和:2014年至今

适当分权给地方。权力下放进程在经历了分裂的危险后,最终回归其原本路径,即适当地把一些次要权力分给地方。从中央政府的角度来看,权力下放只是分担中央过分集中的权力,而非让地方做强。这是工党最初的分权目标,也是保守党对待分权的底线。无论是中央还是地方,都在进行权力下放,英国的分权政治正在成为一种常态。

(四)英国简政放权的应用效果

1.优化结构,提高工作效率及质量

英国通过政府职能定位、组织结构重建等措施,优化政府结构;在政府内部大量设立执行机构,赋予行政首长更多处理大事的时间;促进了政府职能配置的科学与合理,精简了机构和人员,简化了办事程序,促进了政府运转的灵活与高效,充分调动了积极性,提高了工作效率和服务质量。

2.平衡中央与地方,提升公共服务

撒切尔政府推行的地方公共财产私有化、社会服务市场化、政府管理职能分散化以及布莱尔政府基于分权的权力下放等改革,平衡了中央政府和地方政府——中央政府负责政策的制定,地方政府则负责政策的具体执行,直接向公众提供公共服务。实现了公共服务提供的多样化、地域化,增强了公共服务的可选择性、灵活性和适应性。

第四节　日本简政放权改革的理论与实践

一、日本简政放权的理论

(一)多元主义政治学

该理论认为现代社会是多元的社会,民主政治应该是多元主体通过"多元竞争",达成"价值趋中"的政治。传统政治民主化理论关注宪法上的分权制衡与政府内部的权力制衡,忽视了社会上的多元制衡机制的作用。该理论认为,只有政府与社会权力制衡机制共同发挥作用,民主才能真正得到保障。多元主义民主的核心是决策权力的分散化,以及决策过程的多元竞争和妥协性。学者认为在日本政治发展中,随着占领时期的民主化改革,政治权力开始在不同的组织和个人中进行重新分配,其中较为明显的是许多社会和经济组织作为重要的政治力量参与政治过程,这些团体和组织利用自己掌握的资源影响决策过程,在社会和权力之间形成了重要的制衡机制。

(二)公私法二元论的重构

公私法二元论以"国家"与"社会"即"行政主体"与"私人"的二元对立为出发点。鉴于国家行政活动的多样化,在法律解释论上逐渐使这种对立关系相对化。国家与社会的分离甚至对立是公私法二元论产生的根源,在此反思的基础上,公私法相对论甚至一元论等重构公私法二元论的观点被提出。

1.公私法相对论

公法与私法只是在特殊的政治、经济、社会基础上基于实际的需要而产生并发展起来的。公法与私法二元性的由来,是承认国家(特别是行政)区别于一般私人的特殊地位,基于与此相关的特殊法律规制的政治要求而产生的。近来出现了私法公法化与公法私法化的相互渗透现象,这是由于以往平等、自由、私人利益的法律领域渗透进了支配、公共利益的倾向。国家或公共团体是支配权者,来规制私人行为。公私法的相对化实质上就是"国家"与"社会"的相对化。鉴于行政活动具有多样化、复杂化的特点,应当在法律上逐渐弱化行政主体与相对人二元对立的关系。

2.公私法一元论

公私法一元论认为,"国家"与"社会"二元对立是公私法二元论的基础,但在日本"国家"或"行政主体"独立于市民社会,并不存在超越与其相对立的市民社会。公私法一元论承认有关行政权的法律规制的特殊性是通过法律的规定以实定法的形式承认这种特殊性,在法律的规定没有承认这种特殊性的情况下(没有特别的法律规定时),应当依据广泛规制市民社会的私法,特别是民法。可以说二元论在现在已经失去了适当的根据,但一元论又具有过度限定特殊性的倾向。

(三)战后日本政府管制过剩反思中的理论

第二次世界大战后,由于政府过度扩张消耗大量公共资源、管制成本增加、行政效率低下、扭曲市场机制、腐败蔓延,官僚制理论基础上的政府明显暴露出等级制、强制性、单方性等缺陷,从而导致政府管制缺乏效率,严重损害市场机制发挥作用。日本将经济快速发展作为首要目标和国家战略,不断强化经济领域的政府管制,全面推行政府行政指导政策,政府管制起到突出作用。在发展主义意识形态的控制之下,日本政府管制不仅涉及政府本身以及相关内部事务,而且涉及社会、企业以及公民的管制问题;

不仅涉及发挥市场机制作用开展的管制，也涉及培育、扶持和发展民族产业而开展的管制，从而导致当时的日本政府管制过度扩张，形成过剩管制的局面。研究日本政府的过剩管制和管制弊端中出现的理论主要有：

1. 公共选择理论

该理论中，政府作为市场主体之一，同样具有经济属性和有限理性，政府行为同样存在道德风险和逆向选择问题，在信息不对称的情况下，政府会牺牲公共利益而实现自身利益最大化。日本政府为保障日本经济，人为预留出政府行政指导和管制空间，进而提高市场准入条件，形成产业发展壁垒，使得相关企业得到保护、生产者利益得到维护、市场竞争受到限制。但是，过剩的供给和供求的脱节无法带动日本经济，通货紧缩问题较为严重，这种管制结果却是日本政府保护生产者利益的必然结果，这也是管制俘虏理论所认为的结果。

2. 效率优先原则

根据日本战后经济特点和社会需求，在公平与效率的权衡上，日本政府更趋向于效率优先，由此造成生产者优先问题日益突出，消费者利益被严重忽视，消费者权益保护问题是市场机制失灵的结果，这是政府管制的核心区域。过剩的管制是竞争主义和结构主义的必然逻辑，其前提仍是政府全能理论和福利经济学的传统假定，却严重忽视政府管制的代价。日本政府对价格的过度管制和干预，使得市场形成价格刚性，生产者更易从这一政策中获得超额利润，最终却造成消费者利益受损。

3. 路径依赖理论

按照该理论，政府管制盛行，会催生特殊利益集团抵制制度改革，由此政府行为失范必然加剧，进而导致行政权力的逐步扩张，政府职能的越位、错位，以及部门利益和地区利益的遵从，从而造成公权者以权力为筹码谋求获取自身经济利益的情况泛滥，加剧社会各阶层的冲突对立和道德迷失。第二次世界大战后，日本政府管制过剩和政治上的路径依赖，导致官僚与企业之间形成紧密利益关系,使得废止管制和促进竞争受到抵制,这种路径依赖成为放松管制的最大阻力。

基于上述描述,日本政府的过剩管制和政府强力介入不可避免地会产生一系列负面作用,而为了有效应对这种局面,日本政府决定逐步放松管制,引入竞争,促进经济化,经济快速发展。

二、日本简政放权实践

(一)日本的行政许可制度

日本的"行政许可"是指实定法上对国民限制权利、赋课义务的行政处分以及其他与此类似的行为。日本的行政许可制度主要由以下两部分组成:一是具体行政领域中有关许可的零散的法律规定;二是有关许可的程序性规定,如 1993 年颁布的《行政程序法》。日本已有 50 多部法律规定了上千种许可制度,涉及风俗营业、出入境、汽车驾驶、进出口、公共企业经营、自然资源利用、医疗卫生、公共设施使用、建筑等。

行政许可作为日本行政机关的一种行政处分形式,可依法授予所有行政机关,并直接受日本的《行政程序法》。实践中,日本行政机关常常以行政厅的形式出现,因而日本的行政许可权大多集中在行政厅,即各省的大臣或地方首长等。如运输大臣向铁道业申请人发放营业执照,财政当局向申请人颁发财政许可证(如造酒业执照),环保局发放排污许可证。

(二)日本行政许可制度特征及其他许可种类

日本行政许可的特征主要有公益性、给予许可、申请在先原则。(1)公益性。行政被定义为公共事务的处理活动,即必须以实现公益为目的。日本最高法院始终强调了行政许可的制度性目的建立于公益基础之上,因此,无论是决定是否给予申请者许可,还是认定是否应考虑由此所涉及的相关私益,行政均应从公益的角度进行判断。(2)给予许可。对作出是否给予许可决定的行政机关而言,不可以自由裁量决定不给予许可,只要申请事项中不存在法定的欠格事项以及其他的不应给予许可的事项,行政机关原则上应给予许可,但在一定的行政领域可以以要件裁量的方式判断是否给予许可。如在自然环境保护与开发许可①的有关规定之中,为了保护景观,开发在一定的区域受到禁止,只有在具备特别的情况下该区域的开发禁止才可被解除,开发才能获得允许。(3)申请在先原则(先愿主义)。许可申请只要符合规定的许可基准,行政机关必须给予许可。因此,如果本件申请所涉及的许可之间发生竞争关系,各个竞争者的申请都符合许可基准,各方面条件均同一,行政机关采取依申请的先后将许可给予申请在先者的决定是正确的。

依照日本行政法学主流学说的观点,对于从事营业活动的行政批准除上述的许可(典型的为警察许可)之外,还有特许、认可、许可。

1. 特许

与解除一般性禁止的许可相反,诸如电力煤气等公共事业,铁路、公共汽车等运输业,承担着向国民生活提供不可少的服务任务。这类领域所具有的高度公益性,决定了这类营业活动不应当然地归属于私人的原本拥有的自由,而应获得国家的特别批准并在实施过程之中接受国家的业务监督。因此,这类针对公共事业的许可在行政法学上与上述的许可(原本拥有的自由的恢复)有所区别,被称为是公企业的特许,即赋予属于国家经营公益事业特权的特许,特许是对国民设定其原本不拥有的权利或权利能力

---

① 《自然公园法》第17条第3款针对自然环境与开发许可的关系规定,在特别区域内从事新建、改建或增建建筑物、采伐竹木、采掘矿物或采取土石等行为时,该特别区域属于国立公园的,必须得到环境厅长官的许可;属于国定公园的,必须得到都道府县知事的许可。第18条第3款规定,在特别保护区域内从事损伤竹木、栽植竹木、放养家畜等行为时,该特别保护区域属于国立公园的,必须得到环境厅长官的许可;属于国定公园的,必须得到都道府县知事的许可。

的行为。许可与特许在功能方面有以下两点基本的不同：在权利的性质方面，将特许所设定的当事人的法律地位作为权利而受到法律的保护；当自己所获得的特许在行使中受到妨碍时，特许的获得者可请求法律救济。

2.认可

在日本行政法中，认可是指行政机关补充第三者的合同行为、共同行为等法律行为，使其完成法律上的效力的行为。例如：农地权利转移的许可、河川占用权转让的批准、土地改良区的设立认可、公共性企业的标准合同和合并的认可等，以及建筑协定的认可、绿化协定的认可就属于行政法上的认可。由于认可是从立法政策的需要出发，未经认可的合同不发生效力，行政以此方法达到规制目的。在现实的法律制度的规定中，认可和许可同样都是对社会生活实施行政介入的方式，但在实际的适用方面较难明确其区别。

3.许可

将许可等作为"说明概念"使用。从实证法治主义的立场出发分析，许可和特许、认可以及其分别所属的"命令性行为""形成性行为"的分类是从一定的角度对行政行为的法律效果进行理论抽象的结果，是一种"理念型"的模式概念，而以制定法为根据所做出的现实的行政行为却未必符合"理念型"模式概念。在实际运作中，对所涉及的行政行为，许多判决并不是先从其应该归类于许可、特许还是认可入手的，更多的是在分析作为行为根据的具体规定的结构或衡量各种利益的基础上对行为进行认定的。

（三）日本简政放权手段与其实践成果

细川联合内阁成立伊始，日本政府决定加快管制改革，逐步放松对94项政府管制的保护措施，深化对政府替代市场的失范行为的改造，市场机制作用范围增大，配置资源程度扩大。这种放松政府管制的经济举措，基本为其后的内阁政府所沿用，并对促进自由竞争、消除抑制竞争和增加社会活力产生了积极影响。其具体做法及实践如下：

1.减少行政审批手续,释放市场活力

日本政府自 20 世纪 60 年代以来,先后进行了 7 次行政审批制度改革,行政审批项目大幅度减少。加强行政审批制度改革以应对世界经济竞争,最大限度地减少政府对市场的干预,日本经济发展与行政审批制度改革的成功经验表明,简单有效的审批手续,是推动经济发展的必然选择,也是释放市场活力的必然需要。日本的行政审批制度改革也没有把原来的审批事项全部都砍掉,而是将不符合市场经济机制的行政审批撤销。做到依法而行,合理有效地改革行政审批制度,提高了行政效率。此外,日本政府确定了一系列特殊的审批原则,其中"最小限度保留"原则适用于社会性事务,"原则自由、例外审批"原则适用于经济性事务。日本行政审批制度能动地调整审批事项和审批范围,将不符合市场规律的审批事项全部撤销,重要的审批事项坚决保留,符合审批事项范围的依法予以简化,从而全面依法规范行政审批制度改革,促进经济发展,提升政府效率。

2.加强事后法律监督,审批法律严格

日本是有浓厚法治传统和制度建构的国家,它的行政审批制度具有严格的法律基础,没有法律依据的审批制度,没有立法机关的授权,政府管制和政府行为都是非法和无效的,而政府管制改革则非自由裁量权所能控制和决定。改革的过程受到法律保护,法律不仅对改革措施的实施予以规定,而且对改革方案审议的程序和推进改革的组织体系,也予以明确规定。为了避免和减少错误的行政审批的发生,日本行政审批引进司法审查机制和司法救济机制,制定了《行政程序法》以及配套法律法规,对行政审批进行严格的事后法律监督,行政审批要接受严格的司法审查。行政管理相对人对行政审批不服的可以提起行政复议或行政诉讼,并且可以通过司法救济途径,获得一定的行政赔偿。政府管制改革的组织体系、审议程序和实施措施都需要法律明确规定。

3.充分发挥市场作用,尊重市场规律

日本行政审批制度改革是在大力发展市场经济的大环境下开展的,其改革的成功得益于尊重市场规则和市场规律。日本社会具有比较成熟的市场发育状态,以及比较自由的企业经营权,尽管日本政府重视政府规制行为,但是规制范围却集中在市场失灵的领域,集中在自然垄断、信息不对称等领域,政府绝不过分干预企业、社会事务,绝不插手处理公民事务。日本政府重视发挥市场在资源配置中的基础作用,政府对稀缺社会资源进行优化配置,主导公共管理与社会服务,并主要通过间接管理的手段,运用法律法规以及政策引导,对价格、准入、退出等重点环节进行间接干预,使得经济规制效率最大化。日本政府还注重审批事项的市场化改造,集中采用排污交易、招标投标等市场运作模式,最大限度地降低政府干预经济程度,降低管理成本,防止资源配置失当。

4.重视地方分权和社会自治,减少信息不对称

日本行政审批制度改革进程是社会经济结构领域由政府主导向社会公民主导演变的过程,政府职能的社会化改造贯穿于规制改革的始终。日本政府试图通过建立新的社会经济体系,逐步调整政府职能作用,强化市场自由化改革,通过建立健全中介组织实现资源配置的动态平衡,进而有效提高政府规制效率。日本政府发展中介组织,强调依法规制和独立规制,重视地方分权和社会自治,通过制定政策法案,明确规制部门独立出政府部门,有效推进规制事务民营化发展,从而实现规制行为逐步脱离政府行为,使得中介组织能够参与放松政府管制活动,提高行政审批效率,防止因信息不对称而引发的资源配置扭曲。同时,面对信息技术和大数据,日本社会通过信息化方式促进政府加强行政审批的电子政务管理,塑造政府与信息社会的新型合作关系,使得政府行为更加规范和透明。

第六章　继续推进"放管服"改革的重点和举措

"放管服"改革是政府以"放"为核心，以"管"为抓手，以"服"为支撑的系统化、协同化的行政体制改革。"放"就是重构政府与市场关系，凸显市场配置资源的决定性作用；"管"是政府职能由单向度、低效率的管理向多元主体共治转型，建构政府新的治理模式和提高行政效能；"服"的核心是在放和管的基础上政府治理理念的升华，也是建设现代服务型政府的重要举措。本章阐释了继续推进"放管服"改革的重点和举措。

习近平总书记在党的十九大报告中指出,要转变政府职能,深化简政放权,创新监管方式,增强政府公信力和执行力,建设人民满意的服务型政府。党的十九届三中全会强调,面对新时代新任务提出的新要求,党和国家机构设置和职能配置同统筹推进"五位一体"总体布局、协调推进"四个全面"战略布局的要求还不完全适应,同实现国家治理体系和治理能力现代化的要求还不完全适应。全党必须统一思想、坚定信心、抓住机遇,在全面深化改革进程中,下决心解决党和国家机构职能体系中存在的障碍和弊端,加快推进国家治理体系和治理能力现代化。党的十九届四中全会通过的《中共中央关于坚持和完善中国特色社会主义制度、推进国家治理体系和治理能力现代化若干重大问题的决定》强调,坚持和完善中国特色社会主义行政体制,构建职责明确、依法行政的政府治理体系。据此可见,当前和今后一段时期,进一步深化"放管服"改革,厘清政府、市场和社会的关系,把该放的权彻底放出去,把该减的事项坚决减下来,把该清的障碍加快清除掉,持续为市场主体松绑、铺路,加快培育市场化、法治化、国际化的营商环境,充分激发市场主体竞争活力,逐步完善中国特色社会主义行政体制,是时代之需、发展之需和历史之需。

第一节 强化"放管服"改革相关理论体系研究

列宁说"没有革命的理论，就不会有革命的运动"的时候，革命理论的创立和提倡就起了主要的决定作用。据此看来，加强改革理论引领改革实践研究显得重要而迫切。

一、加强"放管服"改革的理论内涵与外延研究

从近几年的改革实践看，我国对"放管服"改革的理论内涵和外延的研究较为滞后，在引领新时代改革和创新实践方面依然存在较大空间。事实上，"放管服"改革推动政府职能深刻转变，创新监管方式和监管理念，优化政府公共服务体系，破除行政管理和经济领域体制机制性弊端，使市场在资源配置中起决定性作用和更好发挥政府作用。这是一场重塑政府和市场的关系、刀刃向内的自身革命，客观上需要通过理论研究把"放管服"改革的发展规律、逻辑联系和演进方向厘清。但是，我国目前存在对行政体制改革的"放""管""服"之间的内在影响机理和逻辑关系认识不清，功能新定位和改革价值取向模糊，在理论层面缺乏内在规律性和整体性认识等问题；也有在对"放管服"改革推进高质量发展、积极适应社会主要矛盾转变、推动国家治理体系和治理能力现代化等外部逻辑关系认识不到位不深刻；同时还存在对基本相关理论研究不够，诸如政府与市场关系理论、制度变迁与经济绩效理论、国家治理体系和治理能力理论、中国政府改革理论、公共管理理论等。据此可见，我们要站在使市场在资源配置中起决定性作用和更好发挥政府作用的政策高度，来认识行政体制改革理论发展的定位和趋势。要在适应中国特色社会主义市场经济体制、适应社会主要矛盾转

变、适应经济发展新常态和高质量发展的前提下深化"放管服"改革理论的外延研究。正确认识改革取得的成效、不足和基本经验，提炼和总结改革演进规律。要深化"放""管""服"改革三个环节内在逻辑关系研究，以及服务型政府建设理论、政府职能转变与机构配套改革理论、中央与地方权责划分的理论和行政运行机制理论、组织结构理论和治理理论等研究，厘清政府改革中的组织逻辑和职能逻辑的关系。特别要重视公共政策评估理论、公共服务供给体系理论深度研究，深化认识公共服务促进经济社会发展规律，强化制定基本公共服务标准、合理配置公共服务资源、推进基本公共服务均等化等理论研究，切实让理论研究的深化、系统化引领改革实践。

二、加强西方发达国家行政管理改革理论研究

从已有研究文献看，当前我国行政改革理论存在对行政体制改革的历史进程和改革趋势规律性认识不够，改革理论呈现碎片化、片面化、西方化等趋势性特征。与此同时，国内行政学研究存在着盲目追求热点主题的倾向，缺乏对中国行政管理实践和行政学研究的本土化思考，或者说思考的深度远远不够。诚然，研究美国等西方国家行政改革历程和理论固然可以为中国行政体制改革提供不可或缺的理论素养，但是存在大量学者用西方公共管理学理论与范式机械地解释中国行政改革存在的问题和现象。事实上，脱离了中国具体情境进行行政学研究，无法从行政学理论层面对中国行政管理实践的进步和完善做出应有的理论贡献。不同性质的制度有不同的"情势"，有些制度可能在某一领域起主导作用，另外一些制度可能在另外一些领域起主导作用。这就要求我们有选择地吸收西方行政管理理论的合理素养，而不是照抄移植。中西方国家政府绩效管理在宏观环境、制度基础、功能定位等方面存在着诸多差异，政府绩效管理的价值定位、指标体系、实施机制等要素也不尽相同。据此可见，我国各级政府在实

施绩效管理的实践中，要着眼中国经济社会发展、人文环境、政府改革现状等实际，立足比较、反思与超越的眼界，建设体现国情的中国式绩效管理模式。理论建构方面要合理吸收西方公共选择理论的最新研究成果，重新界定政府、市场、社会三者在提供公共产品与公共服务中的作用，主张缩小政府在提供公共产品和公共服务中的职能和作用，扩大市场和社会在提供公共服务中的作用，进而丰富和发展中国公共行政理论体系和深刻内涵。

三、深化"放管服"改革的逻辑条件及前瞻性研究

中国"放管服"改革是由行政管理逐步向公共治理绩效化导向改革的有效实践。从改革发展趋势看，即使到 2020 年实现建立起较为完备的社会主义行政管理体制的目标，也还是改革伟大实践的初级阶段，行政改革仍需不断深化，改革永远在路上，需要持续推进国家治理体系治理能力现代化。这折射出中国"放管服"改革、政府职能转变将是一个长期且复杂的历史进程，需要进一步加强"放管服"改革趋势走向的前瞻性研究。从改革逻辑指向看，"放管服"改革的过程也就是破解社会矛盾的过程。进入新时代以来，人民美好生活需要日益广泛，不仅对物质文化生活提出了更高的要求，而且在民主、法治、公平、正义、安全、环境等方面日益增长。可以说，正确发挥社会矛盾倒逼改革的经济作用至关重要，政府必须选择恰当的时机及时出台反映民意及时代发展趋势的创新制度和政策。在实践中应当将社会矛盾视为发展进程中的"常态"现象，把维护和促进社会公正作为解决社会矛盾的关键，积极推动法制建设，有效化解社会矛盾的制度风险。这反映出要加强"放管服"逻辑指向与破解社会矛盾两者关系的研究，推进社会文明的进步和增加人民福祉。从改革逻辑条件看，大数据时代的信息技术对政府治理方式、治理结构、组织变革带来了深刻的影响。当前"放管服"改革必须适应现代信息技术快速变革与普及的大势，也可以说，技术变

革的压力传导驱动着行政体制改革的深入推进。现代信息技术提高了政府治理的技术含量,为政府改善管理水平提供了可能,为政府与社会协同共治提供了技术支撑。具体来说,政府治理可以借助于统一开放的信息平台,与基层民众直接互动沟通,有效降低了多元主体间的沟通成本,将政府的行政过程转变为以社会公众为主体、政府和社会两方协同互动的公共价值塑造过程。信息技术革命的加速,客观上需要政府部门迅速变革传统治理结构、方式和方法,驱动组织结构、业务流程、行为关系的优化再造,实现政府治理的数字化转型。据此,应强化新一代信息技术加速变革下提升"放管服"改革的适应性研究,以及如何借"未来技术大势"提高改革效率效能研究。

"放管服"改革发展到今天,已经进入"深水区""攻坚期",改革下一步遇到的都是难啃的"硬骨头",我们必须以习近平新时代中国特色社会主义思想为指导,切实贯彻落实党的十九大关于深化机构和行政体制改革的决策部署和十九届三中全会通过的《深化党和国家机构改革方案》的整体安排,以及在十九届四中全会通过的《中共中央关于坚持和完善中国特色社会主义制度、推进国家治理体系和治理能力现代化若干重大问题的决定》的指引下,用理论推动实践,用实践来修正和补充理论,在"放管服"前期系统性改革理论的基础上,积极践行以人民为中心的思想,坚定不移地把新时代改革进行到底。

第二节 在放的层面:能放则放、真减真放

当前,深化"放管服"改革是推进供给侧结构性改革、激发经济新动能、保持经济持续健康发展的迫切需要,必须多措并举,在重点领域和关键环节取得突破,尤其在"放"的层面,必须能放则放、真减真放,持续激发市场

活力和社会创造力。

一、在改革中做足放的"减法",进一步减轻市场主体经营负担

当前,应强力推进简政放权,做足放的"减法",持续激发市场活力。一是进一步深化行政审批制度改革。目前中央和地方层面设定的行政许可中,还有不少是不必要的,国务院部门要带头进一步压减行政许可,应该再取消下放一批。对保留的许可事项也要逐项明确许可范围、条件、环节等,能简化的都要尽量简化。继续压减工业生产许可证,要把许可证的种类再压减一半以上。加强改革横向协调,针对目前改革还存在部门间缺乏协同的问题,对同一事项所涉及的部门要同步放开、同步下放,加强部门之间的信息沟通、信息共享,提高协同力度,形成部门间权力下放的合力。着力规范基层审批流程,压缩前置审批环节并公开时限,推行并联审批和网上审批,着力解决多头管理、繁文缛节等问题。鼓励地方电子政务系统公开化、电子化、数据化、智能化,方便群众办事。彻底消除审批的"灰色地带",防止非行政许可审批转变成内部确认、内部备案、内部审批事项,尤其是以红头文件方式设定的非行政许可审批。二是进一步减税降费,减少市场主体经营负担。当前,应继续清理规范政府性基金和行政事业性收费,高度重视减税降费要与"放管服"改革协同推进,着力清理各类审批许可事项,规范监管行为,治理各种不合理收费,形成优化营商环境的合力。进一步推进收费改革,取消政府提供普遍公共服务和体现一般性管理职能的收费,财政供养事业单位的收费要全面纳入预算管理。重点监管一些地方不是用特定收入而是靠收费导致非税收入出现非正常增长,使减税降费效果大打折扣。据此可见,不管财政多困难,我们一定要保证减税降费落到位,绝不能再增加收费项目,绝不能让不合理收费抵消减税降费政策效果。切实加强对涉企经营服务性收费监管,多措并举降低企业经营成本,切实降低

企业用能、用地、用网、物流、融资等成本。在开展进出口环节、企业融资、公用事业、物流、行政审批相关中介服务等重点领域收费专项治理基础上，完善制度机制建设，从制度上铲除乱收费的土壤。

二、进一步深化商事制度改革，促进登记便利化、规范化和极简化

当前，一是进一步深化"证照分离"改革，重点是照后减证。现在市场主体培育和发展仍面临一些问题。一个比较突出的问题是"准入不准营"的情况依然存在。企业拿了营业执照以后，往往还有很多证件要办，不能马上开业。应积极探索推进"先照减证"，对那些没有法律法规依据、不必要的后置办证事项，一律取消，真正清除创业创新路障。各类证能减尽减、能合则合，进一步压缩企业开办时间，大幅缩短商标注册周期，工程建设项目审批时间再压减一半。在基层进一步减证和推进"证照分离"。加快政府信息系统互联互通，打通信息孤岛。要把注册登记改革的重点转向"减证"，精简"后置"的各种各样的"证"。二是全面推行基层清单管理制度。进一步压缩地方负面清单事项，为全面实施市场准入负面清单创造条件。全面推行清单管理制度。实施层面，国务院部门要在总结试点经验基础上，加快制定出台权力和责任清单；省市县三级政府部门权力和责任清单已全部公布，但由于标准和规范不统一，各地清单长短、内容差别很大，要继续进行规范和完善。同时，进一步扩大市场准入负面清单试点，压缩负面清单事项，提高透明度和市场准入的可预期性，为全面实施市场准入负面清单创造条件。三是加大中介评估服务的精简整合力度。应进一步清理规范中介服务，对审批过程的中介服务事项，实行清单管理，明确项目名称、设置依据、服务时限，明确收费依据和收费标准。清理取消没有法定依据的收费项目，彻底解决收费高和乱收费问题。推动社会组织"去行政化"，摘掉中介机构的"红顶"。要认真梳理涉建中介服务评估事项，进行分

类清理。对于交叉重叠的应当整合,如安全评价、消防评价很多内容重叠,两个评估可以合并,由安监部门统一组织实施。对于内容庞杂的应该"瘦身",如环评、能评报告书,有的多达600多页,很多内容相互抄袭,有用的信息很少,应该减少无用信息和干扰事项。对于重复评估的应该精简,比如对于区域性特点非常鲜明的地震等重大灾害评估,如果国家层面已经有了无害评估,地方应该取消该项评估;如果存在灾害风险,应由当地行政主管部门进行区域性评估,不应要求每个企业进行专项评估。

三、持续深化投资审批制度改革,全面提升投资审批效率

投资建设是当前推进"放管服"改革问题最多、难度最大的领域,也是企业和人民群众在当前改革中获得感最少的重点领域。要把深化投资建设领域"放管服"改革作为重点中的重点,努力破解投资项目审批环节多、手续繁、时间长、效率低、收费高等问题。一是减少前置要件。要从简政放权、方便企业和公民办事角度出发,对投资建设项目审批事项,特别是互为前置的审批事项,进行全面清理和整合。对于依附于审批事项上的各种"要件"特别是众多的评估事项,要实施大幅度的精简。对法律法规有明确规定的,要制定目录并向社会公布。对自行设定的审批事项,经过再论证后,能取消的取消、能合并的合并、能优化的优化。对于法规未作规定的审批事项,不得作为行政审批前置条件。深入推进投资审批改革,进一步取消下放投资审批权限,简化、整合投资项目报建手续,提高投资审批效率。鼓励地方在投资审批改革上积极探索,及时推广创新做法和成功经验。着力规范审批流程。压缩前置审批环节并公开时限,推行并联审批和网上审批,着力解决自由裁量权过大、多头管理、繁文缛节等问题。二是推动联合审批。要加强协调配合,优化项目审批流程,构建联合审批平台,实行网上并联审批,加快实行网上受理、审批、公示、查询、投诉、监管等。对于多部

门共同审批事项,进行流程再造,明确一个牵头部门,统一受理所有申报材料,并及时分送或抄送相关部门同步办理。同时,要大力精简申报材料,做到没有明确依据的申报材料坚决取消,不合理的材料坚决取消,可有可无的"其他相关材料"坚决取消。三是实行联合评价。中介承担的众多评估、评价,耗时长、收费高、标准乱,是投资建设领域最被诟病的问题,广大市场主体深恶痛绝。建议对审批涉及的评估、审查、测验、踏勘、验收等各个环节,也实施并联推进,学习和借鉴"多规合一""五图联审""多评合一""区域联合评价"等创新做法,努力实现"一个窗口"受理,"一站式"审批。需要说明,深化投资审批制度改革,绝不是要取消前置、取消审批、取消评价,而是要"拧干水分",减少不必要的前置,通过优化流程,缩短审批和评价评估的时间,提高行政效率。

第三节　在管的层面:持续创新监管理念方式

一、创新监管体制机制,进一步加强事中事后监管

当前,政府应加快转变监管理念、方式和方法,切实满足经济社会快速变化的新形势,以及信息科技发展的新需求。从某种意义讲,政府职能应该与时俱进,吐故纳新。据此,新时代政府持续提升监管效能,应着力抓好以下三点。一是应持续优化政府监管职能。深入推进"放管服"改革,持续优化政府职能,应彻底扭转当前以审代管、重审批轻监管、无利不管、放而脱管等不作为、乱作为现象和问题,着力破解部分领域市场准入门槛依然偏高、变相审批和变向收费治理不到位、投资审批效率仍有较大改善空间、政府服务的回应性和主动性不高、适应社会主要矛盾变化的监管转型滞后

等五个方面问题。创新和完善事中事后监管,推动国家各有关部门监管业务系统互联互通,全面归集各类监管数据,建设完善行政执法监管、风险预警、分析评价等子系统,为开展"双随机、一公开"监管、联合监管、信用监管等提供支撑,推动实现规范监管、精准监管、联合监管。二是进一步创新事中事后监管的体制机制。要以深化党和国家机构改革为契机,完善监管体制,形成"大监管"合力。着力建立跨部门、跨行业的综合监管和执法体系,把相关部门的监管事项和规则放到统一的监管平台上。推进综合行政执法体制改革,落实"创新执法体制"的要求,加快推进统一市场监管和综合执法模式,构建"一支队伍管市场"的综合执法格局,形成市场监管、执法合力。同时也要推进社会信用体系建设。加快完善市场主体信用公示系统,推进各部门、各方面信息互联共享,构建以信息公示为基础、信用监管为核心的监管制度。三是进一步创新事中事后监管方式。当前,国务院已经部署"双随机、一公开"监管全覆盖和推行综合执法改革,这项改革既有利于解决执法扰企、成本高的问题,也加大了监管震慑度,能让企业感到监管的无形压力。在今后推进"双随机、一公开"监管中,要进一步建立健全随机抽查系统,完善相关细则。适当增加对高风险企业的抽查概率和频次,确保监管公平公正、不留死角。更大力度推动跨部门联合检查,逐步实现"多帽合一",严格规范公正文明执法,解决多头执法、重复执法问题,同时要及时公开企业违法违规信息和检查执法结果,接受群众监督。

二、持续提升监管效能,加大对违法违规行为的惩处力度

当前,政府监管效能不高、市场主体等违法违规成本偏低等现象,严重制约着市场营商环境的进一步改善,以及人民群众合法利益的保障。新时代,积极打造市场化、法治化、国际化的营商环境,维护市场正常竞争秩序,必须牢牢把握以下三点:一是更加注重基层监管能力的提升。"基础不牢,

地动山摇",基层监管体系能力建设应是下一阶段监管改革的重中之重。要针对制约基层市场监管部门能力提升的关键因素,着力提升基层市场监管机构能力建设。进一步明确中央和地方各级政府对于基层市场监管部门能力建设责任和义务,在人、财、物等资源要素投入上予以优先保障。加强上级市场监管部门对于基层监管部门的业务指导和支持,完善基层监管部门的人力资源激励机制,充分调动基层监管部门人员的积极性和主动性。二是提升队伍素质能力,加强对监管者的监管。着力提高各级政府人员的素质能力,使之既不能胡乱作为,也不能懒惰不为。要加强地方政府特别是县(乡)镇基层的监管能力建设,适当调整职能机构,充实人员,强化培训,增加技术设备,适应部分审批权下放和监管权增加的需要。建立对监管者的监督、评估机制,加强政府内部层级监督和专门监管,健全并严格执行监管责任制和责任追究制。三是加大违法违规行为惩处力度。坚持"眼睛向下",着力管好老百姓最关心的事情,对安全生产、食品药品等领域损害人民群众身体健康和生命财产安全的行为,对制售假冒伪劣、价格欺诈、虚假广告、电信诈骗、侵犯知识产权等严重扰乱市场秩序的行为,对金融领域违规授信、非法网络借贷、内幕交易,以及环保领域偷排偷放、监测数据造假等违法违规行为,必须坚决整治、严厉打击。加快实行巨额惩罚性赔偿制度,建立完善跨地域、跨部门、跨行业的失信联合惩戒机制,让违法经营者付出高昂代价,在市场上无法立足,切实维护公平竞争的市场秩序,这样才能更好地促进和刺激消费,让消费者放心地买、安心地用,把中国这个世界上最大消费市场的潜力挖掘出来。

三、适应监管新需求,积极推进技术监管和第三方参与式监管

当前,在推进有效监管、公正公平监管的过程中,应注重现代科技支撑下高效监管和社会多元协同共治下的第三方监管。一是进一步推进"互联

网＋监管""智慧＋监管"。为避免现有部门界限带来的监管信息分割,导致信息孤岛现象,相关部门要尽快出台《市场监管体系信息互联互通建设实施办法》,重点对牵涉到不同监管部门的原有信息平台予以改造合并升级。同时尽快建立全国各类市场监管信息的统一信息平台,使不同类型的市场监管数据能够互联互通,形成合力,为监管部门的科学监管创造条件。整合审评审批、信用管理、实时监控、产品追溯、行政执法、公众服务和综合管理等多个平台模块,真正将智慧监管理念落到实处,保障有效。加快推进"互联网＋监管",不少地方都积累了好的经验,要及时加以总结推广。二是积极引导社会公众和第三方参与监管。市场监管虽然是政府的重要职能,但并非意味着政府必须成为市场监管的唯一主体。在许多西方发达国家,政府监管已经被新型的监管型治理所取代,与传统行政色彩浓厚的政府监管相比,监管型治理更加强调第三方组织和社会公众的参与和合作,包括行业协会、专业机构、中介组织、非营利组织、新闻媒体乃至公民个人,都可以成为参与市场监管治理的重要主体。事实上,越突出事中事后监管,就越需要第三方和社会公众的配合与参与,包括企业信息公开制度等在内的信息披露制度,需要激活更多的社会主体来加以监督和制约。要借鉴环境保护部门鼓励社会公众利用手机 App 举报环境违法线索的形式,进一步创新鼓励社会公众参与监管的有效形式。要将已有的社会共治理念,以更好的制度设计形式融入未来的监管体系改革之中,促使社会协同共治的市场监管体系逐步完善,监管效能逐步提升。

第四节　在服的层面:优化政府政务服务供给体系

随着社会主要矛盾的转化,人民群众和各类社会组织对政务服务需求升级持续加快,需求侧不断释放出新活力、新空间,而公共服务供给的"质"

和"量"明显滞后于需求变化,必须加快推进公共服务供给侧结构性改革,增加供给结构对需求变化的适应性和灵活性,增加人民群众的获得感。

一、大力提升政府服务效率,为各类市场主体和群众办事提供便利

当前,我国优化政府公共服务供给体系和供给质量,首要是大力提升政务服务效率,提供便利化、极简化的公共服务。针对当前企业和群众办事来回跑、环节多、材料多等政府服务效率低问题,应对政务服务的流程、方式等进行系统化改革。重点持续开展"减证便民"行动,针对烦扰企业、群众的各种"奇葩"证明、循环证明、重复证明等问题,要摸清情况,能够取消的取消,能够互认的互认,凡没有法律法规依据的、凡是能通过个人现有证照来证明的、凡是能采取申请人书面承诺方式解决的、凡是能通过网络核验的应一律取消。即使是必要的证明,政府有关部门和单位也要加强互认共享,减少不必要的重复举证,积极推进极简化政府服务模式,"简"出服务效率,"简"出群众满意感幸福感。其次是提供公平可及的公共服务。应进一步深化"放管服"改革,扩大政府公共服务购买范围和渠道,通过合作、委托、承包、采购等方式,撬动社会资本参与公共产品和公共服务供给。扩大社会保障受益面,解决好困难群体的就业、社保、教育、医疗等基本民生问题。政府兜底,为创业者解除后顾之忧。要从企业和群众的需求出发,从他们的实际困难出发,实实在在为他们排忧解难。强化政府办事人员的服务意识,强化政府的职责就是为市场主体和人民群众提供便利化服务、公平可及的服务。

二、优化政务服务网,加快推进"互联网+公共服务"提档升级

当前,应继续深化全国政务服务网络建设,全面推广"在线咨询、网上

申请、快递送达"办理模式,除涉密或法律法规有特别规定外,基本实现服务事项网上办理全覆盖,大幅提高网上办事比例。加快各地、各有关部门行政权力运行系统功能升级、联通整合,完善网上实名身份认证体系。加强电子证照、电子印章应用,做好电子文件归档工作,建立"最多跑一次"网上评价、电子监察体系,不断扩大全流程网上办事事项范围。加快"全国政务服务"移动客户端建设,深化政务服务网统一公共支付平台应用,推动更多审批事项和便民服务通过移动互联网办理。大力发展服务业、有效增加公共服务供给,注重市场的细枝末节,注重不同年龄结构、知识层次人民群众的多样化需求。推进"互联网＋政务服务"提档升级,通过科技支撑和加快政府职能转变,推动政府部门在协同联动、流程再造、系统整合等方面的改革,最大限度地运用网络渠道方便群众办事。推动国务院部门内部政务信息系统整合,制定互联互通系统名单和共享信息目录,并将整合后的政务信息系统统一接入国家共享平台,提高政府政务信息化水平。破除数据资源共享制度壁垒,深挖数据要素生产力。紧紧围绕数据资源开放共享,深化行政体制改革,进一步打破部门间在信息共享、数据挖掘、需求识别和公共服务供给层面的制度性壁垒,充分激励公共部门激活沉睡、沉淀的大量政务和社会数据资源,实现与各级政府、社会组织、市场主体等开放共享。积极推动健全多层次、多类型的大数据人才培养与智力支撑体系,形成与网络信息时代相适应的知识结构和人才结构,引领"互联网＋公共服务"的质量改进和服务升级。加快推动大数据和云服务安全保障的法律法规与标准建设,强化数据合作治理能力,将互联网企业纳入政府数据安全与风险分级管理体系中,在保障数据安全、个人隐私的前提下,深挖数据要素的生产力。加快推进公共数据整合和共享利用,建设公共数据平台和统一共享交换体系,以数据共享促进流程优化、业务协同让信息多跑路、群众少跑腿,提高政务服务便利化水平。

三、增加公共服务供给，努力提高基层政府服务能力和水平

当前，公共服务供给的短板和不足在基层、在农村，据此，必须增加基层公共服务供给，加快提升基层政府服务能力。加强乡镇（街道）、功能区便民服务网点建设，完善服务体系，实现行政服务事项就近能办、同城通办、异地可办。要以群众和企业创业、创新需求为导向，着力提升审批事项减少后的服务供给能力，提高服务的针对性为创业创新提供平台综合服务，加大政策支持力度，切实帮助创业者解决难题。扩大社会保障的受益面，解决好困难群体的就业、社保、教育、医疗等基本民生问题，政府兜底，为创业者解除后顾之忧。要通过"放管服"改革，少花钱、不花钱把制度性、体制性等"软环境"优化，让市场主体主动增加投入、带动就业。政府要加大投入，完善公共服务体系，为人民群众提供公平、均等、普惠的基本公共服务，保障困难群众基本生活，兜住底线。同时，要创新服务提供方式，发挥市场机制作用，引导鼓励更多社会资本进入，形成扩大供给合力，更好地满足群众多样化需求。也要更精准地发现基层民生领域不同群体多样化的公共服务需求，让群众真正参与到公共服务供给过程中，实现供需有效衔接。推动新一代信息技术和公共服务供给的深度融合，重点保障基层民生领域如农村养老服务、环境公共服务、偏远和欠发达地区的公共卫生和义务教育等服务的高效供给，推动构建公共服务的多元供给网络，通过多元公共服务供给方式平衡财政压力与公共服务需求之间的关系，提升基层政府公共服务能力和现代化水平。

第七章　加快完善"放管服"改革的配套举措

"放管服"改革本身实质上也是一种决策或选择，需要有效的机制程序和完善的法律制度来支撑和推进，强化政府的执行力和改革政策的落实。在实践中也需要壮大培育社会组织、加快完善社会信用体系来助推改革。本章阐释了加快完善"放管服"改革的配套举措。

第一节　完善"放管服"改革相关配套机制建设

毋庸置疑,"放管服"改革本身实质上也是一种决策或选择,也需要有效的机制、程序来支撑和推进,需要重视自上而下顶层设计和自下而上基层声音的有机结合,强化政府的执行力和改革政策的落实。

一、持续完善改革运行机制,强化政策落实落地

当前,"放管服"改革政策落实不到位现象比较突出。张思平研究指出,这几年国家层面推出的 1500 多项改革举措,数量太多、内容太细,政策落实最后"一公里"问题依然没有破解,导致一些政府部门仍然管了不该管的事,企业投资经营和群众创业创新仍然深受显性或隐性准入壁垒之苦、行政许可和变相审批之累。监管不到位和监管乱作为并存,假冒伪劣、坑蒙拐骗、侵犯知识产权等问题还比较多,公平竞争、优胜劣汰的市场环境尚

未完全形成。尽管我国营商环境在全球排名中有大幅度提高,但是办理施工许可、获得电力、跨境贸易等指标排名依然比较靠后,转变政府职能任务依然任重道远。据此,改革机制本身的制度安排和程序设计定位,要理顺中央与地方的分权关系,正确处理政治分权与行政分权、经济分权的关系,需要科学的顶层设计来支撑。以公共政策制定和执行的优化为切入点,聚焦公共政策执行的过程优化,实现公共政策设计的优化,把渐进主义决策模型嵌入政策设计的优化过程中,以提高公共政策解决实际问题的能力。

二、要完善行政执行体制机制建设,搞好公共政策评估

当前,政府改革从行政体制改革向制度性建设转变滞后。从改革实践看,政府在推进"放管服"改革中不注重制度性建设和政策评估,没有及时把一系列好的改革经验和做法总结提炼出来,通过制度建设来巩固完善改革成果。诸如中国在重大事项集体决策制度、专家咨询制度、公众参与制度和数据透明共享制度建设、政策评估等方面依然滞后,切实影响了行政改革决策的科学化、民主化和法治化进程。关于改革效果的评价缺乏一定客观性和透明度,党和政府的研究部门进行的第三方评估往往与被评估对象有着千丝万缕的联系,很难做到客观真实。导致在一些涉及重大公共政策、人民群众切身利益的改革方面,对改革信息披露不够,改革的公信力逐步弱化。一是要加快完善行政执行体制机制建设。一个突出问题就是要打破政府部门的条块式划分模式以及地域、层级和部门限制,为政府业务流程的重组和优化提供全新的平台,要对政府部门间、政府与社会间的关系进行重新整合,在政府与社会间建构一种新型的合作关系,依靠政府机构间及政府与公私部门间的协调与整合提高行政效率。在各种公共事务管理与公共服务的制度安排中倡导协同治理的基本理念,推进协同治理的运行机制,规范协同治理的运行方式。完善政治问责制和行政问责制,国

家权力机关对行政机关的政策、工作不满意,可以采取质询、罢免等各种责任方式追究行政主要负责人的责任。完善行政执行机制,关键是要解决决策职能与执行职能适度分离的问题,借鉴国外决策与执行分开的经验,解决长期以来决策与执行不分、监督不力的问题。二是切实搞好公共政策评估。当前,尽管我国已形成了一些有中国特色的公共政策评估方式,但存在的问题还比较多,如没有成文的法律法规支持,尚未形成系统化、规范化、制度化的体系,评估方法方式和技术工具较落后,评估高端人才存在较大缺口。据此,我们必须充分认知公共政策评估面临的短板和不足,重视对各级政府的"放管服"改革政策必要的阶段性评估,建立科学的政策评估模型、指标体系,以及富有可操作性的评估方法,完善政府信息公开制度。在评估过程中,要扩大社会各阶层组织与公众参与面,保证评估结论客观公正,提高评估效率和质量。同时对政策评估结果进行必要的客观剖析,切实找准制约政策执行落地的关键原因和核心要素,为新一轮改革方案的设计实施,提出及时、必要的修正建议。

三、拓宽制度化社会化参与渠道,形成"放管服"改革的重要推动力量

毋庸置疑,公共政策不仅由政府主体来实施,它还由组织集团的代表,像工会、行业协会、消费者和福利方面的院外集团、官僚和某些人来实施,这些集团的代表左右着集体行动。目前,中国"放管服"改革方案制定的主体单一,缺乏改革利益相关者的共同参与,下级不能对上级制定的改革方案进行及时有效的调整和完善,导致改革方案出现一定片面性和断裂性,不能客观反映改革的社会需求。郑永年指出,"改革的顶层设计由中央来做,但在大部分领域,尤其是地方、企业和社会层面的改革,中央并不是改革的主体。改革的主体是地方、企业和社会。因此,如何发挥地方、企业和

社会的积极性是改革实施的关键"。但是,目前应该在"放管服"改革中扮演更为积极活跃的角色——社会组织的重要力量尚未形成,社会组织数量少、规模小、布局分散和影响力弱。从国际行政改革历程看,只有改革的主导者、受影响者都能够作为具有独立意志的社会主体平等地参与改革的各个方面和全部过程,改革才能够照顾和体现各个方面的利益、愿望和要求,才能达成共识,凝聚成力量。可见,成功的改革需要中央的规划和引导,也需要社会力量的积极参与和推动。完善社会公众参与机制,重视社会组织对改革的推动力量。应加快培育作为改革推动者中坚力量的社会组织,在制度建设方面,着力将改革社会组织管理制度作为突破口,从对社会组织发展规律的认知中探寻社会前进的动力机制。要主动思考和借鉴美国社会组织发展的成功经验,从强化社会公益意识、加强社会组织能力建设、优化社会组织发展环境和完善社会组织监督机制等方面规范和引导社会组织的发展,壮大社会组织,形成"放管服"改革的重要推动力量。

四、加快形成强劲的改革动力机制,引领处于深水区和攻坚期的"放管服"改革

一个社会不能发展出有效的、低成本的契约实施机制,乃是导致历史上的停滞以及第三世界不发达的重要原因。从改革进程看,当前我国的"放管服"改革动力不足,可持续的良性的自我运行机制尚未形成,要形成强劲的改革动力机制应重视以下几个方面:一是注重用政治权威扫除改革阻力。改革是改革者刀刃向内的自我革命。从其本质上看,改革是涉及社会结构重组、社会利益调整和社会运行机制再造的一项宏大的社会工程。简单来说,"放管服"改革就是对部门手中权力和相关利益"割肉",就是把"寻租权"即把生产经营和投资自主权还给企业。这就陷入权力集中与改革推进的"悖论",如果没有一定的权力集中,很难克服庞大的既得利益的

阻力;如果权力过于集中,很难规避改革者自身的"机会主义"和"道德风险",进而形成新的改革阻力。这就客观上要求充分发挥我国政治体制优势扫清行政体制改革的阻力和障碍。二是完善监督机制,注重利用行政规制来纠正政府失灵、社会规制机构效率。在改革进程中,政府规制政策制定和运用不恰当,会带来行政性垄断、寻租行为、规制机构被俘获等问题。据此,也要求政府机构设立相应部门对规制机构进行必要的监督,防止规制机构与企业合谋、设租和寻租、牺牲公共利益为私人谋利。这就客观上要求改革绩效考核体系走上规范化、制度化和法治化的轨道,形成一种倒逼机制,进而有效规避改革中"道德风险""机会主义"行为等问题。三是重视技术变革和制度创新驱动"放管服"改革的动力机制建设。当前,大数据正在改变我们的生活以及认知世界的方式,大数据时代的政治治理形态应该是政府、市场、社会的协作治理,通过新技术的快速渗透和普及,搭建政府、市场、社会信息资源共享新平台,创新政府治理模式,形成改革新动力。此外,也要强化制度创新破除制约改革的体制机制弊端,提升制度适应性效率,减少改革向纵深推进的阻力和降低制度性交易成本。

第二节　加快法律法规"立改废释"工作

党的十八大以来,党中央和国务院积极推进"放管服"改革,始终坚持与厉行法治协调同步,注重改革程序的正当性、合法性,实现了政府活动全面纳入法制轨道的改革要求,全面推进依法治国,为全面深化改革提供制度性的引导和保障。

一、加快推进依法改革进程，在改革中逐步完善法治

"在法治下推进改革，在改革中完善法治"，这是习近平总书记对如何辩证认识和处理当前我国改革与法治的关系作出的深刻论断，也是新时代下推进改革和法治互动的正确路径。在"放管服"改革推进实践中，简政放权是手段，精准确权是目的，只有将权力装进"法律的笼子里"，才能将转变政府职能的改革成果长期巩固，才能加快形成权界清晰、分工合理、权责一致、运转高效、法制保障的政府职责新体系，切实提高政府管理水平。当前，与改革实践相比，我国机构法制建设滞后，需要加快适应依法治国、依法行政的进程，进一步完善国家组织法律体系，推进机构组织的科学化、规范化、法制化，通过立法巩固改革成果。要完善国家机构组织法建设，依法优化配置政府职能。切实推进法治化进程，提升改革的法治化保障能力。在一定程度上，法律法规的"立"滞后于改革的"进"，当前改革实践中碰到法律法规"天花板"的情况越来越多，比如一些地方推行电子证照、电子印章、电子签名、电子档案，由于法规不健全，造成认证使用难、跨地区办理难，这些过时的规定成为改革中的"绊马索"。推进法治化进程就要营造公开透明、公平公正的法治环境，给市场主体以稳定的预期。要做到规则公开透明，政府所有规则和标准原则上都应该公开，不公开是例外，让市场主体知晓并按照规则和标准去做。要做到监管公平公正，在法律面前各类市场主体一律平等，政府对各类市场主体一视同仁。要依法保护各类所有制企业合法权益，让市场主体放心安心去发展创造。

二、加快推进法律法规的"立改废释"工作，提升改革的法律保障能力

当前，在"放管服"改革实践中，法律法规"立改废释"工作开展不到位，

后续保障能力较低等问题较为突出。具体来说,在改革过程中发现简政放权文件精神与部分法律法规存在一些冲突,在取消和下放的行政审批事项中,大部分是通过国务院或国务院办公厅发文取消下放的,但与之配套的法律法规建设和"立改废释"工作存在一定滞后性,导致法律法规与简政放权文件精神存在的冲突难以有效解决。如大部门在机构设置、行政主体、审批权限等方面都遭遇不少法律法规障碍。要坚持按照在法治下推进改革、在改革中完善法治的要求,抓紧清理修改一切不符合新发展理念、不利于高质量发展、不适应社会主义市场经济和人民群众期盼的法律法规,及时把改革中形成的成熟经验制度化。各级政府部门要主动与人大及司法机构沟通衔接,配合做好相关法律法规的"立改废释"工作。要重视运用法治思维和法治方式推进"放管服"改革,注重改革进程与法制建设进程相协同。坚持稳中求进工作总基调,注重为改革试点提供及时的法律支撑,从法律制度层面彻底清除被取消和下放的行政审批项目的设定依据,固化"放管服"改革的成果。

三、依法保障"放管服"改革的系统性、整体性和协同性

当前重点是全面推进依法行政,完善行政执行体制、机制与制度,充分发挥法治对改革的引导、规范、促进和保障作用。但是从改革推进实践看,目前我国依然存在执法机制、联动机制、对接机制不及时、不健全、不畅通等一系列深层次的问题。尽管很多地方政府在县一级已经形成工商、质检、食药监"三合一"市场监管整体,但是整合后的执法机关与相关行业管理部门存在着职责交叉、衔接不畅等问题,推诿扯皮和磨合期较长等低效率环节依然存在,没有形成大监管的制度合力。从改革和法治的运行特征看,改革更强调创新性和突破性,要求善于冒险、敢闯敢干;法治则更强调确定性和规范性,强调依法行政、依法决策和依法办事。但是,目前"放管

服"改革推进和法治建设的良性互动关系还远未形成。众所周知,新的经济范式和新的商业模式持续发展离不开与之相匹配的制度政策、法律法规、监管方式创新等的有力支撑。据此可见,要依法保障"放管服"改革的系统性、整体性和协同性,要统筹考虑与取消下放的行政审批项目相关的前置审批、后续监管规范问题等,尽可能保证相关领域的行政审批制度改革整体推进、协调一致。在综合行政执法改革中,应最大限度减少不必要的行政执法事项,进一步整合行政执法队伍,继续探索实行跨领域、跨部门综合执法,推动执法重心下移,以明确执法责任、强化执法标准为抓手,不断提升执法效能和法治化水平。同时也要妥善处置综合行政执法和专业行政执法的关系,统筹配置监管职能和执法资源,逐步建立权责统一、权威高效的市场监管行政执法体制,形成综合监管与专业监管分工协作、优势互补的市场监管大格局。

第三节 培育壮大社会组织

社会组织在承接下放政务事项和社会监督等方面扮演着不可或缺的角色。但是,当前社会组织在承接能力方面存在诸多短板与不足。如社会组织数量少、规模小、布局分散、发展空间小和影响力较弱;组织体系和组织制度建设滞后,组织活力不足,行政化色彩较浓;组织外部制度环境还需进一步优化,内部的自主发展、自我管理、自我服务意识不强等。整体看来,我国社会组织尚不能很好地适应经济社会发展的需要。中国特色社会主义发展步入新时代,必须积极推动社会组织参与公共治理,提升其政务承接和社会监督能力。

一、大力推进社会组织政社分开,培养其独立性竞争性

当前,推进社会组织发展,实现社会组织功能定位,首先是要在宏观层面实现党组织领导的全面覆盖,其次是要实现微观融合,这样才能使社会组织在新时代坚持正确的发展方向,更好地服务社会治理和国家治理。在改革实践中,应进一步深化行政和社会体制改革,厘清政府与社会事务性边界,加快政社分开。应把"正确处理政府和社会关系"作为创新社会治理体制的重要内容,加快实施政社分开,制定与完善相关的法律和法规,明确政府与社会组织双方职能边界和权利义务,同时也明确社会组织发展及开展活动的边界,规范其发展和运行过程,使社会组织"有法可依""有章可循"。建设完善的政府服务外包机制,逐步扩大政府向社会组织购买服务的范围和规模,拓展社会组织的发展空间。以满足公共需求为导向,着力促进社会组织有序竞争、优化发展,着力构建包容性发展的动力机制,逐步形成政社分开、权责明确、依法自治的现代社会组织体制。应将市场机制嵌入社会组织的发展之中,引入市场机制使它们既不偏离自身的服务理念同时又能获得充足的资源,保证组织可持续生存和发展。

二、健全社会组织人才管理体系,在培育壮大中提升公共治理的能力

毋庸讳言,人才是社会组织壮大发展不可或缺的核心要素,保障优质人力资源供给,健全人才工作体系,完善人才工作机制,是社会组织发展壮大的战略支撑。据此,当前要加快发展和壮大社会组织规模,不断健全社会组织人才管理体系,优化社会组织人才评价机制。重视吸纳社会工作专业人才进入社会组织,通过薪酬待遇、社会保障待遇、岗位晋升等方式留住

更多的社会组织专业人才。从宏观上引领和培育社会组织发展,赋予其更多职能、更大空间。政府应该对自身的职能进行调整,将那些可以由社会组织承担的社会管理事务和能够由社会组织提供的公共服务分离出去。以改革和社会需求为导向,积极探索和发展多形式多类型的社会组织,积极制定与"十四五"发展规划相协同的社会组织发展规划,创建新型培育扶持社会组织的制度和政策体系,推动社会组织不断壮大发展,并积极参与国家治理体制和治理能力现代化建设。同时,政府应引导社会组织不断完善内部管理制度,强化责任意识,完成好政府转移职能的各项功能对接,发挥自身优势将部分公共管理权力承接好、运用好。

三、实施必要监管,引领社会组织规范发展

当前,政府应在包容性发展框架下对社会组织实施必要的监管,对社会组织的资金来源和资金用处进行严格审计,规范涉企收费,搭建投融资平台,破解资金短板。积极完善政务公开制度、社会组织评估制度、诚信制度和社会责任制度。畅通政社深度互动渠道,及时掌握社会组织的发展诉求和成长态势。社会组织存在的前提是要有社会需求,而这种需求又反映在社会组织有赖以存在的参与社会治理、提供公共服务的空间。在监管实践中,积极借鉴美国社会组织发展经验中的合理成分,从强化社会公益意识、加强社会组织能力建设、优化社会组织发展环境和完善监督机制等方面规范和引导社会组织发展。要构建政府对社会组织的监管体系,统筹推进日常监管、年检年报及黑白名单制度相结合的综合监管体系建设,强化政府登记部门和主管部门的监督责任,狠抓监管落实,把各项监管制度落到实处;要构建社会组织内部监管体系建设,推进社会组织监事会建设,提高专职监事比例,增强监事会的独立性和权威性,对理事会和管理层的决策管理行为实施全方位监督。

四、积极培育适宜社会组织生存的制度性"土壤"

毋庸讳言,社会组织需要良好的制度环境作为支撑才能有效发挥其在公共治理中的积极作用。当前,为促进社会组织的良性发展、快速发展,政府应该为社会组织的发展营造良好的制度与政策空间,从制度建设层面界定各类社会组织主要职能边界、社会责任和义务。应从价值认知、监管制度、能力建设、资源支持等方面下功夫,要使社会组织成为制度健全、运行规范、充满活力的国家治理和社会治理的重要参与主体,必须依赖于当前国家和政府的治理体系为社会组织的运行提供基本的制度框架。注重从正式制度的法律法规、制度政策、规章规则等为社会组织发展创造条件,扫除制度性壁垒。同时也要注重非正式制度环境的影响,主要是指与社会组织发展息息相关的道德、文化、信仰等价值观念和意识形态的影响力。尤其重要的是,在制度的运行机制层面注重与社会组织参与公共治理的机制相兼容,积极拓展行业协会、民间团体、志愿者联盟等参与国家治理和社会治理的制度化渠道,充分释放其参与社会改革发展的积极性和创造性,充分表达其成长的价值诉求。

第四节 加快社会信用体系建设

当前,社会信用体系已逐步成为国家实现治理体系和治理能力现代化的有效途径,特别是在简政放权、放管结合、优化服务和推动供给侧改革等方面已经成为一个重要的抓手,同时也是实现国家治理体系和治理能力现代化的一个重要途径。在当前大力推进全面深化改革和"依法治国与以德治国相结合"的进程中,迫切需要进一步推进社会诚信体系建设,在尊重我国传统文化的基础上建立起一套与社会主义市场经济体制、新时代中国特色社会主义行政体制相适应的诚信体系。当前我国社会信用体系建设尚在起步阶段,履约践诺的社会氛围尚未完全形成,加快信用体系建设依然面临着立法滞后、相关制度不健全、标准化数字化共享化进程缓慢、信用评价机制不完善、联合激励联合惩戒覆盖面较窄等一系列困难和挑战。可以说,我国社会信用体系建设之路任重道远,当前和今后一个时期,需要重点把握以下四个方面的工作。

一、加快完善社会信用体系建设的相关制度

诚信建设要首先从社会角度侧重于"信"的制度化、规范化的建设,同时也要注重个人道德,注重"诚"的建设。加强诚信建设,关键是制度建设。包括建立完善的产权制度、契约制度、国家信用管理制度、相关法律法规制度、政府诚信制度、企业诚信制度和个人诚信制度等。这样,才能从制度上有效保证"诚信缺失"顽症的根治,以促进社会主义市场经济的健康发展。加快产权制度、契约制度和国家信用管理制度建立,加大守信的激励和不守信的惩罚成本,对于维护并规范正常信用关系,构建适应市场经济发展的信用制度体系具有重要作用。应以政府诚信建设为重点为起点,进而逐步推进企业诚信、公民诚信和司法公信建设等。政府诚信建设以治理不作为、乱作为、滥作为的人和事以及庸、懒、散现象为突破口,全面推进服务型政府、政务公开、依法行政等政府诚信建设。要将政府信用评价指标纳入到行政绩效考核体系中,使政府工作人员的信用度直接与津贴、奖金乃至政绩挂钩。要切实发挥政府主导作用,加快制定、修改、完善、维护社会诚信、司法公信的法律法规和政策制度,尤其是为增加政府数据共享提供法律依据。尽快出台行业协会法、民间社团组织法,把社会组织发展纳入到法治建设的全过程。尽快出台针对个人信用重建的专项法律法规,其中要

涵盖个人信用破产、信用修复、信用重建等关键内容,通过法律和制度的赋能来突破社会信用体系建设的瓶颈。把诚信融入法治政府建设,切实建立政府诚信评估制度和公务员诚信档案制度等机制。除了要继续推动信用立法外,还应不断提高我国社会诚信环境和诚信文化建设,培养诚实守信意识和信仰。

二、推进社会信用建设的标准化、数字化、共享化

从我国社会信用建设实践看,实施必要的信用监管是保证市场有效运行的重要制度安排,信用标准体系的建设是支撑我国社会信用体系取得显著成就的重要"基石"。信用标准化是完善社会信用监管和服务的一个重要的关键要素,如果没有健全的标准体系支撑,就可能会出现不同行业、不同领域、不同区域之间的信用信息,面临着多元采集、交换共享困难、信用结果表示不统一等各方面的问题。据此,必须以更高的标准、更严格的要求推进社会诚信体系建设,并将诚信体系建设作为改革发展的助推器,以诚信力量破解改革难题。要打通信用信息标准壁垒,加强信用服务领域,以及商贸物流、专业服务、电子商务等重点领域信用标准的研制,切实推动政务诚信、商务诚信、社会诚信、司法公信等社会信用标准化建设。应进一步强化政府数据跨区域、跨行业、跨部门互联互通共建共享,各职能部门要对信用信息进行广泛搜集、科学处理和深度加工,并搭建一个涵盖多领域标准化需求的信用标准体系框架。在公共信用信息跨领域、跨地区、跨行业的信息共享和业务协同方面制定了一系列标准规范,包括信息采集、信息共享、信息应用、安全保密、管理服务等,保障了公共信用信息资源的互联互通和资源共享。通过搭建社会综合信息系统平台、建设完备的数字化、共享化、智能化信用评价体系,有效预测信用等级变化趋势。积极推进"信用中国"建设数字化转型,在信息归集共享、协同应用等方面开展诸多

工作,初步形成以信用为核心的新型市场监管机制总体框架。强化监管部门之间信用数据共享,缓解信息不对称引起的道德风险和逆向选择,强化政府数字化转型中"信用监管"的职能模块建设,通过信用数据归集的全面性和业务协同的有效性,提供公共信用产品和开发信用数据,不断拓展社会和市场协同应用,降低不同信用主体信息不对称程度,形成政府有为、市场有效的公正监管格局,逐渐构建起与经济高质量发展相适应的新型市场监管机制。

三、鼓励发展第三方信用评级机构

在我国"放管服"改革大背景下,信用监管与商事制度改革相辅相成,商事制度改革为企业注册提供便利,市场主体大幅增加,信用监管顺应了事中事后监管的新趋势。据此,应积极鼓励更多行业组织和第三方信用服务机构国家信用体系建设,建立公平、公正的筛选机制,确保第三方信用服务机构对市场主体信用评价的科学性和完整性。在经营活动中,引导市场主体出示信用报告,取信于合作伙伴,促成双赢共赢。通过以"三公示"为代表的信用公示制度,打通政府部门间的行政管理和公共服务领域的信用信息,同时强化培育第三方信用服务市场,引导市场主体自觉开展自我信用承诺,综合多方信息,描绘出市场主体更加科学、完整的"三维"信用脸谱。积极探索更多信用友好型的先行经验,服务于我国信用体系建设。积极鼓励更多具有国际影响力的外资信用评级机构进入中国市场,提升行业整体竞争水平,加强低效违规机构的淘汰力度。同时加快构建政府、第三方信用服务机构、行业协会等多方共同参与的信用体系建设的主体框架,有力推进企业和个人信用画像与信用评级。

四、推进联合激励惩戒工作的下沉和扩围

当前,政府应推动完善"放管服"改革中创新信用闭环监管运用模式,将更多"放管服"事项嵌入全程信用监管,规范市场主体的遵纪守法行为。在政府内部建立从上至下的信用激励制度,信用激励机制围绕对各级政府行政人员守信行为的奖励、失信行为的惩罚两个方面规范权力的运作。全面推进政府和社会协同信用,使信用成为激发市场活力、优化营商环境、提升治理能力的重要支撑。应对诚实守信的市场主体提供倾斜性政策支持和社会扶助,对于信用良好、信用评级较高的企业在融资贷款、股票债券发行、行政审批等方面提供政策优惠,开设绿色通道,提高守信收益。与此同时,及时将依法认定的拒不履行合同的个人和组织行为,纳入有关信用记录,规范认定并设立市场主体信用"黑名单",强化跨行业、跨领域、跨部门联合惩戒。加快完善以奖惩制度为重点的社会信用体系运行机制,不断拓展奖惩机制实施的广度和深度。加快推动建立一套适合企业自身诚信管理的监管体系,要求企业建立自身的诚信管理制度,明确企业应该履行的约定或应当承担的法律责任,通过制度化的形式得到有效的执行保障。

第八章 统筹疫情防控与经济社会发展中的
"放管服"改革

在新冠肺炎疫情巨灾下,中央和地方统筹推进疫情防控与经济社会发展工作,深入推进"放管服"改革,努力克服新冠肺炎疫情带来的不利影响,推动经济快速恢复回轨。本章阐释了统筹疫情防控与经济社会发展中的"放管服"改革。

第一节 战"疫"新形势下,深入推进"放管服"改革

这次新冠肺炎疫情,是新中国成立以来我国遭遇的传播速度最快、感染范围最广、防控难度最大的公共卫生事件,给我国经济发展带来前所未有的挑战。在新形势下,中央和地方统筹推进疫情防控与经济社会发展工作,深入推进"放管服"改革,努力克服新冠肺炎疫情带来的不利影响,推动经济快速恢复回轨。

一、深入推进"放管服"改革是应对新冠肺炎疫情带来的风险挑战的重要举措

我国暴发新冠肺炎疫情后,在以习近平同志为核心的党中央坚强领导下,经过全国上下和广大人民群众艰苦卓绝的努力与付出牺牲,疫情防控取得重大战略成果。但与此同时,我国经济社会也付出了巨大代价,2020

年第一季度经济出现负增长，就业压力不断加大，企业复工复产、生产经营的困难阻力重重。同时，国际疫情持续蔓延对全球经济造成的冲击仍在复杂的发展和演变过程中，世界经济下行风险加剧，不稳定、不确定因素显著增多。应对这些风险挑战，根本上是办好我们自己的事，统筹推进疫情防控与经济社会发展工作，坚持在常态化疫情防控中加快推进生产生活秩序全面恢复，做好"稳就业、稳金融、稳外贸、稳外资、稳投资、稳预期"六稳工作，全面落实"保居民就业、保基本民生、保市场主体、保粮食能源安全、保产业链供应链稳定、保基层运转任务"六保工作，努力克服新冠肺炎疫情带来的不利影响。深入推进"放管服"改革，使市场在资源配置中起决定性作用和更好发挥政府作用，更大激发市场活力、增强内生动力，是当前我们实现"六稳""六保"，办好我们自己的事的重要举措，必须坚持不懈深入推进。

二、统筹推进疫情防控与经济社会发展工作对"放管服"改革提出了新的要求

在常态化疫情防控和推进生产生活秩序恢复过程中，暴露出我国治理体系和治理能力的一些短板，说明疫情对"放管服"改革提出了新的挑战，即如何在常态化疫情防控确保人民健康安全的同时，通过更加高效、更加便捷和有力的举措，促进全面复工复产、复市复业，确保疫情防控与经济发展两不误。

推动简政放权，要在保持必要疫情防控措施的同时，简除烦苛管制，促进企业复工复产。前期疫情形势严峻，限制人员流动，对企业复工复产实行审批管理，是疫情防控的需要。随着疫情得到控制，推动复工复产进入"快车道"是实现经济社会发展正常化的当务之急。但一些地方复工复产进度偏慢、成效不佳，一个重要原因就是当地政府对一些不合时宜的疫情管控审批权力不敢放，甚至不愿放，阻碍了企业复工复产复市和人员的正

常流动。例如,一些非疫情防控重点地区仍对企业复工复产实行审批管理,要件繁多,流程繁琐。企业所提交的相关文件在多个部门之间"流转",一些不必要的形式化流程没有简化,一些流程的现实合理性令人质疑,并没有真正为企业的复工复产提供便捷化服务。又例如,有一段时间,一些地方证明手续繁琐,防疫证明"满天飞",员工返岗被要求出具疫情期间出行轨迹、健康证明,跨地区运输要有介绍信、城际通行证、司机健康证,有了健康码还要健康证,仿佛证明越多就越安全,严重阻碍了企业复工复产。再例如,有的地方搞形式主义,干涉市场主体经营行为,上级不切实际下指标、定任务,下级则让企业开着机器空转,对复工复产率"掺水分"来应付。可见在某些地方、某些领域的简政放权之路还较长,要根据疫情持续向好态势,保持必要疫情防控措施的同时,清理取消不合时宜的临时管制措施和不合理的证明、收费等规定。

加强公正监管,要健全标准严格执法,提升疫情防控常态化的创新监管治理能力。疫情期间的一些新情况、新问题对"放管服"改革中的监管环节提出了新的挑战。例如,疫情期间,口罩等医用物资的捐赠、售卖、生产等出现了一些不良事件,诸如捐赠口罩被倒卖、售卖虚假口罩诈骗钱财、生产不合格口罩在市场流通,也有的不法商家坐地起价发疫情财、赚"黑心钱",哄抬口罩价格等。在开展防疫用品出口过程中,有的企业因产品质量问题被外方退货,扰乱防疫用品出口秩序,严重影响国家形象。又例如,非法野生动物交易长期屡禁不止,法律制度不完善、基层执法力量不足是其中的重要原因。再例如,疫情期间,小区的封闭式管理以及居民减少外出等防控措施对居民日常生活物资采购产生影响,催生一些网络生鲜平台的抢购风潮,以及社区居民自发与农场联系"团购"等新形态,这其中隐藏着新的食品安全问题。要对疫情防控中的监管方面的经验进一步提炼总结,提升疫情防控常态化的创新监管治理能力,健全重点领域的监管标准,织牢织密法治之网,严惩违法行为。

大力优化服务，要打通有关推动复工复产政策的落实堵点，并关注重大突发事件应对能力建设。在推动复工复产过程中，一些地方服务"慢半拍"。有的地方对人流物流遇阻、资金用工短缺等困难消极观望，束手无策"不回复"；有的从应急状态向恢复正常秩序切换迟缓，存在被动落实。有的政策实施环节较多，传导不畅，导致落实不及时、不到位。比如失业保险稳岗返还等扶持政策必须由企业申请，并经层层审核才能获得，但一些企业对政策不完全知晓，或疫情期间尚未复工没有申报，导致政策无法享受。有的推动复工复产政策没有细化完善。比如，国家已提出实行防疫紧缺物资政府兜底采购收储政策，但相关实施细则和操作办法还不明确，政策落实悬在空中，相关企业在扩产增供时，心里没有底。再比如，国家提出，各地结合实际，鼓励对个体工商户承租经营性用房的租金进行减免，但仅仅是原则性意见，导致落地比较难。疫情透视出我国在应急医疗卫生体系的一些短板，同时疫情也可能改变世界银行营商环境评价体系。世界银行相关人士曾坦言，现行指标体系是一个窄维度，现行指标体系覆盖范围偏窄，没能将城市公共服务等因素考虑在内，不能反映当地公共卫生体系、重大突发事件应对能力，也难以反映疫情等突发事件的影响。未来，跨国公司选择投资目的地的标准可能进一步增加对当地公共卫生体系、重大突发事件应对能力等因素的考量，可能导致我国面临的全球营商环境的改变。针对这些新挑战，要创新服务方式、提高服务效能，为企业发展和保障人民群众生命健康办实事，及时制定推动复工复产有关政策的实施方案和操作细则，并加强跟踪分析，及时发现政策执行中的问题，有针对性地调整和完善。同时，抢抓时间窗口，扬长避短、化危为机，提升我国营商环境国际竞争力。

第二节　中央推动"放管服"改革助推复工复产的主要举措

疫情发生以来,各有关部门持续优化营商环境,简化产品审批,压缩企业开办时间;创新监管方式,提高监管效能;推进"互联网＋监管",为市场主体提供便利。通过"放管服"改革和减税降费等综合施策,同向发力,激发了市场主体的活力和社会创造力。

一、在"放管服"改革中协调推进更大规模减税降费

深化"放管服"改革,需要和减税降费密切结合起来。为统筹推进疫情防控和经济社会发展,党中央、国务院先后部署实施了一系列税费优惠政策,通过制度性安排和阶段性政策并举,并根据国际疫情发展决定延长阶段性政策,重点减轻中小微企业、个体工商户和困难行业企业税费负担,就是为了激发市场主体活力,尽快让受疫情影响的小微企业和个体工商户能够生存下去、活跃起来。2020年的《政府工作报告》提出,加大减税降费力度,预计全年为企业新增减负超过2.5万亿元。国家税务总局统计,2020年1—4月,全国累计新增减税降费9066亿元,其中2020年出台的支持疫情防控和经济社会发展税费优惠政策新增降税降费4857亿元。减税降费的具体措施有:一是对疫情防控重点保障物资生产企业给予税费优惠。二是对受疫情影响较大的交通运输、餐饮、住宿、旅游等行业企业给予税费减免。三是加大鼓励社会捐赠的税收优惠力度。四是对防疫补助收入免征个人所得税。五是加大个体工商户和小微企业税收优惠力度。六是出台

扩大汽车消费的税收政策。七是延续西部大开发企业所得税优惠政策。此外,还出台了阶段性减免企业社会保险费,继续执行下调增值税税率和企业养老保险费率等制度,并适当延长部分阶段性减税降费政策的执行期限;降低企业生产经营成本,鼓励各类业主减免或缓收房租;政府性融资担保行业减半收费,将综合融资担保费率降至1‰以下;等等。

二、推进简政放权,便利市场准入

新冠疫情发生以来,为了保障防疫物资的需要,有关部门对涉及防疫所需的药品注册申请,对生产或者是转产口罩、防护服等应急物资的生产许可申请,对涉及防治新冠肺炎的专利、商标申请,实行了应急审批、特事特办、急事急办。又比如,有关部门压缩审批时间,将疫情防控所需的5类消毒用品原料许可证,办证时间由过去的30天降到了1天;将保障春耕的两类化肥产品的许可办证时间由过去的10天降到了1天。

三、创新监管方式,提高监管效能

一是维护公平有序的市场秩序。疫情期间,个别不法分子哄抬口罩、熔喷布、测温枪等价格,发"国难财"、赚"黑心钱",市场监管、发改、公安等部门联合给予了严厉打击,曝光典型案件,形成了强大的震慑。同时,加强"米袋子""菜篮子"食品安全监管,及时排查风险隐患,严查制假售假和乱涨价的行为,维护市场秩序,营造安心放心的消费环境。二是实行告知承诺。针对企业复工复产涉及的行政许可、强制认证等事项,如果企业具备了生产条件,但是暂时不能提交相应材料,相关部门实行"先承诺、当场办"。在确保食品安全的前提下,对低风险的食品生产经营企业实施"先证后查",即企业先开门,根据疫情防控的形势,相关部门再进行现场的核查。

四、优化服务,充分发挥市场机制的作用

针对疫情防控期间企业在产业链、供应链、资金链、物流链等方面存在的困难,国家发改委等六部门出台了《关于应对疫情影响 加大对个体工商户扶持力度的指导意见》,目的就是要降本减负,帮助个体工商户应对疫情冲击,支持多渠道的灵活就业,解决个体工商户恢复营业的问题,创造更多的就业岗位。具体如:公安交管部门为服务疫情防控大局,第一时间开辟应急运输"绿色通道",完善救助服务机制,畅通全国路网;市场监管部门为保障防疫物资和民生商品的市场供应和价格稳定,发起了"保价格、保质量、保供应"的"三保"行动,通过政府搭台、企业承诺、凝聚市场主体共克时艰、保供稳价的合力;国家发改委等部门开展数字化转型伙伴行动,强化区域型、行业型、企业型数字化转型促进中心等公共服务能力建设,通过搭平台降低转型门槛,解决"不会转"的难题。实施好"上云 用数 赋智"行动,探索推行普惠型云服务支持政策,更深层次推进大数据融合运用,加大对企业智能化改造支持力度,特别是推进人工智能和实体经济的深度融合。

第三节　地方推动"放管服"改革助复工复产的主要举措

疫情发生以来,各地把深化"放管服"改革、持续优化营商环境作为支持疫情防控和经济社会发展的重要抓手,持续推进简政放权、放管结合、优化服务,全力保障实现疫情防控和经济社会发展"双胜利"。

一、在"简政"改革方面,着力推进审批制度改革

疫情发生以来,全国各地的政策突出体现在要进一步简化或精简审批流程,减少不必要的环节,更加便捷化。在疫情防控期间,各地政府对企业复工复产的审批,成为政府简政放权的一面镜子。有很多省市,例如,浙江、深圳、哈尔滨等在疫情防控期间陆续推出了多种"网上办""掌上办""视频办""预约办""集成办"等线上办理的途径和方式,开设更多的网络便民服务专区,"一站式"解决群众个性化的办事需求,使得行政审批流程更加简化与便捷化。这些办理方式和途径,不仅在疫情防控期间有效减少人员聚集,也更加便利化、高效化,更推进了复工复产过程中大项目带动小项目。例如,北京推进简政放权。北京中医药大学东方医院申请建发热门诊,规划部门利用"简易低风险"项目审批服务政策,1日内办理完成"建设工程规划许可证"。北京海关对GE医疗公司的进口CT设备,特事特办、急事急办,指派专人与GE公司对接,最短时间完成审核放行,确保20吨零部件及时通关。

二、创新监管、从严监管,维护市场秩序

从地方改革发展实践看,成都等地倡导"地摊经济",发布《成都市城市管理委员会关于建立城市管理"八项机制"深化柔性管理服务助力"六保"任务落实落地的意见》,推进对"地摊经济"的柔性管理服务,对原有措施进行细化和补充,内容包括建立摊点摊区设置引导、商贩摊主清洁卫生责任、群众投诉现场快速处置、商贩摊主容错纠错、商贩摊主榜样示范、商贩摊区择优拓展、摊区安全防护、城管巡查服务等,让"地摊经济"不再成为"脏乱差"的代名词。河南、上海等地的市场监督管理局针对一

些超市出现的不同种类的蔬菜价格暴涨的现象,加大处罚力度,开出了
50 万元到 200 万元不等的罚单;在广东,一些地方的市场监管部门针对
药业销售公司和药店哄抬口罩价格、价格欺诈等行为,依法加大行政处
罚力度;浙江有些地方还针对销售假冒伪劣口罩的行为,依法对相关人
员和机构进行制裁。杭州市桐庐县市场监督管理局借助"食品安全监管
云平台"开展食品生产企业复工专项检查。企业只需在平台自报情况,
将各项相关内容以表单、照片等形式上传,工作人员即可在线审查资料,
实现"零接触"监管。

三、完善政策服务体系,优化企业发展环境

在统筹疫情防控和社会经济发展的背景下,各地的政策举措旨在为企
业更加顺畅地复产复工打通相关环节,最大程度上恢复社会生产生活秩序
和经济运行。各地区普遍派驻干部下沉到生产一线,驻企开展一对一服
务,强化企业用工保障线、物流流通运输线、防疫物资供给线。例如,河南
全力做好重点企业员工返岗工作,在不到一个月的时间内帮助郑州富士
康,将返岗员工从 600 人增加到近 20 万人;四川、山西、贵州、吉林等省份,
通过点对点服务帮助农民工返工;河北先后为省内医药企业协调能源蒸汽
设备维修、原料供应 31 次;四川狠抓防疫物资,防控企业提前复产,口罩日
产能由疫情初期的 40 万只提升到超过 1000 万只。有些地方创新性地以
大数据为基础,不断拓展优化服务。例如,浙江省对全省县域疫情进行风
险评估,并运用"五色图"实行分区分级精准防控,制定差异化防控策略,实
现疫情防控、百姓生活、企业生产、经济运行、社会秩序多目标的优化。这
些地方的政策措施本质上是对社会公众和企业以及经济发展的优化服务
的深层次拓展,最大程度激发市场主体活力,最快速度恢复经济运行,把
"防控"与"服务"有机融合在一起。例如,疫情发生以来,江苏省许多政务

服务转到网上,通过"不见面"方式,2个月左右就组织采购、招标项目1100多个,中标总价超过130亿元;全省98%的税费业务通过线上办理,同比提高10个百分点,选择"非接触式"领用发票的纳税人高达93%。例如,江西出台的《纵深推进"放管服"改革全面优化政务服务助力经济社会发展的若干措施》明确,全面推广使用"赣通码",各地自建的健康码平台要与省平台对接,实现健康信息全省"一码通行"和跨省共享互认,保障企业员工顺利返岗和人员有序流动。

在疫情特殊时期,审批不仅要快,更要安全。从2020年2月3日开始,经开区政务服务中心就推行"不见面审批":企业有业务,可以先打电话预约,窗口服务人员将所需材料一次性告知,企业办事人员将准备办理的材料发送到邮箱,"线上"初审无误后再发快递,审批文件最后直接快递给企业,全程无须跑服务大厅。通过"不见面审批"方式,经开区已为200多家企业办理了环评审批、居住证审批等多种类型的业务。

第四节　常态化疫情防控下深化"放管服"改革的再思考

有关部门和各地在统筹推进疫情防控和经济社会发展工作中深入推进"放管服"改革的实践,为我们进一步认识"放管服"改革的规律、把握推动"放管服"改革的工作方法、找准下一步做好"放管服"改革的重点方向,带来了一些新的思路。

一、深刻认识和把握"放管服"改革的规律

（一）坚持使市场在资源配置中起决定性作用和更好发挥政府作用

无论是在疫情发生前，还是在疫情发生后，深化"放管服"改革都要坚持党的十八届三中全会提出的"使市场在资源配置中起决定性作用和更好发挥政府作用"，这既是指导原则，也是规律，需要牢牢把握好。对部门和地方的利益和权力，不能依依不舍，要站在整个国家的高度，去把握"放管服"改革，统筹推进疫情防控和经济社会发展工作。例如，2020年春节假期后，有关部门推动复工复产的重点是做好恢复交通秩序、引导人员有序返岗、保障防疫物资和生产资料供应等，目的是让市场机制尽快发挥作用、产生效果，而不是干预企业生产经营活动。

（二）坚持一切从实际出发

当前，深化"放管服"改革，不是"零起点"，而是在前期改革的基础上，针对统筹疫情防控和经济社会发展这一阶段要解决什么问题，来进行改革的。我国现在的实际情况是，各地的疫情形势、经济发展状况和治理水平千差万别，深化"放管服"改革要坚持结合地方实际情况，不搞"一刀切"，防止形式主义、官僚主义。例如，有关部门在推动复工复产过程中，不是胡子眉毛一把抓，而是循序渐进。在疫情稳定的初期，优化服务的重点是推动制造业、建筑业、物流业等复工复产；在疫情进一步稳定，大部分省份由一级响应降为二级响应后，开始逐步推动餐饮业、旅游业等的复苏。

(三)坚持统筹兼顾

战"疫"新形势下,深入推进"放管服"改革,既要防控好疫情又要抓好经济社会发展,既要立足当前又要兼顾长远,经得起时间和历史检验,绝不以牺牲长远利益为代价换取短期经济增长。例如,疫情期间,有一些支持中小微企业的抗疫信贷资金流入房地产。中央对房地产市场调控继续坚持"房子是用来住的,不是用来炒的",加强公正透明监管,明确防疫信贷资金不得违规流入房地产市场,并加大查处力度,保持了战略定力。

二、把"放管服"改革当成一个系统工程,注意工作方法

(一)要坚持问题导向、目标导向、结果导向

随着统筹推进疫情防控和经济社会发展工作的不断深入,在深化"放管服"改革过程中,陆续会出现痛点难点堵点,要及时发现新问题。在发现问题后,要在众多问题中抓住影响疫情防控和复工复产的主要问题,抓那些牵一发而动全身的问题,抓那些有关键带动作用的问题。在明确主要问题后,最后要着力解决问题。例如,复工复产初期,中央有关部门在微观层面主要抓住企业尤其是中小微企业的生存问题,在社会层面主要抓住了交通秩序不畅的问题,并针对这些问题实施了减税降费、打通公路堵点、点对点接送农民工等措施,优化了疫情监管措施,提升了服务水平,有效推动了复工复产的进程。

(二)要提高透明度

无论是疫情发生前,还是疫情发生后,"放管服"改革,都要在阳光下推进,要尽最大努力实现公开为原则,不公开为例外。提高透明度是"放管

服"改革的倒逼机制,有利于统筹推进疫情防控和经济社会发展工作过程中,让群众的参与度越来越高,让各项"放管服"政策更接地气、更符合民意、更科学合理。例如,一些省份在政府门户网站开设"疫情防控工作专题"和"复工复产政策专题",及时公开疫情防控最新动态,公布疫情防控举报电话,汇总发布复工复产相关政策措施,注重听取公众的意见。

(三)要依法行政

依法科学有序防控至关重要,在这过程中深化"放管服"肯定会遇到一些不再符合新形势的法律法规,这就需要授权。但"特批"授权,不应成为常态,要在授权后,尽快修订相关法律法规,形成法治化的改革成果。例如,疫情期间,有关部门对涉及疫情防控的违法行为,比如对野生动物及其制品非法交易、口罩等防护用品制假售假等违法行为,考虑其特殊危害性,依法从重处罚。又例如,有关部门已经部署启动野生动物保护法的修改工作,拟将修改野生动物保护法列入立法工作计划,并加快动物防疫法等法律的修改进程。

(四)要以市场主体和人民群众的感受为评判标准

战"疫"新形势下,深化"放管服"的效果如何,要以市场主体和人民群众的感受度为评估标尺,对已出台的改革措施的实施效果,或试点情况进行客观评估。例如,推动复工复产一段时间后,中央在 2020 年 3 月份派出 29 个工作组到地方督导,深入企业和社区,了解有关政策是否真正换来了企业和百姓看得见、摸得着的获得感,梳理出企业和人民群众进一步希望解决的重点问题。

三、突出重点、抓住关键，推动"放管服"改革持续深入

（一）精简优化恢复生产生活秩序的办事手续

要加快梳理中小企业复工复产所需各项手续、各类审批，对于法无据的事项进行全面清理。对确有必要的审批和证明事项实行清单管理，统一办理标准，明确责任部门、办理方式、申请材料、办结时限，清单之外一律不得实施审批或索要证明，坚决防止出现层层加码、互为前置审批、循环证明，以及以防控疫情为名义擅自增设行政许可、变相设置行政许可等现象。例如，有些地方加大力度简化审批流程；有些地方把企业的疫情防控方案审批制改为报备制；有些地方的市场监督管理部门，服务于疫情防控管理需要，针对生产疫情防控需要物资或者转产为生产防疫物资的企业，调整与简化了审批程序，企业先承诺、先生产，再办证。这些措施实际上是"最多跑一次"改革的拓展，给企业提供了相当大的便利，值得借鉴。

（二）切实减轻企业负担

保就业的关键在于保企业渡过难关。深化"放管服"改革要注重这一阶段性特点，重点保障减税降费政策的落实，切实减轻企业负担。要全面清查疫情防控期间各类违规收费事项，严禁各级政府向企业收取复工复产保证金。要主动靠前服务，帮助企业用好财税优惠政策，抓好用工、原材料、资金等要素保障。一些地方在用好用足国家出台的减税降费、专项贷款、稳岗返还等各项政策基础上，创新落实方式，值得大力宣传推广。同时，也要强化正向激励，对做得好的地方，在资金补助、债券发行、用地指标、改革先行先试等方面，给予适当激励支持政策，让"要素跟着市场、跟着

复工复产走"。

（三）加大监管执法力度

战"疫"新形势下，各级政府均加大监管执法力度、维护市场秩序，尤其是针对日常食品乱涨价的行为，以及对口罩等医疗防护物资乱涨价与售卖假冒伪劣产品的行为，进行了严厉的惩罚，提高了市场主体的违法成本。这些严格监管以及对违法当事人的惩罚，尤其是在疫情防控期间，其社会影响和社会效果是相当明显的，这些经验值得进一步提升和完善，在常态化监管治理中使其更加有效。

（四）推进优化服务的数字化转型

疫情发生后，数字技术在为疫情防控提供支撑、助力提高防控效率的同时，也从用户基础、应用场景和技术迭代等方面得到了拓展机会，展现了强大的应用潜能。"互联网＋政务服务"是优化服务改革的重头戏，需要进一步发挥大数据技术的优势。从统筹推进疫情防控和经济社会发展工作的实践看，数字化建设走在前列的地方，不仅经济发展表现更好，而且疫情防控也取得了较好效果。这充分说明，数字化转型既能助力经济创新转型，也能提高城市管理和社会治理水平，有利于实现经济高质量发展、高效率公共服务和高水平社会治理的有机统一。要抓住机遇、顺势而为，全面推进优化服务的数字化转型。

第九章　在深化"放管服"改革中努力补齐短板

立足新起点新形势,继续推进"放管服"改革中应着力补好公共卫生体系建设、应急管理体制机制建设短板,完善数字发展制度环境,进一步优化营商环境,积极赋能"六保"和"六稳"。本章阐释了在深化"放管服"改革中努力补齐短板。

第一节　抓紧补上公共卫生体系的短板

这次新冠肺炎疫情,给国民经济、社会秩序造成了严重冲击和影响。在 2003 年非典发生十几年后,我国再次发生类似疫情,而且影响更大、损失更重,深刻反映出我国公共卫生体系建设始终存在短板,而且没有能够完全补好,成为影响我国经济社会发展、人民群众生命健康安全的痛点。当前全球疫情大流行,对世界经济造成严重冲击,我国经济也面临着一系列严峻挑战。痛定思痛,我们要认真落实习近平总书记的重要讲话精神,总结经验、吸取教训,以人民健康为中心,抓紧补齐公共卫生服务体系短板,提升我国治理体系和治理能力现代化的水平,筑牢人民群众生命健康安全防线。

一、构建以人民健康为中心的公共卫生体系的战略价值

2020 年 6 月初,习近平总书记在北京专家字者座谈会上强调:"只有

构建起强大的公共卫生体系，健全预警响应机制，全面提升防控和救治能力，织密防护网、筑牢筑实隔离墙，才能切实为维护人民健康提供有力保障。"构建以人民健康为中心的公共卫生体系，具有极其重要的现实意义和战略意义。从统筹疫情防控和经济社会发展来看，从与资本主义国家发展竞争的比较来看，特别具有紧迫性。

（一）构建以人民为中心的公共卫生体系，是坚守人民立场的社会主义制度优越性的体现

为什么人的问题是检验一个政党、一个政权性质的试金石？中国共产党人带领中国人民，在近百年的探索中，选择了走社会主义的道路，在建设中国特色社会主义的道路上，我们找到了道路自信、理论自信、制度自信和文化自信。什么是中国特色的社会主义、怎样建设中国特色的社会主义？我们坚守的就是人民立场，就是马克思主义强调的人民立场，以人民为中心的思想，以人民为中心的发展思想。把人民利益摆在至高无上的地位，让改革发展成果更多、更公平惠及全体人民，朝着实现全体人民自由发展、共同富裕的目标不断前进，这是我们党从诞生以来不变的初心、不变的使命，也是社会主义制度优越性得到人民认可拥护的体现。这次统筹疫情防控和经济社会发展工作，给老百姓吃了定心丸，更加证明了中国共产党的领导是中国特色社会主义最本质特征，是中国特色社会主义最大优势，更加证明了我国社会主义制度的优越性。

（二）构建以人民为中心的公共卫生体系，是牢牢把握住我国社会主要矛盾变化的要求

中国特色社会主义进入新时代，我国社会主要矛盾已经转化为人民日益增长的美好生活需要和不平衡不充分的发展之间的矛盾。我国稳定解决了十几亿人民的温饱问题，总体上实现小康，2020年将全面建成小康社

会,人民美好生活需求日益广泛,对物质文化生活和精神文化生活都提出更高要求。同时,我国社会生产力水平总体上显著提高,社会生产能力在很多方面进入世界前列,更加突出的问题是发展不平衡不充分,这已经成为满足人民日益增长的美好生活需要的主要制约因素。我们不回避这些问题和矛盾,也不回避公共卫生体系存在短板。我国社会主要矛盾的变化是关系党和国家全局的历史性变化,对更好地满足人民需要,更好地推动人的全面发展和社会进步提出了更高的要求,构建以人民为中心的公共卫生体系,是题中应有之意。

(三)构建以人民健康为中心的公共卫生体系,是实施健康中国战略的迫切需要

人人安康,是一个民族繁荣兴旺的基石;人民健康,是民族昌盛和国家富强的重要标志。习近平总书记指出:"没有全民健康,就没有全面小康。"党的十八大以来,我国人民健康和医疗卫生水平大幅提高,人口预期寿命不断提升。怎样通过完善国民健康政策,为人民群众提供全方位全周期的健康服务,是对进入新时代中国的一场考试、一个大考。实施健康中国战略,就是要通过改革医疗卫生体制,完善人口老龄化政策,建设健康中国,努力实现人民安康,民族永续发展。这里讲的深化医疗卫生体制改革,包括统筹推进医疗保障、医疗服务、公共卫生、药品供应、监管体制等方方面面的综合改革,就是要构建以人民健康为中心、让人们满意的公共卫生体系。

(四)构建以人民健康为中心的公共卫生体系,是国家治理体系和治理能力现代化的重要标志

党的十九届四中全会通过了《关于坚持和完善中国特色社会主义制度、推进国家治理体系和治理能力现代化若干重大问题的决定》,对我国新中国成立70年来,我们党领导人民创造的世界罕见的经济快速发展奇迹和社会长期稳定的发展奇迹,做出了深刻的总结。我们这个治理体系是具有强大生命力和巨大优越性的制度和治理体系,我国国家制度和治理体系具有多方面的显著优势,这些显著优势是我们坚定中国特色社会主义"四个自信"的基本依据。我们要把我国制度优势更好地转化为国家治理效能,就必须推进国家治理体系和治理能力现代化。很显然,构建以人民健康为中心的公共卫生体系,关注生命全周期健康全过程,完善国民健康政策,让广大人民群众享有公平可及的健康服务,是推动整个国家治理体系和治理能力现代化的重要组成部分。

二、我国公共卫生体制面临的主要问题

2003 年非典以后,我国花巨资建立了疾病预防控制体系和全球最大的、纵向到底(乡级以上)、横向到边(所有卫生机构)的传染病疫情和突发公共卫生事件网络直报系统。但在这次疫情防控中,公共卫生防控体系发声和作用并不理想,至少初期表现不佳。这说明在经历非典重创之后,我国公共卫生体系依然存在很多问题,短板严重,缺乏防控大疫的能力。

(一) 重大疫情的防控机制出问题

这里的关键问题,是体制机制问题。从疫情出现到经过医生、医院报告,到专家组多次会商,再到有关地方政府研究,方方面面的汇总分析,到最后向全国正式公布,这中间花费了较长的时间,暴露了我们这个研判体制、预警体制、决策体制仍然存在重大的漏洞和短板。特别是信息的规范准确、公正透明、及时发布,是老百姓极其期待的,而这方面初期做得很不到位,社会上诟病甚多。当然也存在官僚主义、形式主义等一些问题,但主要的还是我们这个公共卫生管理体制机制出了毛病。从防御重大公共卫生疫情这方面看,我们的治理体系和治理能力离现代化差距还不小。

(二)顶层设计和相关政策不配套

公共卫生领域长期缺乏一部明确职能职责、权力等界定的《公共卫生法》,现有法律法规如《传染病防治法》《突发事件应对法》《野生动物保护法》《突发公共卫生事件应急条例》等赋权仍难以适应实际工作要求。应当说《健康中国 2030 规划纲要》提出的"预防为主、防治结合、关口前移、促进资源下沉"为我国公共卫生体系整体建设提供了思路,但怎么落实? 目前还缺乏专门的总体规划顶层设计。由于认识不一致、条块分割,各级政府对辖区内公共卫生资源统筹、体系建设、条件保障等工作重视不一、效果各异。各医疗机构承担公共卫生职能定位不明确,医防体系长期割裂,公共卫生机构、医疗机构分工协作机制不健全。

(三)重治轻防的观念尚未扭转

长期以来,我国医疗卫生领域存在着"重治轻防"的倾向,重视医院治疗,轻视疾病预防。再加上经济利益驱动的影响,社会上存在着对公共卫生只花钱不产生直接经济收益的片面认识,在实际工作中根本不重视公共卫生预防体系建设,很多地方的疾控系统被严重忽视或边缘化,有些地方把疾控部门并入卫健委的其他处室,开展工作也有不少难度,影响了我国的疾病控制工作。

(四)基础服务设施和网络薄弱

非典后,我国斥巨资建立了比较完备的疾病预防控制体系,但资金多用于机构建设和基础设施建设,对软件投入较少,地方特别是基层公共卫生服务机构医疗技术基础差、高层次人员缺口较大的状况长期存在。更严重的是,兜底的"三级医疗预防保健网"基本上不复存在,取而代之的是"三级医疗卫生服务网",注重了医疗服务功能,但或多或少淡化了其预防保健职能。

(五)财政经费投入仍明显不足

公共卫生系统资金来源单一,主要是财政投入,非典后公共卫生投入是逐步加大的。但近些年,公共卫生投入有所放缓,财政预算经费还有下降,2014年,国家公共卫生专项任务经费的项目拨款为5.29亿元,到2019年,这笔预算下降到4.5亿元,同比下降14.9%。同国际上比较来看,我国的卫生医疗总支出占GDP5%以下,排名在140位左右,非常靠后。可想而知,公共卫生的投入也是非常有限的。城乡之间差距较大,各地区间公共卫生的投入也不均衡,多数地区投入明显不足。根据2019年国家卫健委公开的预算,全年投入到公共卫生宣传的拨款仅有700万元,这对于我们这样一个人口大国来讲,很难想象能起到什么样的宣传效果。

(六)疾控人才流失和队伍不稳定

统计表明,我国疾控人员数、疾控人员占医疗卫生人员比重、每万人疾控人员数等均处于持续下滑状态,全国疾控队伍规模缺口巨大。此外,近几年公益一类改革后,公共卫生机构人员收入普遍下降,再加上评职称等发展空间受限,人才流失严重。据统计,近三年来仅国家疾控中心流失的中青年骨干计有百人之多。目前,我国国内疾控人员不到19万人,比非典时期下降2万多人,跌幅超过10%。从国际比较看,我国每万人疾控中心人数仅为1.35人,低于国家编委规定的1.75人核定值,更远低于美国的9.3人和俄罗斯的13.8人。

三、深化我国公共卫生体系改革的建议

恩格斯说过:"没有那一次巨大的历史灾难不是以历史的进步为补偿

的。"抗击新冠肺炎疫情,倒逼我们深刻反思,从国家安全和人民幸福的战略高度,要拿出像军队和国防改革调整一样的力度,大力加强公共卫生体系建设,提高我国防控公共卫生突发事件的能力,提高我国公共卫生的治理能力和水平。

(一)建立健全重大疫情决策机制

这次疫情是对我国政府决策、治理体系和能力的一次大考,待疫情缓解后,要进行系统评估,并与其他国家进行比较,深刻总结经验、吸取教训,健全决策机制,提升治理能力。重点有三个方面:一是要健全专家参与决策的决策机制,充分考虑专家和公众的意见。在面对不确定、未知新情况时,在处置重大的复杂性大、技术性强、群众关注度高的事件时,确实可能存在专家研判或地方政府决策失误、延误的问题,但是一线群众或公众的判断可能是正确的。应建立一套完备的制度和大数据监测平台,使专家们和一线群众或公众能多交流协商,应对不断变化的情况,做出正确决策。二是健全依法决策机制,严格依法决策。把公众参与、专家论证、风险评估、合法性审查、集体讨论决定确定为重大行政决策法定程序,建立行政机关内部重大决策合法性审查机制,建立重大决策终身责任追究制度及责任倒查机制。三是强化联动协同机制建设。要优化完善疾病预防控制机构职能设置,建立上下联动的分工协作机制。加强国家级疾病预防控制机构能力建设,强化其技术、能力、人才储备。要健全疾控机构和城乡社区联动工作机制,加强乡镇卫生院和社区卫生服务中心疾病预防职责,夯实联防联控的基层基础。要创新医防协同机制,建立人员通、信息通、资源通和监督监管相互制约的机制。

(二)加强公共卫生体系顶层设计

坚持人民生命至上、保障和促进人民健康的指导思想,从国家安全和人民幸福的战略高度来指导和规划公共卫生体系建设,建议中央进一步统筹领导设计我国公共卫生体系建设工作,可适当调整领导机构和工作机构,全国人大和全国政协可考虑设立专门的卫生健康委员会。明确我国公共卫生体系的定位、框架、组织机构等,加快制定公共卫生体系建设的发展战略,制定《公共卫生"十四五"发展规划》,并结合我国建设现代化强国的目标时间节点,研究出台相应的《中国公共卫生 2035 规划纲要》和《中国公共卫生 2050 规划纲要》。整合公共卫生机构、医疗服务机构和科研机构的力量,建立全程管理、预防为主,"防治研"结合的预防控制机制。习近平总书记强调,疾病预防控制体系是保护人民健康、保障公共卫生安全、维护经济社会稳定的重要保障。要立足更精准、更有效地防,在理顺体制机制、明确功能定位、提升专业能力等方面加大改革力度。

(三) 强化公共卫生法治保障

习近平总书记强调,要有针对性地推进《中华人民共和国传染病防治法》《中华人民共和国突发公共卫生事件应对法》等法律修改和制定工作,健全权责明确、程序规范、执行有力的疫情防控执法机制,进一步从法律上完善重大新发突发传染病防控措施,明确中央和地方、政府和部门、行政机关和专业机构的职责。要普及公共卫生安全和疫情防控法律法规,推动全社会依法行动、依法行事。据此,我们要全面加强和完善公共卫生领域科学规范的法律法规建设,尽快研究出台公共卫生领域的母法《公共卫生法》,从法律的层面确立公共卫生体系的地位、作用、权限等。同时,结合此次疫情和国家长远发展需求,认真评估《传染病防治法》《野生动物保护法》等法律法规的修改完善。把生物安全纳入国家安全体系,尽快推动出台《生物安全法》,加快构建国家生物安全法律法规和制度保障体系。将公共卫生体系的建设目标和国民生命健康主要指标纳入各级政府的年度考核中,并加大国民生命健康相关指标在考核中的权重,倒逼各级政府不断提高公共卫生服务水平。

（四）加大公共卫生基础设施投资

公共卫生系公共产品,具有非常明显的正外部性特征,国家财政要担负起更大的投入责任。这方面要算大账、不算小账,不仅算经济收益、当下收益,还要算社会收益、政治收益、长远收益,要体现党的初心和社会主义制度优越性。要加大对中小城市农村基层公共卫生设施服务网络的投入,促进公共卫生服务设施均等化布局。政府要加大药物研发资金等投入的力度,摆脱没有有效的药物或者等待国外的药物的困境。目前国内对公共卫生服务具有庞大的需求,以防为主、关口前移,加大公共卫生投资,提高公共卫生服务水平,既防范各种传染病疫情,还可以满足大量的慢性病、养老等需求,改善人民健康水平,如此,也可以降低全社会的成本,节省大量资金投入。要建立稳定的公共卫生事业投入机制,改善疾病预防控制基础条件,完善公共卫生服务项目。在加大财政投入的基础上,也要引导金融、社会资本等多方面资金的投入,通过产业链的关联作用带动经济增长。中央财政可采用发行公共卫生专项国债、公共卫生彩票等方式融资,也可适当增加地方政府公共卫生专项债券发行规模,并通过 PPP 等方式吸引社会资本参与。重点加强公共卫生环境基础设施建设投资,推进城乡环境卫生整治,推进卫生城镇创建。

（五）加强公共卫生人才队伍建设

习近平总书记强调,要加强疾控人才队伍建设,建立适应现代化疾控体系的人才培养使用机制,稳定基层疾控队伍。要建设一批高水平公共卫生学院,着力培养能解决病原学鉴定、疫情形势研判和传播规律研究、现场流行病学调查、实验室检测等实际问题的人才。据此,我们要加快制定各级公共卫生人才发展规划和切实可行的人才培养计划,全国和地方卫健委领导干部选拔要更加突出专业技术性,让专业的人干专业的事情。建议建设一所国家重点的公共卫生与防疫大学,鼓励重点高校设立公共卫生学院,为国家培养高端的公共卫生与防疫人才,以开展公共卫生领域的前沿研究工作。完善公共卫生服务人员激励机制,在薪酬待遇、科研经费、职称晋升等方面加大政策倾斜。要提高基层公共卫生服务人员的待遇,使基层能够吸引人、留住人,筑牢防控第一线防线。同时,吸引高端人才和学科带头人,建立人才合理流动机制,加强卫健系统干部的专业教育培训,加强农村卫生健康防疫队伍建设,提高公共卫生人才队伍整体素质。

第二节　完善应急管理体制

一、健全完善应急管理体制提升应急管理能力是推进应急管理体系和能力现代化的重要内容

应急管理体系和能力现代化是国家治理体系和治理能力现代化的重要内容,直接影响一个国家的总体安全与永续发展。党的十八大以来,以习近平同志为核心的党中央高度重视应急管理体系建设。十九届三中全会通过的《中共中央关于深化党和国家机构改革的决定》,明确提出了加强、优化、统筹国家应急能力建设,构建统一领导、权责一致、权威高效的国家应急能力体系。十九届四中全会指出,构建统一指挥、专常兼备、反应灵敏、上下联动的应急管理体制,优化国家应急管理能力体系建设,提高防灾减灾救灾能力。习近平总书记在 2019 年 11 月 29 日主持中央政治局第十九次集体学习时,明确提出"要发挥我国应急管理体系的特色和优势,借鉴国外应急管理有益做法,积极推进我国应急管理体系和能力现代化"。公

共卫生应急管理是应急管理的重要内容。

进入新时代,我国在自然灾害、安全生产、公共卫生和社会安全等领域的突发事件仍然易发多发。我国应急管理体系还存在一些"明显短板",还不能很好地适应突发事件应急管理的需求。一是巨灾应急准备不够充分,风险分析研判与深入治理不到位,综合监测预警能力不足;二是专业应急队伍救援装备和核心能力不足,巨灾应急的装备配备严重不足;三是应急物资储备管理不合理、快速调运配送效率不高;四是重发展轻安全、重救治轻预防还不同程度存在;五是应对突发事件能力亟须提升,部分基层单位的应急能力薄弱;六是应急管理法治体系有待完善。

这次新型冠状病毒感染肺炎疫情发生以来,以习近平同志为核心的党中央高度重视疫情防控工作。习近平总书记总揽全局、率先垂范、亲自指挥、亲自部署,多次发表重要讲话,作出重要指示和批示。2020 年 2 月 3 日,习近平总书记主持召开中央政治局常委会会议并发表重要讲话时特别强调:"要针对这次疫情应对中暴露出来的短板和不足,健全国家应急管理体系,提高处理急难险重任务能力。"从公共卫生领域来看,当前我国面临的鼠疫、霍乱等法定报告传染病、突发急性传染病、境外输入传染病以及生物技术误用滥用谬用的风险不断增大,食品药品安全基础依然薄弱,公共卫生突发事件防控难度增大。这次疫情暴露出来的公共卫生应急体系建设存在的突出问题,直接影响疫情防控的进展与成效,必须下大气力切实加以解决。

世界上的主要国家都高度重视应急管理体系建设。2020 年是"十四五"应急管理体系建设的规划之年,对于推进我国应急管理体系能力现代化至关重要。必须科学评估我国公共安全面临的重大安全风险,针对突出"短板",提出具有针对性的政策措施,加快健全完善应急管理体系,推进应急管理体系和能力现代化,为实现"两个一百年"奋斗目标、实现中华民族伟大复兴的中国梦保驾护航。

二、健全完善应急管理体制的重点任务

(一)坚持以防为主、防抗救相结合的应急管理理念

推进应急管理体系和能力现代化必须理念先行。要安而不忘危、治而不忘乱,增强忧患意识和责任意识,始终保持高度警觉,任何时候都不能麻痹大意。要坚持关口前移,加强日常防范,加强源头治理、前端处理,建立健全公共安全形势分析制度,及时清除公共安全隐患。要把"两坚持"和"三转变"切实贯彻落实到应急管理现代化全过程。"两坚持"就是坚持以防为主、防抗救相结合;坚持常态减灾、非常态救灾相统一;"三转变"就是从注重灾后救助向注重灾前预防转变,从应对单一灾种向综合减灾转变,从减少灾害损失向减轻灾害风险转变。要转变传统的重救治、轻预防的突发事件应急管理理念,注重预防在突发事件应急处置中的重要作用。要坚持关口前移、源头治理,注重从源头上防范化解重大风险,真正把问题解决在萌芽之时、蔓延之前。要增强忧患意识,坚持底线思维,本着对人民群众生命财产始终保持高度负责的精神,对困难作最充分准备,对突发事件提出最完整的有效的措施。要加强重大风险评估和监测预警,强化重大风险早期识别和预报预警的意识,提升早期识别和预报预警能力。

(二)健全完善应急管理体制机制

经过近 20 年的发展,我国基本上形成了比较完善的突发事件应急管理体制机制,包括应急管理的领导体制、指挥体制、组织机制、信息报告机制、应急联动机制、信息发布机制、恢复重建机制、调查评估机制、财政投入机制、社会协同机制等。推进应急管理体系和能力现代化,必须坚持党委领导、政府负责,充分发挥应急管理部门的专业职能部门优势,通过加强制

度规范建设、关键技术研发、人才队伍培养、装备设施配备等,提高应急管理的专业化、信息化、技术化水平。要理顺应急管理相关部门和机构之间的职责,强化不同部门之间、地区之间、行业之间的协同配合。

首先,建立常态化的党对应急管理的领导制度。党的领导是中国特色社会主义制度的本质特征。领导制度是国家应急管理体系的组织基础。新中国成立以来,我们建立国家防汛抗旱总指挥部、国务院抗震救灾指挥部、国务院安全生产委员会、国家森林草原防灭火指挥部、国家减灾委员会等行之有效的各类突发事件应急管理领导体制。突发事件应急管理,必须坚持党的集中统一领导制度,发挥组织领导、统筹协调、支持保障作用,体现全国上下一盘棋、集中力量办大事的制度优势。这次新冠肺炎疫情发生后,为全面加强对疫情防控的集中统一领导,中央成立了中央应对疫情工作领导小组,派出中央赴湖北指导组,建立了国务院应对新型冠状病毒感染的肺炎疫情联防联控工作机制。实践证明,这一领导体制对于有效防控新冠肺炎疫情发挥了核心领导作用,必须以制度化的形式固定下来,使之常态化。

其次,建立协调高效的应急管理组织协调机构。这次疫情防控也暴露了我国公共卫生应急管理体制存在的突出问题。特别是疾控机构普遍存在地位不高、权威不足,行政管理与技术决策严重脱节的问题。在自然灾害、安全生产、社会安全等其他类型的突发事件应急管理上,也存在诸如此类的问题。要解决好这些问题,必须建立协调高效的应急管理组织协调机构,正确处理好"统"和"分"的关系。在防灾减灾救灾领域,"统"的职能主要由国家减灾委员会、国家防汛抗旱指挥部、国务院抗震救灾协调指挥部、国家森林草原防灭火指挥部等议事协调机构承担,主要是统一领导、统筹指导、综合协调。"分"的职能仍由各成员单位、各行业主管部门共同承担,按照各自职责分工,发挥各自专业优势,认真履行各行业领域防汛抗旱、事故灾害防治以及灾害发生后早期的应急处置。在安全生产、公共卫生和社会安全等领域,也要正确处理好"统"和"分"的关系。

再次,优化完善信息公开与监测预警机制。监测预警在突发事件应急管理中的重要作用越来越重要,要高度重视监测预警在各类突发事件应急管理中的重要作用。要完善监测预警预报体系,加快各种灾害、事故监测站网和国家民用空间基础设施建设,完善分工合理、职责清晰的自然灾害、安全事故、公共卫生、社会稳定的监测预报预警体系,实施突发事件监测预警信息化工程,提高综合监测、风险早期识别和预报预警能力。要通过进一步完善公共安全风险监测预警工作,建立起重大风险与应急之间的无缝衔接机制。要加强对危化品、矿山、道路交通、消防等重点行业领域的安全风险排查,提升多灾种和灾害链综合监测、风险早期识别和预报预警能力。要完善社会治安防控体系,建立问题联治、工作联动、平安联创的工作机制,提高预测预警预防各类风险的能力。要完善国家传染病疫情信息公布制度,赋予省级以下的副省级城市、地级市、县级等地方人民政府及其卫生行政部门公布本辖区传染病疫情的权力。

最后,完善社会力量动员与参与机制。注重发挥社会力量在突发事件应急管理中的辅助作用,注重社会协同机制建设,调动社会力量参与应急管理工作的积极性与主动性,发挥社会力量和市场主体在应急管理过程中的作用。支持引导社会组织、慈善组织、志愿者等有序参与到突发事件应急管理过程中来。要注重提升应急保障的社会化水平,包括推动建立覆盖广泛的巨灾保险制度、建立健全多层次巨灾风险分散机制,为处置突发事件提供保险服务,鼓励公众投保相应的灾害保险,提高全社会抗风险能力。

(三)健全完善应急管理法治体系

当前,我国公共安全与应急管理法律制度还不够健全,法治化水平还不是很高。公共安全相关制度软化,刚性严重不够,经验式突发事件应急管理还比较普遍存在,过度依靠个人经验、能力甚至是直觉的现象也有不同程度存在,不少法律法规、规章制度流于形式。针对这些主要问题,要组织专门力量开展相关法律法规制定、修订工作。进一步完善各类突发事件预测、预警、预防、应对处置、恢复重建、社会动员、媒体沟通、队伍建设和应急保障等方面的法律法规及配套规定。及时修订《突发事件应对法》《安全生产法》《中华人民共和国传染病防治法》《野生动物保护法》等应急管理基本法律;根据推进新时代应急管理体系和能力现代化需要,适时启动《应急管理法》《自然灾害防治法》《应急救援组织法》《生物安全法》立法论证。从长远看,要注重通过立法形式,强化应急管理全过程标准化。在事前防范阶段,要注意应急值守工作标准的法制化,尽快研究制定应急预案编制与演练,不同类型应急力量的管理办法,应急物资分布、储备、调运办法。在事中处置阶段,要以现场指挥工作规范、第一响应标准为重点,加强相关标准化立法工作。在恢复重建阶段,要注重把突发事件损失评估、赔偿标准、救助标准等以法律法规形式固定下来。

(四) 健全完善应急预案体系

推进应急管理体系和能力现代化,必须高度重视预案在应急管理的重要作用。2003 年非典疫情、2008 年汶川大地震以来,从中央到各级地方,各行各业制定了大量的各类应急预案,形成了应急管理预案体系,在突发事件处置中发挥了重要作用。但是,客观地说,我国应急管理预案体系还不同程度存在功能定位不准、针对性不足、内容不够完备、缺少风险评估和应急能力评估、可操作性不够、缺乏动态调整等突出问题,还不能很好地适应突发事件应急管理的需要。这次新冠肺炎疫情防控,从《国家突发公共事件总体应急预案》《国家突发公共卫生事件应急预案》到省、市的相关预案,也都程度不同地暴露了上述问题。对此,要在修订《国家突发公共事件总体应急预案》总体预案和《国家突发公共卫生事件应急预案》专项预案的基础上,认真修订各级地方突发公共卫生事件应急预案,在风险评估和资源普查的基础上,借助情景构建等手段,持续动态优化应急预案,规范应急响应标准与流程,不断提高预案的针对性与操作性。同时,要高度重视应急预案演练。只编不练,预案的功能会大打折扣。应急预案要真正发挥作用,必须注重预案演练。在不少地方,应急预案只是"纸上画画、墙上挂挂",局限于完成制定预案的任务,没有真正把预案当作"法定"的规章来执行,预案规定的很多内容并没有得到落实。要针对应急预案练得少、演练的标准和规范缺失、预案演练内容不完整、关键环节体现不够、演练流于形式等问题,加大应急预案演练力度,切实发挥预案应有的作用。

三、不断提高应急管理能力

提升应急管理能力,重点是提升应急基础能力、应急核心能力、综合保障能力、科技支撑能力和社会协同能力。

(一) 全面提升应急管理基础能力

习近平总书记强调,维护公共安全体系建设,要从最基础的地方做起,把基层一线作为主战场,坚持重心下移、力量下沉、保障下倾。因此,要研究如何以社区、乡村、学校、企业等基层组织和单位为重点,推进建立政府主导和社会参与相结合,全民动员、协调联动的应急管理工作格局。督促企事业单位积极履行安全管理主体责任,引导公众增强风险防范意识,增强全社会的风险防范能力;把公共安全教育纳入国民教育和精神文明建设体系,加强安全公益宣传,健全公共安全社会心理干预体系,提高全民公共安全意识和应急技能。要考虑初期响应能力、组织逃生能力、信息报告能力、配合救援能力、第一响应人培训、基层单位负责人培训,加强社会应急科普宣教、提升社会防灾减灾能力。

（二）持续提升应急核心能力

习近平总书记指出，要提高风险化解能力，透过复杂现象把握本质，抓住要害、找准原因，果断决策，善于引导群众、组织群众，善于整合各方力量、科学排兵布阵，有效予以处理，提升核心应急能力。首先，要提升对突发事件的综合研判能力，核心是在纷繁复杂的局势中抓住主要矛盾和矛盾主要方面，并对其发展变化有一个比较准确的判断。其次，要提升对突发事件应对的决策能力，面对错综复杂的局面，要临危不惧、沉着冷静、敢于负责、亲临现场、靠前指挥、果断处置，迅速作出切实可行的决策。再次，要提升突发事件应急处置的组织能力。要快速成立应急指挥机构，善于协调不同层级、不同地方、不同部门，做好人员科学分工、资源合理配置，形成强大的向心力、凝聚力、战斗力。最后，要提升突发事件应急处置的引导能力。要与有关方面积极沟通，主动引导舆论，营造良好社会氛围，塑造良好形象的能力。

（三）全面加强综合应急保障能力

一是加强应急基础数据库建设，推动应急平台之间互联互通、数据交换、系统对接、信息资源共享。二是强化应急通信保障能力。提升卫星应急通信服务保障能力与集约化水平，加强公众通信网络多路由、多节点和关键基础设施的容灾备份体系建设，制定不同类别通信系统的现场应急通信互联互通标准。三是完善应急物资保障体系，切实解决好应急物资总量不足、结构不合理、布局不合理等突出问题，在资源普查的基础上做到有保有压、补齐短板、资源共享。四是提高紧急运输保障能力，完善铁路、公路、水路、民航等应急运力储备，切实保障突发事件发生时，应急物资及时有效到位。

（四）强化应急管理科技支撑能力

从公共卫生突发事件应急管理来看,这次疫情防控中,呼吸辅助设备、核酸检测盒、有效治疗药物等先进技术设备发挥了极其重要的作用。但是,面对数万患者的治疗需求,这些先进设备、技术和药物显得杯水车薪,远远不能满足疫情防控需求。科技支撑能力不足的问题同样在其他类型的突发事件应急管理中存在。要针对这一问题,加大相关科技研发力度,强化科技支撑。要举一反三,充分发挥科技对突发事件应急管理的支撑作用,运用大数据、云计算、人工智能等新技术,提高突发事件专业信息汇集、监测预警、应急决策和指挥调度能力。加强复杂条件下应急信息采集能力和快速报送能力。注重运用新媒体技术,及时准确回应社会关切,正确引导突发事件舆情。从长远看,要加强应急基础数据库建设,研究制定应对急难险重任务所需的相关应急信息资源目录和技术标准规范。

（五）不断提升应急管理社会协同能力

习近平总书记强调,"要坚持群众观点和群众路线,坚持社会协同共治,完善公民安全教育体系,推动安全宣传进企业、进农村、进社区、进学校、进家庭,加强公益宣传,普及安全知识,培育安全文化,开展常态化应急疏散演练,支持引导社区居民开展风险隐患排查和治理,积极推进安全风险网格化管理,筑牢防灾减灾救灾的人民防线"。要推进公共安全、应急管理宣传教育工作进企业、进社区、进学校、进农村、进家庭,强化大中小学公共安全和应急管理基础知识教育,以及基本技能培养,充分发挥"全国中小学生安全教育日""5·12防灾减灾日""世界急救日""119全国消防日""122全国交通安全日""安全生产月"等公共安全宣传活动作用,组织形式多样的身边风险隐患识别活动,开展公共安全知识普及,提升公众突发事件防范意识和自救互救能力。要依托科技场馆、灾害遗址公园、应急培训演练基地、人民防空宣传教育场所、游乐体验设施等现有科普及教育培训等设施,建设一批公共安全教育基地。

第三节　完善数字经济发展制度环境

在抗击新冠肺炎疫情中,习近平总书记多次强调数字经济的作用。在2020年《政府工作报告》中,李克强总理指出,"电商购物、在线服务等互联网新业态在抗击新冠疫情中发挥了重要作用,要继续出台相关政策进行支持,全面推进'互联网+',打造数字经济新优势"。2020年1月1日,《优化营商环境条例》正式施行,以民间资本为重要驱动力量的数字经济迎来新机遇。今后,应着力优化数字经济营商环境,加大对数字经济政策支持,努力打造我国数字经济新优势。

一、支持民营企业参与新基建、新消费、新服务

第45次《中国互联网络发展状况统计报告》显示,截至2019年底,全球市值排名前30的互联网公司中,中国占据9个,且股权结构基本以民间资本为主,中国民营经济已成为数字经济发展的重要贡献者。2020年以来,受新冠肺炎疫情影响,中国经济受到较大冲击,党中央适时推出发展新基建、培育新消费的政策措施,为经济发展带来了新动力,也给中国民营企业发展带来了新机遇。一是放宽民营企业参与新基建的限制。新基建是稳投资、扩内需的重要途径,无论对短期防控疫情、稳定增长,还是长期赋能智慧城市、推动企业成长,都将发挥巨大作用。要全面落实放宽民营企业市场准入的政策措施,加快制定民营企业参与新基建分行业、分领域、分业务市场准入的具体路径和办法。比如,适当放宽特大城市对5G智能仓

储设施建设、5G物流园区建设的用地用能限制,更好地服务民生需求和应急保障需要。支持民营企业采取项目混改、技术入股、知识产权入股等多种形式参与新基建。二是支持民营企业参与数字经济新消费。对在疫情期间提供优质在线教育、在线医疗服务的民营企业给予公共消费专项支持,通过发放消费券方式,鼓励学生或在职人员参加在线学习,鼓励患者远程问诊;探索对民营企业开办的求职类网络平台给予补贴,以求职人员稳定入职达到一定期限为基本考核条件,采取事后补贴的方式对平台企业给予经费支持。三是鼓励民营企业拓展数字经济新服务。比如,鼓励民营企业参与各地智慧城市和应急保障调度指挥数字平台建设,推进城镇、街道、居村各类信息系统归类集成,加快智慧社区建设;支持民营企业发展区块链数据溯源,推动食品安全监管和供应链安全保障。

二、优化鼓励新技术、新业态发展的法治环境

法治环境是营商环境的基础。发展数字经济,既需要技术支撑,也需要法律保障,良好的法治环境是发展数字经济的必要条件。当前,我们已初步构建了互联网法律法规体系,但由于互联网领域新技术、新业态不断涌现,相关立法进程依然落后于产业发展,许多领域甚至面临着法律监管空缺的局面,数字经济法治环境亟待改善。一是法治要跟上新技术的发展。数字经济时代,技术集群的颠覆式创新与发展给现有法律体系带来很大挑战。如共享经济模糊了所有权边界,智能合约与传统合同法在触发条件上存在冲突,等等。要通过立法的形式赋予新技术发展与应用以法制保障。比如,新冠疫情期间,一些电商企业用无人配送机器人为武汉的医务人员和市民配送紧急物资,确保了疫情防控期间物资供应。但是,让无人配送机器人上路测试,在法律上还没有相关保障,这也成为新产品落地运营和新技术迭代发展的主要障碍。二是法治要适应新业态的发展。当前,

新技术不断催生新业态、新模式,健全和完善相关领域法律法规、规章制度尤为重要。比如,2020年两会期间,习近平总书记强调,当前最突出的就是"新就业形态"劳动者法律保障问题。疫情期间,很多企业通过员工共享、兼职配送、临时客服和微工岗位等方式解决了大量劳动力就业难题。但由于这部分就业与传统就业不同,属于灵活就业模式,亟待完善劳动法及相关工伤保险制度,保障就业人员基本权益。三是法治要为数字经济发展"松绑"。目前,关于网络犯罪的刑法规定及司法解释,将部分举证责任推给了网络服务提供商,有违"无罪推定"的刑事诉讼基本原则。应修改涉及网络运营商、移动通信服务商、支付清算服务商等基础网络服务机构入罪的相关司法解释,更好地保护互联网高科技企业家及企业的人身、财产权利。

三、加强对"卡脖子"技术攻关的政策支持

习近平总书记强调:"关键核心技术是要不来、买不来、讨不来的。只有把关键核心技术掌握在自己手中,才能从根本上保障国家经济安全、国防安全和其他安全。"近年来,美国对中国高科技企业的"卡脖子"行动变本加厉,中国高科技领域缺"芯"少"魂"的弊端日益凸显。这种状况如不尽快改变,中国数字经济发展乃至国家经济安全都将受到制约和威胁。一是加强对"卡脖子"技术攻关的源头支持。要力争将产业链、供应链"卡脖子"材料和技术列入"十四五"国家重点研发计划和国家科技重大专项,通过"揭榜挂帅"方式,加速核心基础零部件、"卡脖子"技术和产品研发攻关与产业化。二是注重对"卡脖子"技术攻关的长效支持。材料技术、传感技术、芯片技术等关键技术和相关产业的发展不是一蹴而就的,往往需要较长的周期。因此,要在资金支持和财税优惠等扶持政策上建立长效支持机制。同时,应注意扶持政策、资金等资源的合理分配,避免地方与中央之间、政府

各部门之间对项目进行集中支持和重复建设,杜绝"一个团队,四地生根"的情况发生。三是增强对"卡脖子"核心技术的应用支持。一方面,促进应用牵引,制定引导扶持政策,支持典型应用场景建设和推广,鼓励企业开展5G、工业互联网、人工智能示范应用,打造有利于技术创新和产品应用的外部环境;另一方面,要充分认识到,好的技术和产品是市场实践出来的,因此,要对国内高科技企业、高科技产品制定优先采购支持政策,光明正大、政策鲜明地支持国内数字经济企业和自主知识产权技术,通过我们的市场容量培育一批具有竞争力的企业,攻克一批"卡脖子"核心技术难题。

四、深化有利于数字经济发展的监管创新

李克强总理多次提出,要创新监管方式,探索适应新业态特点的监管办法。《优化营商环境条例》也明确提出,"政府及其有关部门应当按照鼓励创新的原则,对新技术、新业态、新模式等实行审慎监管"。创新数字经济治理理念、治理手段,充分释放数字经济发展动能,已是各方共识。一是积极推进"柔性监管"。监管部门应坚持"监管中体现服务、服务中加强监管"的思路,实现从重管理向重服务转变、从重处罚向重指导转变。构建数字经济监管领域的新型"亲""清"政商关系,在协助企业解决问题时要"亲",在监管执法时要"清"。注重采用宣传引导、信用承诺、通知提示、行政约谈、行政告诫等柔性监管方式,加强对相关企业的督促、引导和规范。二是探索设立"安全空间"。探索在互联内金融、平台经济、共享经济、区块链等发展较快且存在风险点的领域设立"安全空间",为满足条件的企业颁发有限数量的市场准入执照或备案登记,适当放松对参与试点示范企业的监管约束,允许企业在法律许可或未禁止的范围内试错,把风险点和难点问题控制在试点示范的范围内。监管部门应避免"一出问题就叫停",特别是不能仅仅由于监管难度大、主体权责甄别难等因素,在试点示范期、容错

期尚未结束或刚刚结束就全面叫停试点示范项目。三是继续探索"监管沙盒"。当前,越来越多的互联网科技公司具有金融属性,"金融科技"也成为很多互联网公司的标签。监管沙盒是指政府金融监管部门搭建相对宽松的测试性监管环境,企业在这个环境中开展限制性经营,通过实验的方式控制创新失败可能带来的负面效应。2020年上半年,北京、杭州、深圳等地相继开展了监管沙盒试点,引导持牌金融机构、科技公司申请创新测试。今后,要继续做好监管沙盒试点工作,增加试点城市,扩大测试范围。同时,探索拓宽涵盖企业的类型,力争把众多平台经济体纳入测试范围。

第四节　进一步优化市场营商环境

党的十八大以来,党中央高度重视优化营商环境,采取了一系列重大举措、创新举措、超常规举措,在优化营商环境方面取得了显著成绩,市场活力和社会创造力得到有效激发和释放。但是,在一些领域和环节仍存在不少问题,与企业的期盼、与加快完善社会主义市场经济体制、与国际经贸活动通行规则相比,仍存在一定差距。为实现"六稳""六保"和推动"十四五"期间高质量发展,需要进一步坚持市场化、法治化、国际化和便利化的原则,加快推动营商环境持续向好。

一、当前优化营商环境面临的主要问题

(一)在市场化方面,隐形障碍依然存在

一是部分领域市场准入存在隐形壁垒。如《优化营商环境条例》明确,"不得设置市场准入和退出条件",但在实际操作中一些准入环节依然繁

琐,如很多事项要求"必须本人到场签字",多项涉企行政事项都必须凭法人身份证才能办理。二是市场准入放开后事中事后监管落实不到位。《优化营商环境条例》提出,要"加强和规范事中事后监管"。在宽进严管大环境下,部分事项事前监管取消或弱化,事中事后监管相对滞后。如"十三五"期间修订的《旅行社条例》去掉了对固定经营场所、营业设施的要求,准入门槛降低。但由于市场后续监管没有同步到位,市场参与者良莠不齐,旅行社经营乱、导游证发放乱和低价购物团"宰客"等问题层出不穷。三是地方保护主义现象依然突出。一些地方政府在资源分配上明显向当地企业倾斜,域外企业难以获得平等竞争机会。如在部分土地出让时设置排他条件,保证地方企业低价拿地。在新能源汽车发展中,一些地方在工信部准入要求以外设置了本地独有技术标准,还有一些地方要求必须在本地设有销售公司才对其产品提供政策支持。四是各类所有制企业公平参与市场竞争保障不够。民营企业融资难、融资贵问题仍然存在,部分企业反映从银行融资审批流程和时间过长、贷款综合年化利率过高、知识产权质押融资流程不合理等。在招投标环节,针对民营企业、中小企业的限制性条款依然存在。五是涉企收费仍然存在不规范、不合理现象。一些银行违规收取借款人抵押登记费、评估费、财务顾问费,一些垄断性机构在项目验收、评审、工程测绘测量、融资评审、企业环评等方面垄断业务、大肆收费,一些行业协会商会收费行为仍不规范。

(二)在法治化方面,法治保障亟待完善

一是行政执法还不够规范。有的地方执法随意性强,干扰市场主体正常生产经营。近几年,部分地区公安机关跨省查办民营企业,案件侦办过程中涉及查封、扣押、冻结涉案资产,罚没资金、资产,涉案企业基本在案件侦办过程中就已无法正常运营,一定程度上削弱了民营企业的安全感。二是一些法律法规及配套细则不明确。如《外商投资法》提出"国家建立外商

投资安全审查制度",但是对于需要审查的投资范围、商业主体、审查标准等缺少明确要求。监管执法存在标准不一致、不清晰问题,执法人员自由裁量权过大。三是"新官不理旧账"现象依然存在。有的是前任的承诺新任不愿兑现;有的是前任官员和企业家有利益关系,换了领导就停了优惠。部分地区和领域拖欠中小企业账款问题未彻底解决,"新官不理旧债"的现象未能得到有效纠正。四是监管执法"一刀切""一窝蜂"现象突出。一些改革举措在地方执行中出现一刀切、扩大化、绝对化、层层加码、矫枉过正等现象,削弱了政策的实施效果。

(三)在便利化方面,政务服务有待加强

一是服务流程有待继续简化。部分政务服务事项办理时间长、申报材料多、办事成本高,实际办理过程仍然不够高效便捷。二是数字政府建设有待加快推进。国家、省、市政务信息系统之间尚未实现真正对接,上级垂直管理部门数据开放不够,部门间信息共享和信息互认有待加强。如各省之间失信人黑名单数据库和个体户数据库仍未互联互通,这给异地营业执照办理、异地许可证等的"一网通办"带来难题。三是窗口服务能力和水平有待提升。有的地方政务服务审批事项不集中、窗口设置不合理、办事指南不清晰,窗口工作人员不能及时准确答疑解惑。四是中介服务机构与行政机关脱钩不彻底。政府在职能转变过程中将一些职能剥离给中介机构,这些中介机构产生的鉴定、检测、评估等报告往往是行政许可的前置条件。其中,有的中介机构没有完全脱离行政机关;有的地方由于市场需求所限,往往只有一家中介机构独家经营,缺乏竞争。

(四)在国际化方面,对标国际亟待重视

一是市场监管规则与国际规则接轨不够。过去跨国公司关注的是基础设施、优惠政策等这些超国民待遇,现在更重视市场监管规则、知识产权

保护、技术贸易措施、跨境贸易结算等软环境，我们在这些方面与国际规则还有差距。二是对外资企业与其他企业一视同仁不够。一些外资企业反映在政府采购、资金补助、资质许可等方面，不能享受公平待遇；一些与便利外商投资准入政策不符的法规、规章和规范性文件仍未清理。三是政策制定时与外资企业沟通不够。调研中很多外资企业反映，我们制定相关政策时，听取外资企业意见不够，存在信息不对等、不对称现象。

二、当前优化营商环境的重点和举措

2018年11月1日，习近平总书记在民营企业座谈会上讲话指出，要打破各种各样的"卷帘门""玻璃门""旋转门"。要营造公平竞争环境，打破这"三重门"，最重要就是营造一个市场化、法治化、国际化及便利化的营商环境。

（一）平等对待市场主体

一是强化政府中立原则。政府要坚持竞争中立原则，即对各类所有制企业实行规则中立、税收中立、债务中立，对所有市场主体一视同仁、平等对待。加大竞争执法力度，规范市场秩序，促进公平竞争。二是构建内外资企业一视同仁的营商规则。实施全国统一的市场准入负面清单制度，持续缩减市场准入和外商投资准入负面清单，推动"非禁即入"对所有企业的普遍落实；全面实行公平竞争审查制度，对产业发展、招商引资、招标投标、资质标准等涉及市场主体经营活动的规章、规范性文件和其他政策措施进行公平竞争审查，保障各类市场主体在投资核准、政府扶持、参与政府投资项目等方面享受同等待遇。三是继续取消或放宽市场准入限制。在积极稳妥的前提下，继续放开对民营企业和外资在石油、天然气、电信等领域的不合理限制和隐性壁垒，特别是加大消除对研发、金融等生产性服务业以及医疗、教育、体育等社会服务业的开放和市场准入限制。取消各地自行设置的高于全国统一准入要求的各类行业监管条款。四是继续做好对各类企业的减税降费支持。全面落实阶段性降低用能、租金、物流成本等政策,巩固和拓展更大规模减税降费成效。加大对拖欠款的清欠力度,对政府工程项目,要结合当地 GDP 水平、可支配财政收入等指标做好对政府还款能力的评估。

(二)营造良好市场环境

一是进一步优化企业开办服务。大力推行涉企事项"一本通办",继续简化审批流程,全面实施行政审批"网上申请、网上受理、网上审核、网上发证",推进部门间信息共享互认,加快实现"只进一扇门""最多跑一次""一次都不跑",推动企业开办时间压缩至 4 个工作日以内或更少。二是进一步规范行业协会商会收费。严格落实国务院常务会上提出的"五个严禁"。合理设置会费档次和会费上限,对同一会费档次不得再细分不同收费标准;加强收费管理,行业协会履行或代履行政府职能时收取的费用应作为行政事业性收费管理。此外,还要规范金融机构收费服务,加强对金融机构违规收取顾问费、咨询费、评估费的监管检查。三是进一步破除垄断行为。深化自然垄断领域改革,在垄断行业进一步推广特许经营方式,不断完善社会资本进入特许经营领域的办法和规定;进一步加强对供水、供电、供气、烟草、邮政等行业的监管和规制,严厉打击滥收费用、强迫交易、搭售商品、附加不合理交易条件等限制竞争和垄断行为。规制平台组织垄断行为,进一步规范和限制平台组织对商家限制交易、排他性交易或靠边站队等行为。四是进一步加强对民营企业和个人经营者融资支持。银行业监管部门应进一步完善商业银行考核体系,提高民营企业授信业务考核权重,建立基层机构和信贷人员容错制度,鼓励商业银行及其信贷人员向符合条件的民营企业发放贷款。将普惠型个人经营性(非农户)贷款纳入银行考核范围,支持个体经营者创业发展。五是进一步做好企业人才服务工作。一方面,积极培育吸引高层次人才的软环境,吸引高层次人才扎根落地;另一方面,在保就业的形势下,建议暂时放开劳务派遣用工比例限制,对提供大量就业岗位的企业给予适当政策激励。

(三)规范创新监管执法

一是规范"双随机、一公开"监管工作。进一步健全"检查对象名录库"和"执法检查人员名录库",避免出现监管盲区,着力提高执法检查人员综合执法能力;进一步规范随机抽查和联合执法工作,合理制定抽查计划,科学确定抽查人员;进一步规范联合执法程序,规范监管执法的处罚标准,尽量减少自由裁量权适用范围。二是规避"一刀切"监管方式。坚持因地制宜、分类施策原则。在事故处理时,尽量控制处理范围,特别是对一些产业链供应链上的龙头企业或关键零部件重要生产企业,在没有重大安全和环境隐患的前提下,慎用关停措施。三是强化对新经济的包容审慎监管。要创新监管方式,加大"监管沙盒"制度试点范围,给处于发展初期、尚不成熟的新经济企业留出探索改进的空间和进化成熟的时间;要明确包容期,给新成立的新经济企业1—2年确定的包容期限;要健全"容错"机制,对一般的轻微违法行为不予处罚,尽量不进入企业实施检查。四是创新政府监管的技术手段。重视对大数据技术的应用,构建起"用数据说话、用数据决策、用数据管理"的新机制;努力打破各类"信息孤岛",实现数据按需、契约、有序、安全、开放,形成跨部门数据共享机制。五是改革企业信息公示制度。在建立健全"黑名单"的同时,也要落实"红名单"认定标准,切实把守信激励与失信惩戒的措施落到实处。对因未按时进行工商年报或税务申报导致信息公示显示"经营异常"的企业,建议其及时纠正或补充申报后,定期消除问题痕迹。

（四）提升政务服务水平

一是加快推进政务服务标准化。推动政务服务事项基本要素和办事指南要素在国家、省、市、县四级政府统一，建立标准统一、公开透明的办事流程，大幅提高服务事项的标准化。提升政府服务大厅"一站式"功能，坚持政务服务事项"应进必进"。二是大力推进"互联网＋政务服务"。加快打造全国政务服务"一张网"，在全国范围实现"一网通办""异地可办""掌上可办"。构建全国一体化数据共享交换平台体系，发挥数据对政务服务工作的支撑作用，进一步减材料、减环节、减时限、减跑动。三是规范中介服务机构管理。强化中介机构执业情况、信用和用户评价等信息公开，为企业获取便捷、规范、优质的中介服务提供支持；加强中介服务网上交易平台建设，规范网上交易活动；严厉查处"黑中介"行为，建立投诉举报机制，推行信用监管机制，净化中介服务市场环境。

（五）夯实法治保障基础

一是弘扬法制和契约精神。加强法制教育，逐步在广大公众中形成遵法守法的广泛共识，倒逼政府规范行政行为；要将"新官理旧账"纳入相关评价考核体系，形成正确导向，既鼓励干部大胆创新、再创佳绩，又提醒他们维护政府诚信、敬畏法律底线。二是提高政策的稳定性和透明度。一方面，政策出台后要在一定时期内保持稳定，如果政策变动过于频繁，企业将无所适从；另一方面，政策在制定之初应广泛听取行业企业意见，积极与企业沟通，使市场监管的利益相关者有机会参与监管政策的制定实施和评估，避免监管政策脱离实际或缺乏共识。三是做好有关法律法规的配套细化。如加快对《外商投资法》和配套法律法规细化，加快出台可操作、可执行的具体规范和操作细则，修复系统衔接、法律衔接漏洞。四是加强对企业和企业家合法权益的保护。特别要严格区分企业和企业家的法律责任，不因企业家个人涉法涉诉而冻结、查封企业资产资金，确保企业正常经营。可以考虑将公安机关跨省侦办的民营企业犯罪案件中，涉案款项的归属权、支配权收归中央。

（六）加快推进营商环境国际化进程

一是继续对标国际先进经验。积极参与世界银行全球营商环境评估活动，高度重视市场监管、知识产权保护、技术贸易措施、跨境贸易结算等环节的国际通行规则，全面细化落实落地。重点深化在办理建筑许可、获得电力、跨境贸易、开办企业等领域的"放管服"改革，明确责任目标、责任部门、时间节点，扎实推进精准度更高、节奏更快的改革进程。二是继续扩大外资市场准入。逐步优化外资利用结构和质量，稳定并扩大外资现有存量，积极吸引全球跨国公司和优质外资来华投资，带来新的外商投资增量。加快金融、保险和证券领域的扩大开放举措，提高中国金融企业和市场的国际化程度。三是突出重点区域的带动作用。积极耕好海南国际自由贸易港、国家 18 个自贸区的改革试验田，推进差别化探索，形成更有针对性、更广适用面的改革试点成果，从而更大力度推动营商环境的国际化进程。

参考文献

蔡昉.依法推进经济体制改革[J].经济研究,2015(1).

陈晨,陆永明.美、日两国行政许可制度的静态比较[J].云南行政学院学报,2006(2).

陈富良.放松规制与强化规则[M].上海:上海三联书店,2001.

戴维·奥斯本、特德·盖布勒.改革政府[M].周敦仁,等译.上海:上海译文出版社,2017.

道格拉斯·诺斯.制度、制度变迁与经济绩效[M].上海:格致出版社,上海三联出版社,上海人民出版社,2008.

龚祥瑞.比较宪法与行政法[M].北京:法律出版社,2002.

顾阳.优化营商环境 推动高水平开放[N].经济日报,2018-05-18.

郭定平.论战后日本政治多元化[J].日本学刊,1994(4).

国纪平.中国有足够的信心底气战胜任何困难挑战[N].人民日报,2019-08-13.

国务院推进职能转变协调小组办公室.简政放权 放管结合 优化服务——来自各地区各部门的改革实践[M].北京:人民出版社,2017.

韩保江.论中国特色社会主义的"所有制生态"[J].理论探索,2019(4).

何艳玲.中国行政体制改革的价值体现[J].中国社会科学,2020(2).

黄俊尧,万雪芬,何耀武.试析战后美国行政改革的理论与实践[J].求实,2003(1).

贾海龙,周阳.美国"行政国"的理论与实践[J].法治社会,2018(6).

金培.改革的机制决定其成效[J].经济研究,2013(2).

柯武钢,史漫飞.制度经济学——社会秩序与公共政策[M].北京:商务印书馆,2008.

库特·宗特海默尔.联邦德国政府与政治[M].上海:复旦大学出版社,1985.

昆廷·斯金纳.现代政治思想的基础(上卷):文艺复兴[M].奚瑞森,亚方,译.南京:译林出版社,2011.

蓝志勇.深化放管服改革加快政府职能转变[J].中国行政管理,2017(8).

李冠杰.英国的权力下放与卡梅伦的使命[J].欧洲研究,2015(4).

李军鹏.公共管理学[M].北京:首都经济贸易大学出版社,2017.

李军鹏.十九大后深化放管服改革的目标、任务与对策[J].行政论坛,2018(2).

李克强.在全国深化"放管服"改革 转变政府职能电视电话会议上的讲话[N].人民日报,2018-07-13.

李克强.在全国深化"放管服"改革优化营商环境电视电话会议上的讲话[N].人民日报,2019-07-29.

李克强.在全国深化"放管服"改革转变政府职能电视电话会议上的讲话[N].人民日报,2018-07-13.

李克强.政府工作报告——2017年3月5日在第十二届全国人民代表大会第五次会议上[N].人民日报,2017-03-17.

李莲.美日行政审批制度改革的经验借鉴[J].商业经济,2008(17).

李荣.日本行政审批制度改革简述[J].黄山学院学报,2000(2).

李云林,胡天侠,黄军华,王云斌等.美国行政许可:形式、设定及实施[J].中国行政管理,2013(2).

李志军.重大公共政策评估——理论、方法与实践.北京:中国发展出版社,2016.

刘伟.中国经济改革对社会主义政治经济学根本性难题的突破[J].中国社会科学,2017(5).

刘兆兴.联邦德国宪法法院总论[M].北京:法律出版社,1998.

刘祖云.社会治理创新的路径遵循——基于内地与香港比较视角的探讨[J].武汉大学学报(哲学社会科学版),2018(6).

路梅英.行政审批制度改革:从碎片政府到整体政府[J].中国行政管理,2013(5).

路秋来.撒切尔政府以来英国行政改革及其启示[D].说明:沈阳师范大学,2010.

罗海元,王伟.完善新时代城市管理机构职能与管理体制研究[J].中国行政管理,2019(8).

马红光,李银秀.发达国家政府职能转变经验借鉴——以美、日为例[J].湖北经济学院学报(人文社会科学版),2016(9).

马建堂.大道至简——简政放权的理论与实践[M].北京:人民出版社,2016.

曼昆.经济学原理.北京:清华大学出版社,2006.

弥尔顿·弗里德曼.资本主义与自由[M].张瑞玉,译.北京:商务印书馆,1986.

潘蓓蓓.英国福利国家改革的理念与实践[J].商业经济,2018(7).

曲哲涵.中国营商环境全球排名跃升至第三十一位[N].人民日报,2019-10-25.

宋世明.美国行政改革研究[M].北京:国家行政学院出版社,1999.

宋世明.美国行政改革研究[M].北京:国家行政学院出版社,2016.

宋雄伟.二战后英国行政改革的内在逻辑:中央集权抑或分权[J].政治学研究,2018(5).

苏雅.联邦制下的中央与地方立法权划分模式之比较——美国与德国[J].法制与社会,2011(4).

孙德超,孔翔玉.美国地方政府公共服务供给及对中国的启示[J].学习与探索,2014(8).

孙飞.新经济发展与制度选择[M].北京:人民出版社,2017.

谭菊华.现代社会治理与政府治理法治化互动机制研究[J].人民论坛,2019(9).

谭融,毕宇飞.论英国政府的官僚制[J].武汉大学学报(哲学社会科学版),2012(3).

汤德宗.权力分立新论(卷一):宪法结构与动态平衡[M].台北:元照出版有限公司,2005.

汤俊峰.增强改革的系统性整体性协同性[N].经济日报,2018-09-28.

唐亚林.新中国70年:政府治理的突出成就与成功之道[J].开放时代,2019(5).

藤田宇靖.行政法之基础理论(上卷)[M].东京:有斐阁,2005.

田国强.十九大与全面深化改革的新使命、新任务[J].人民论坛,2018(1).

田中二郎.公法与私法[M].东京:有斐阁,1955.

田中二郎.行政法(上卷)[M].东京:弘文堂,1974.

童星.中国社会治理[M].北京:中国人民大学出版社,2018.

王道勇.提高社会组织参与社会治理的能力[J].中国党政干部论坛,2019(5).

王定云,王世雄.西方国家新公共管理理论综述与实务分析[M].上海:上海三联出版社,2008.

王建勋.驯化利维坦——有限政府的一般理论[M].上海:东方出版社,2017.

王新生.日本政治研究的历史、理论与方法[J].国际政治研究,2016(5).

王余生,陈越.当代英国公共服务供给模式及其对我国的启示[J].四川行政学院学报,2016(4).

维托·坦茨.政府与市场:变革中的政府职能[M].王宇,等,译.北京:商务印书馆,2014.

吴大英,沈蕴芳.西方国家政府制度比较研究[M].北京:社会科学文献出版社,1996.

吴结兵,沈台凤.社会组织主动参与社会治理研究[J].管理世界,2015(8).

吴忠民.社会矛盾倒逼改革发展的机制分析[J].中国社会科学,2015(5).

习近平.党的十九大报告[M].北京:人民出版社,2017.

习近平.习近平谈治国理政(第一卷)[M].北京:外文出版社,2018.

习近平.习近平谈治国理政(第二卷)[M].北京:外文出版社,2017.

夏杰长,刘诚.行政审批改革、交易费用与中国经济增长[J].管理世界,2017(4).

肖贵清.坚持和发展中国特色社会主义二十讲[M].北京:湖南人民出版社,2015.

谢伏瞻.论新工业革命加速拓展与全球治理变革方向[J].经济研究,2019(7).

徐家良,张其伟.地方治理结构下民间自愿组织自主性生成机制[J].管理世界,2019(8).

徐志群.依法推进放管服改革 确保改革措施全面落实[J].中国党政干部论坛,2017(9).

杨小云,邢翠微.西方国家协调中央与地方关系的几种模式及启示[J].政治学研究,1999(2).

杨信礼.重读《矛盾论》与《实践论》[M].北京:人民出版社,2014.

于君博.改革开放40年来中国行政体制改革的基本逻辑[J].经济社会体制比较,2018(6).

余华.马克思恩格斯的政府公共性理念及其对构建服务型政府的启示[J].中共浙江省委党校学报,2015(3).

袁洪英.社会治理的他者伦理问题探析[J].中国行政管理,2020(3).

詹姆斯·M.布坎南.自由、市场与国家[M].平新乔,莫扶民,译.上海:上海三联出版社,1989.

张凡,贾国盼.浅析美国行政改革之实践取向及其理念启示[J].科教导刊,2010(1).

张军扩.高质量发展怎么看、怎么办[N].经济日报,2018-02-01.

张青,武艳.包容性法治框架下的社会组织治理[J].中国社会科学,2018(6).

张思平.当前改革面临的形势、问题与对策[N].财经,2018-06-11.

张翔.国家权力配置的功能适当原则——以德国法为中心[J].比较法研究,2018(3).

张翔.基本权利的双重性质[J].法学研究,2005(3).

张翔.我国国家权力配置原则的功能主义解释[J].中外法学,2018(2).

张占斌,孙飞.改革开放40年:中国"放管服"改革的理论逻辑与实践探索[J].中国行政管理,2019(8).

张占斌.稳中求进的中国经济[M].北京:人民出版社,2020.

张占斌.政府经济管理[M].北京:国家行政学院出版社,2015.

张占斌.制度制胜——中国国家治理的制度优势[M].北京:中共中央党校出版社,2020.

张占斌.中国改革新起点[M].北京:人民出版社,2017.

张卓元.新时代经济改革的若干新举措[J].经济研究,2017(11).

中共中央关于坚持和完善中国特色社会主义制度、推进国家治理体系和治理能力现代化若干重大问题的决定[N].人民日报,2019-11-06.

中共中央关于全面深化改革若干重大问题的决定[N].人民日报,2013-11-15.

中国行政管理学会课题组.深化"放管服"改革建设人民满意的服务型政府[J].中国行政管理,2019(3).

周志忍,徐艳晴.基于变革管理的视角对三十年来机构改革的审视[J].中国社会科学,2014(7).

周子勋.把放管服改革推向深处意在稳增长[N].中国经济时报,2019-06-27.

朱光磊.全面深化改革进程中的中国新治理观[J].中国社会科学,2017(4).

朱慧涛.日本行政审批制度改革的启示[J].地方政府管理,2001(5).

朱婷.谈奥巴马政权的"开放型政府"建设[J].中共贵州省委党校学报,2013(1).

朱新力,余军.行政法视域下权力清单制度的重构[J].中国社会科学,2018(4).

Iain Dale etc. *Labour Party General Election Manifestos*,1900—1997[M]. London and New York:Routledge,2000.

Alastair Campbell. *The Blair Years*[M]. London:Hutchinson,2007.

D. Richards,M. J. Smith and H. Colin. *Institutional Crisisin 21st-*

Century Britain[M]. London：Palgrave Macmillan，2014.

D. Richards. *New Labour and Civil Service：Reconstituting the Westminster Model*[M]. London：Palgrave Macmillan，2008.

M. Evans. *Constitution-Making and the Labour Party*[M]. Basingstoke：Palgrave，2003.

P. Pierson. *Dismantling the Welfare State? Regan，Thatcher，and the Politics of Retrenchment* [M]. Cambridge：Cambridge University Press，1994.

R. A. W. Rhodes. *Understanding Governance-Policy Networks，Governance，Reflexivity and Accountability* [M]. Buckingham：Open University Press，1997.

S. Kettell and P. Kerr. One year on：the fall and decline of gordon brown. *British Politics*[J]，Vol. 3，No. 4，2008.

后　记

党的十八大以来,以习近平同志为核心的党中央全面深化改革,高度重视政府职能转变,深入推进"简政放权、放管结合、优化服务"改革即"放管服"改革。从 2013 年提出简政放权、2014 年提出放管结合、2015 年提出优化服务到 2019 年党的十九届四中全会提出坚持完善中国特色社会主义行政体制,构建职责明确、依法行政的政府治理体系,可以说,这些改革发展历程丰富了中国改革理论体系和深刻内涵,凸显了实践价值,取得了历史性成就。但是,目前我们仍处于改革的攻坚阶段,站在"十四五"规划开局之年,站在中国经济社会中长期发展的历史新起点来看,中国经济体制、行政体制改革仍需不断深化,改革永远在路上。

本书作者过去多在原国家行政学院工作,自 2014 年以来,多次受国务院办公厅委托承担全国各省(区、市)"放管服"改革政策、民间资本投资政策落实情况的第三方评估活动,并向国务院专门递交了报告,受到了国务院主要领导的充分肯定。同时也接受了国家能源局、国家质检总局等部委的"放管服"改革政策评估活动,多次牵头组织各个层面政策落实的第三方评估报告撰写。可以说,在我国"放管服"改革领域已有很多实践积累和理论思考,这为本书的高质量撰写奠定了坚实的基础。

本书主要内容分为九个部分,本着厘清中国"放管服"改革的理论逻辑和历史逻辑,结合中国改革的实践探索经验和面临挑战的大原则,展开深入的理论和政策研究,尤其是深度分析了此次新冠疫情下改革面临的重点任务和关键领域建设,以期为新时代"放管服"改革的决策者、参与者等提供一些思考和智慧。本书第一章由中共中央党校(国家行政学院)吕洪业研究员撰写,第二章由中国行政体制改革研究会孙文营研究员撰写,第三章由国务院发展研究中心公管所孙飞副研究员撰写,第四章由国家市场监管总局安森东研究员撰写,第五章由中共中央党校(国家行政学院)宁学斯、胡颖廉教授撰写,第六章由中咨海外咨询有限公司王海洋高级经济师撰写,第七章由中国农业大学金鑫教授撰写,第八章由国务院研究室水名岳博士撰写,第九章由中共中央党校(国家行政学院)张占斌教授、马宝成教授、杜庆昊副研究员撰写。全书由张占斌教授和孙飞副研究员负责通稿和相关协调工作。

在此特别感谢中国(海南)改革发展研究院院长迟福林教授等的邀请,特别感谢浙江大学出版社陈佩钰编辑为本书顺利出版付出的辛劳和汗水。

由于作者水平有限,书中难免有疏漏和错误之处,敬请广大读者对本书提出宝贵意见。

本书编写组
2020 年 12 月